Judith und James Sellner
Zusammenbleiben
will gelernt sein

Judith und James Sellner

Zusammenbleiben will gelernt sein

Ein Ehe-Überlebenstraining
für eine liebevolle Partnerschaft
in Vertrautheit und Wärme

Ansata-Verlag
Paul A. Zemp
Rosenstraße 24
Ch-3800 Interlaken
Schweiz
1987

Aus dem Amerikanischen von Erika Ifang
Lektorat: Gerhard Juckoff

Titel der Originalausgabe:
BETWEEN THE SEXES
A self-Help Guide to building
a successful, loving Relationship
Erschienen bei International Self-Counsel Press, North Vancouver

Umschlagbild: Ursel Oboth
Satz: Jung SatzCentrum, Lahnau
Druck: BDV-Printmedien, Liestal
ISBN 3-7157-0103-X

Inhalt

Vorwort

Dieses Buch entstand aufgrund unseres zehnjährigen Engagements in der Partnerberatung und entsprechenden Workshops; es basiert auf unserer eigenen 23jährigen Beziehung und unserer Schulung in Psychologie, Philosophie und Eheberatung. Alljährlich sprechen wir mit Tausenden von Frauen und Männern über ihre partnerschaftlichen Beziehungen. Unser Buch ist mithin die Quintessenz all dieser Erfahrungen und vor Ort gesammelten Erkenntnisse.

Zuerst wollen wir uns vorstellen, jeder für sich, damit Sie wissen, wer wir sind: als einzelne Menschen und als Berater.

Jim Sellner

Ich bin Mitverfasser dieses Buches über den Kampf der Geschlechter und vertrete die Seite des männlichen Beraters. Darüber hinaus bin ich Mensch, Mann, Ehepartner und Vater. Als Mensch kenne ich alle Freuden und Leiden, die zum Menschsein gehören. Als Mann habe ich eine ganz bestimmte Weltsicht. Diese Perspektive bestimmt, wie ich das interpretiere, was sich zwischen den drei Personen meiner Familie abspielt: meiner Frau Judy, unserer Tochter Jill und mir selbst. Wenn beispielsweise unser Einkommen sinkt, bin ich es, der es sofort als seine Pflicht ansieht, es wieder aufzustocken. Als Ehemann bin ich kulturell vorbelastet und der Meinung, die Rolle der Frau bestehe darin, zu lieben, zu achten und zu gehorchen. Als Vater bin ich mir bewußt, daß ich Erfolg mit Karriere und materiellem Wohlstand verbinde und nicht unbedingt mit zwischenmenschlichen Beziehungen. Demzufolge mache ich mir mehr Gedanken um die Schularbeiten meiner Tochter als um ihr Persönlichkeitswachstum.

Mit die bedeutendste Einsicht, die ich bei der Partnerberatung gewonnen habe, entstand aus der Erkenntnis, daß ich bei meiner Interpretation der Konflikte eines Paares stark sexuell voreingenommen bin. Das eine Mal nehme ich instinktiv Partei gegen die Frau, und ein andermal wieder hege ich ein Vorurteil gegen den Mann. Sexuelle Voreingenommenheit wirkt in beide Richtungen, dagegen sind auch Eheberater nicht gefeit. Diese Einsicht, die mir viele Male während meiner Ausbildung kam und zu der ich laufend durch Judy gebracht werde, wenn wir zusammenarbeiten, hat mir meine sexistischen Reaktionen bewußt gemacht und mich gelehrt, es meine Klienten wissen zu lassen, sobald mich meine Voreingenommenheit beeinflußt hat. Die Männer finden diese Vorgehensweise meistens gut, und die Frauen sind oft erleichtert, daß ein Mann seine Befangenheit zugibt.

Als männlicher Berater mache ich den aufrichtigen Versuch, Frauen zu verstehen. Ich bin mir darüber im klaren, daß ich vieles nicht weiß oder verstehe. Ich bin mir der Heuchelei im Denken der Männer und ihrer Diskriminierung der Frauen bewußt. In meiner Beziehung mit Judy habe ich aber auch viele der Mittel und Wege kennengelernt, mit deren Hilfe Frauen versuchen, Männer unter Kontrolle zu bringen, um die Diskriminierung wettzumachen. Dieser fortwährende, immer noch unentschiedene Kampf zwischen Mann und Frau ist der «Kampf der Geschlechter», bei dem es darum geht, wer die Oberhand hat, wer die Zügel hält, wer sich gegängelt fühlt und wer zuerst lokkerlassen sollte.

Wir gehen in diesem Buch nicht näher auf die gesellschaftlichen Hintergründe dieser Schlacht ein. Ebensowenig lassen wir uns über die Rollenverteilung im Haushalt, beim Kinderaufziehen oder bei etwaigen beruflichen Verpflichtungen aus. Statt dessen befassen wir uns eingehend mit der Dynamik der intimen

Beziehungen zwischen Frauen und Männern und damit, wie sich diese Dynamik so verändern läßt, daß sie eine Entwicklung in Richtung Liebe, Vertrauen und Kameradschaft ermöglicht statt zu Feindseligkeiten wie zwischen zwei Gegnern zu führen, die glauben, sich voreinander verteidigen zu müssen.

Judy Sellner

Ich bin Mensch, Frau, Gattin, Mutter und Beraterin. Als Mensch sehe ich die vielen Möglichkeiten der einzelnen, sich ein erfülltes Leben zu gestalten. Als Frau bin ich mir schmerzlich bewußt, daß Frauen in dieser Gesellschaft als zweitklassige Bürger behandelt werden. Diese Feststellung wird durch die Erkenntnis gemildert, daß wir Menschen – Frauen und Männer – durchwegs nicht gerade nett miteinander umgehen und daß die Männer allmählich merken, welchen Preis sie für ihre angemaßte Vormachtstellung bezahlen.

Als Gattin habe ich die alte weibliche Erwartungshaltung – ökonomisch und emotional abhängig zu sein, von meinem Mann umhegt zu werden, wenn die Zeiten einmal schlecht sind, und zärtlich getröstet zu werden, wenn ich niedergeschlagen bin. Diese Vorstellung will auch nicht weichen, obwohl ich schon 20 Jahre beruflich tätig bin, viele Erfahrungen gesammelt habe und auch Erfolge verzeichnen konnte. Ich versuche, dreierlei unter einen Hut zu bringen: das, was ich von meiner Mutter gelernt habe, das, was nach heutigem Verständnis eine Frau «ausmacht», und das, was mein ureigenes tiefinneres Selbst mir sagt.

Als Mutter versuche ich, meiner Tochter begreiflich zu machen, was es heißt, Mensch und Frau zu sein, weil ich glaube, daß sie nur dann glücklich sein kann, wenn sie in dieser höchst wirren Welt ein klares Gespür für sich selbst behält. Mir liegt daran, daß sie weiß, wie sie eine Beziehung aufbauen und ihre Fähigkeiten entfalten kann, um auf eigenen Füßen zu stehen. Bei meiner Beratungstätigkeit habe ich die Erfahrung gemacht, daß Männer Frauen nicht verstehen, aber vom Gegenteil überzeugt sind. Außerdem ist mir klar geworden, daß Frauen keinen Begriff von den Werten und Lebenszielen haben, die Männer zu erreichen bestrebt sind. Beide, Männer wie Frauen, erwarten vom anderen, wie sie selbst zu sein. Die Folge davon ist Enttäuschung, Ernüchterung und Streit.

Als Beraterin bin ich manchmal befangen, weil ich Frauen leicht als Opfer repressiver Männer betrachte. Doch zieht es mich auch ab und zu auf die Seite der Männer, wenn sie sich nämlich für Frau und Familie abrackern, die ihren Einsatz gar nicht zu würdigen wissen. In diesem Fall kommen mir die Männer wie Opfer vor. Durch meine Beziehung zu Jim und durch unsere gemeinsame Arbeit verstehe ich jetzt Männer viel besser. Ich weiß, daß sie nicht so sind wie ich, und erwarte auch nicht mehr, daß sie so sind. Von dieser Erkenntnis ist meine Arbeit mit Männern und Frauen beeinflußt. Bei der Arbeit entdecke ich dauernd neue Vorurteile. Wenn ich diese Voreingenommenheit aufdecke, ist derjenige, mit dem ich gerade arbeite, dazu fähig, seine eigene Voreingenommenheit zu erkennen und sich nicht von meiner oder anderer Leute Voreingenommenheit beirren zu lassen. Sie oder er kann dann ein neues Bewußtsein ihrer oder seiner selbst als Individuum entwickeln.

Dank

Dieses Buch wäre nicht zustandegekommen ohne die tatkräftige Hilfe und wohlgemeinten Ratschläge von Dr. Ben Wong und Dr. Jock McKeen. Sie führten uns ein in die Vorstellungs- und Erfahrungswelten, die das Liebes- und Intimleben von Partnern prägen.

Dr. Peter Koestenbaum hat sehr wesentlich zur Entwicklung und Formulierung einiger der in diesem Buch dargelegten Gedanken beigetragen. Wir sind ihm außerordentlich dankbar für seine Einführung in die «klinische Philosophie».

Ein Dankeschön allen Paaren, die den Mut hatten, ihre heiklen Probleme vor uns auszubreiten; wir haben durch sie vieles lernen können.

Auch uns selbst wollen wir unsere Hochachtung nicht versagen für unser beider Beharrlichkeit. Viele Male sind wir in unserem 20 Jahre währenden Eheleben an unserer Beziehung verzweifelt, aber dabeigeblieben, obwohl wir lieber auseinandergegangen wären. Zwar haben wir gelegentlich keine Liebe mehr füreinander aufbringen können, jedoch nie die gegenseitige Achtung und den guten Willen verloren. Wir haben auch weiterhin Differenzen, versuchen aber nicht mehr, den anderen zu «verändern». Wir wissen es zu schätzen, daß wir lernen konnten, auch innerhalb einer Beziehung wir selbst zu bleiben. Es ist keinem von uns beiden leichtgefallen.

Wir widmen dieses Buch unserer Tochter Jill.

Einleitung

Unser Buch ist für Frauen und Männer gedacht, die an einer erfüllteren, befriedigenderen Beziehung interessiert sind, und für Paare, die ihre Liebesbeziehung gefährdet, eingerostet oder sonstwie schiefgehen sehen.

Für die zweite Gruppe ist dieser Ratgeber zur Selbsthilfe eine praktikable Alternative zur professionellen Partner- oder Eheberatung. Er soll Wissen vermitteln und Fähigkeiten, Einstellungen und Verhaltensweisen verbessern helfen. Bei gewissenhafter Befolgung können die hier wiedergegebenen Anregungen und Richtlinien das Leben lebenswerter machen.

Doch ebensowenig wie eine bestimmte Schule der Psychotherapie mit Recht von sich behaupten kann, das Allheilmittel für alle zu sein, so ist dies auch unser Vorschlag zur Selbsthilfe nicht. Wer die dargelegten Ideen aufgreift, Vorschläge befolgt und entsprechend aktiv wird, aber trotzdem keine Besserung in seiner Beziehung erlebt, sollte ruhig eine professionelle Beratung ins Auge fassen. Derartige Hilfe in Form eines Gesprächs unter vier Augen oder durch Partner-Workshops erscheint uns nach einem gescheiterten Selbsthilfeversuch durchaus angebracht. Selbst die in Selbsthilfe bestens Versierten statten von Zeit zu Zeit geschulten Beratern einen Besuch ab. Im letzten Kapitel steht, wie man die richtige Beratungsstelle für sich findet.

Jede Beziehung bringt Probleme mit sich. Nach unseren Erfahrungen bestehen in den meisten Beziehungen ähnliche Probleme, wenn auch jedes Paar anders mit ihnen umgeht; manche Paare glauben, ihre Probleme im Griff zu haben, während andere davon niedergedrückt werden. Und darin liegt der Hauptunterschied zwischen einer glücklichen, liebevollen und einer gestörten Beziehung. In einer gestörten Beziehung besteht bei einem oder bei beiden Partnern das Gefühl, machtlos zu sein, oder die Weigerung, die ausweglose Lage zu ändern. Dabei kann man mit etwas Disziplin und Mühe lernen, seine Probleme unter Kontrolle zu bringen. Auf dieser Überzeugung fußt dieses Buch.

Nachstehend ein paar Punkte, die Sie beim Weiterlesen im Sinn behalten sollten:

1. Menschen jeden Alters können von den hier vorgestellten Methoden profitieren; die Anwendung ist allerdings zu Beginn einer Beziehung leichter. Paare mit langer gemeinsamer Geschichte brauchen mehr Geduld, Zeit und Motivation.

2. *Zwei* Menschen sind gefordert, wenn eine Beziehung erfolgreich sein soll, und die hier beschriebenen Vorgehensweisen bringen am meisten, wenn sich beide Partner beteiligen. Aber auch wer sich allein auf den Weg macht, lernt eine Menge.

3. Sofern Sie nicht gerade Ihrem Partner Feedback geben, sollten Sie nur an sich selbst arbeiten. Niemand *läßt* sich ändern, auch der Partner nicht. Nur allzuviele Paare nehmen sich als Lebensaufgabe vor, ihren jeweiligen Partner umzuwandeln. Das klappt jedoch nie. Es führt lediglich zu Verstimmung und Feindseligkeit, und man reibt sich dabei auf.

4. Wenn man ein gutes Feedback vermitteln will, muß man erst sicher sein, daß der Partner auch zum Zuhören bereit ist. Gut wäre dieser Ansatz: «Ich möchte dir etwas sagen. Hast du Lust, zuzuhören?» Sagt Ihr Partner ja, können Sie loslegen. Dann ist er wahrscheinlich auch aufnahmebereit für das, was Sie zu sagen haben. Sagt er nein, *dann reden Sie nicht weiter.* Was Sie zu sagen haben, würde sowieso auf taube Ohren stoßen. Sagt er immer nein, müssen Sie wohl ernsthaft überle-

gen, ob Sie in einer so einseitigen Beziehung überhaupt verbleiben wollen. Aber bevor Sie aufgeben, sollten Sie erst sorgfältig dieses Buch zu Ende lesen, denn Sie werden manches lernen, was Ihnen unter Umständen nützt.

5. Beziehungen brauchen ihre Zeit. Wenn Sie keine Zeit für Ihre Beziehung aufwenden, wird sie nicht funktionieren. Intime Beziehungen sind wie Zähne – wenn sie nicht täglich gepflegt und regelmäßig untersucht werden, gehen sie kaputt und verursachen starke Schmerzen.

6. Wie in jeder Beratungssituation bestimmen Sie selbst Ihr Wachstum und das Maß Ihrer Wandlung. Es steht Ihnen demnach frei, mit allem hier Gesagten übereinzustimmen oder auch nicht. Wir wollen bloß zum Nachdenken anregen und zum Experimentieren mit unseren Vorschlägen ermuntern. Machen Sie sich selbst ein Bild, und tun Sie, was Ihnen sinnvoll erscheint. Wenn Sie Erfolg haben, können Sie sich gratulieren; wenn nicht, probieren Sie einfach etwas anderes aus.

7. Lesen Sie das Buch langsam durch. Lesen Sie ab und zu Ihrem Partner oder einem Freund daraus vor. Oder bilden Sie mit Freunden zusammen einen Lesezirkel. Wir hoffen, daß Sie ein paar gute Erfahrungen dabei machen: daß Sie schöne Abenteuer erleben, ein paar Schwierigkeiten überwinden, bewußter werden, mehr zu sich selbst finden und die Liebe zueinander vertiefen.

8. Nun noch ein Wort zur Intimität. Der Begriff «Intimbeziehung» wird oft gebraucht, aber selten verstanden. Intimität ist das unsichtbare Band, das Menschen miteinander verbindet. Sie beinhaltet die Bereitschaft, sich dem anderen rückhaltlos zu offenbaren. Intim sein beinhaltet Vertrauen, Treue und Opferbereitschaft. Eine solche Intimität kann auf Einseitigkeit beruhen; wenn sie jedoch auf Gegenseitigkeit beruht, wird die Selbstpreisgabe des einen vom anderen mit aufrichtiger Wertschätzung und Anteilnahme an dessen persön-

lichem Wohl und Weh erwidert. Intimität ist das Kennzeichen einer guten, liebevollen Beziehung. Wenn wir in diesem Buch von Intimität sprechen, beziehen wir uns auf dieses innige, gegenseitige Vertrauensverhältnis.

«Woher weiß ich, daß wir im Alleingang etwas ausrichten können?» mögen Sie fragen. Fragen Sie nicht. Viele unserer Kollegen schaudert es angesichts unseres Vertrauens in die Fähigkeit der Leute – insbesondere Paare –, ihre Probleme selbst lösen zu können. Aber wer nichts unternimmt, bleibt genau da, wo er gerade ist. Die in diesem Buch erklärten Methoden vermitteln Ihnen eine klare Vorstellung von dem, was in Ihrer Beziehung los ist. Und Sie profitieren davon – wie in jeder Art von Beratung – in dem Maße, wie Sie bereit sind, die Vorschläge und Methoden anzuwenden.

Anmerkung: Alle in diesem Buch angeführten Beispiele geben Situationen aus unserem eigenen Leben und aus den Partnerbeziehungen unserer Klienten wieder. Allerdings haben wir zur Wahrung der Anonymität Einzelheiten verändert; gelegentlich ist auch die Situation des einen Paares zugunsten einer klareren und anschaulicheren Schilderung mit der eines oder mehrerer anderer Paare verschmolzen worden.

I
Die Partnerschaft der achtziger Jahre: Unruhe, Konflikt und Verwirrung

Helene und Robert lernten sich im Sommer 1971 auf einem Betriebsfest kennen. Die Entdeckung, daß sie die gleichen hohen beruflichen Ideale und die gleiche Vorliebe für einen harmonischen Lebensstil hatten, führte zu einer sehr leidenschaftlichen Liebesbeziehung. Robert war hingerissen von Helenes Sinn für Klarheit und Gerechtigkeit und ihrer Fähigkeit, sich des Lebens zu freuen. Roberts Anziehungskraft auf Helene nährte sich aus seiner unerschütterlichen Zielstrebigkeit, seiner Gefälligkeit und seinem Charme. Zwei Jahre später heirateten sie; auf ihrer romantischen Hochzeit machten sie sich gegenseitig Gelöbnisse, die sie selbst verfaßt hatten.

Eine Weile waren sie im siebten Himmel. Aber etwa ein Jahr nach ihrer Heirat kam der Katzenjammer. Helene mißfiel es, daß Robert ganz in seiner Arbeit aufging und kaum Zeit für sie übrig hatte. Robert hingegen ärgerte Helenes Drängen, eine Familie zu gründen, was er erst vorhatte, wenn die finanzielle Lage gesicherter war. Außerdem verübelte er ihr ihre «Eifersucht» auf seine Arbeit, wie er sich ausdrückte. Bald bestand ihr Leben nur mehr aus Streitereien, Ärger, Tränen, Drohungen und Türenknallen. Nach einem weiteren Jahr trennten sie sich in einer häßlichen Auseinandersetzung unter verletzenden gegenseitigen Beschuldigungen, nachdem Helene eine Affäre eingestanden hatte.

Helenes und Roberts Geschichte ist kein Einzelfall. Wir alle kennen Paare, die, mit leichten Abwandlungen, ähnliches durchgemacht haben. Eine Meinungsumfrage jüngeren Datums ergab, daß 86% der Amerikaner eine enge Beziehung wünschen. Aber eine solche Beziehung aufrechtzuerhalten scheint doch vielen Männern und Frauen schwerzufallen, wenn man in Betracht zieht, daß heute schon 40 bis 50% der dortigen Eheschließungen mit Scheidungen enden. Etwa 75 % der Leute heiraten wieder, und 45 % davon lassen sich erneut scheiden. Über Paare, die zusammenbleiben, obwohl sie sich unglücklich, unzufrieden und elend fühlen, gibt es keine Statistiken; nach unserer Beobachtung jedoch macht die überwiegende Mehrheit der Leute keine besonders guten Erfahrungen mit einer normalen Zweierbeziehung.

Warum sind Beziehungen, die zu Beginn so viel Liebe und Freude versprechen, nachher oftmals so enttäuschend und schmerzlich? Die Antwort lautet: *Liebe allein genügt nicht.* Eine gute Beziehung ergibt sich nicht einfach von selbst; sie muß aufgebaut und gepflegt werden. Die meisten Frauen und Männer haben nicht gelernt, wie man einer zärtlichen, erfüllten Beziehung Bestand gibt. In der heutigen Zeit müssen Paare erst aktiv lernen, eine Liebesbeziehung zu unterhalten.

Neue gesellschaftliche Normen

In jedem Betrieb wird von Zeit zu Zeit der Arbeitsablauf verändert, und jeder Angestellte wird durch Rundbrief davon in Kenntnis gesetzt. Wäre es nicht so, bräche Chaos aus. Doch selbst wenn die Veränderungen erschöpfend erklärt und auch begriffen werden, kommt es noch zu Spannungen und Mißverständnissen. Wir Menschen haben nun einmal Schwierigkeiten, uns Veränderungen anzupassen, auch unter denkbar besten Bedingungen. Wenn wir nicht rechtzeitig vorgewarnt werden, daß ein Wandel ansteht, geraten wir durcheinander.

Weder Männer noch Frauen wurden über die Veränderungen der Regeln des Zusammenlebens unterrichtet. Jahrzehntelang lief die Sache etwa so ab: Zwei Menschen lernen sich kennen und verlieben sich (hoffentlich, aber nicht unbedingt); sie heiraten; er geht arbeiten, sie bleibt zu Hause; sie kaufen ein Eigenheim; sie haben Kinder; die Frau zieht sie auf; die Kinder verlassen das Elternhaus und heiraten; der Mann wird pensioniert; das Ehepaar verbringt den Rest seines Lebens im Glück des Ruhestandes. Den wenigen, die sich nicht an diese Formel hielten, wurde von der Familie oder von Freunden Beine gemacht. Diejenigen, die Widerstand leisteten, waren eine so verschwindende Minderheit, daß sie entweder toleriert oder getadelt oder einfach links liegengelassen wurden.

In den sechziger Jahren erfuhren die gesellschaftlichen Normen eine drastische Änderung, nur nahmen die meisten Leute diesen Wandel nicht sehr ernst und hielten sich weiterhin an die alten Regeln. Dies hatte zur Folge, daß in den Partnerschaften der achtziger Jahre Verwirrung, Wut und Panik vorherrschend waren und noch sind. Im Interesse der Harmonie, der Liebe und des Friedens zwischen den Geschlechtern stellen wir folgende neue Regeln für zwischenmenschliche Beziehungen auf, die über die gegenwärtige Übergangsphase hinweghelfen sollen:

Glauben Sie nicht alles, was Sie sehen, lesen oder hören

Wir leben im Medienzeitalter. Wir werden mit Drei-Minuten-Ausschnitten des Lebens konfrontiert, die das Alltägliche zur Sensation hochstilisieren. Zeitungen, Zeitschriften und Bücher, sie alle haben ein Patentrezept anzubieten, das Gesundheit, Glück, Reichtum und befriedigenden Sex garantiert. 15-Sekunden-Fernsehspots nähren den Glauben, jeder außer einem selber wäre «in». Denken Sie daran, daß die meisten von uns – wie Sie – normale Menschen sind, die ihr Bestes tun. Jeder von uns kennt Freuden und Leiden. Es gibt keine Patentlösungen für Lebensprobleme. Wichtig ist, daß Sie selbst entscheiden, was für Sie richtig ist, statt automatisch dem neuesten Trend zu folgen.

Partnerschaftliche Beziehungen können viele Formen annehmen

Die Ehe ist die älteste Institution der Welt. Sie dient verschiedensten Zwecken: Familiennamen und Tradition weiterzugeben, das Eigentum zu schützen, die Sexualität zwischen Mann und Frau in geordnete Bahnen zu lenken, Kinder zu zeugen und die Gesellschaft aus ökonomischen und politischen Einheiten aufzubauen, die die Ordnung wahren. Wenn in einer Ehe Liebe und Freundschaft herrschen, ist das gut. Wenn nicht, wird dennoch von dem betreffenden Paar erwartet, die Ehe fortzusetzen, denn eine Fortdauer ist ganz im Interesse der Gesellschaft. Nach althergebrachter Auffassung von der Ehe hat die Stabilität der Institution Vorrang vor persönlichen Belangen.

In den letzten 25 Jahren haben sich die Grundlagen von Ehe und partnerschaftlichen Beziehungen einschneidend verändert. Manche Leute vertreten zwar noch immer die überlieferten Ansichten, aber diese stellen nur noch eine Möglichkeit unter vielen dar. Für die Mehrheit der Bevölkerung sind Liebe, Engagement, Kameradschaft, Freude am Sex, gleichberechtigte Partnerschaft und persönliches Wachstum jetzt ausschlaggebend für das Zusammenleben. Heutzutage nehmen die zwischenmenschlichen Beziehungen unterschiedlichste Formen an: Ehe, außereheliche Verbindung, Wohngemeinschaft, intimes Verhältnis und dergleichen mehr. Nicht gesellschaftliche oder familiäre Verpflichtungen geben nunmehr den entscheidenden Ausschlag, sondern Selbstverwirklichung und gegenseitige Zuneigung. Diese Schwerpunktverlagerung setzt voraus, daß man sich selbst und seinen Wert einschätzen lernt. So sind die Partnerschaften der achtziger Jahre ein Forum der Selbstverwirklichung in gegenseitiger Liebe geworden.

Das Ziel heißt: *In einer Beziehung leben und doch sich selbst bleiben.*

Frauen und Männer haben immer schon Schwierigkeiten miteinander gehabt und werden sie auch weiterhin haben

Früher verbargen sich die Probleme der Geschlechter unter dem Deckmantel der ehelichen Pflichten. Heute liegen sie offen zutage. Ursache dieser Probleme ist das Unverständnis von Männern und Frauen füreinander. Sie betrachten die Welt durch unterschiedliche Brillen. Sie gehen von grundsätzlich verschiedenen Lebensanschauungen aus. Sie werden einander nie ganz verstehen.

In einer intimen Beziehung treten diese Mißverständnisse krasser zutage, werden erkannt und schließlich akzeptiert. Manchmal wird ein Mißverständnis aufgeklärt, und dann wissen beide Partner eine Zeitlang, daß sie sich verständlich machen konnten. Nur in dieser Atmosphäre kann man wirklich lieben und geliebt werden. Sich mit vollem Verständnis zu lieben erfordert Mut. Zu sehen, daß dem Partner immerhin daran gelegen ist, zu verstehen, ist eine Liebeserfahrung. Wenn man sich wenigstens von *einem* Menschen geliebt weiß, kann man auch selbst lieben und Liebe empfangen. Nach dieser Regel braucht man in einer Beziehung Mut, Ausdauer und Geduld. Man muß sich von der Vorstellung trennen, fortan würde man für immer glücklich und in Freuden leben. Aber es besteht die Hoffnung, daß sich die Partner mit der Zeit, sofern sie sich Mühe geben, besser verstehen lernen und dabei in Liebe und Würde miteinander alt werden.

Doppelverdiener: die Revolution in der Beziehung von Mann und Frau

Viele Frauen sind nicht mehr finanziell vom Mann abhängig. Die Doppelverdiener-Partnerschaft zerstört einen Eckpfeiler der traditionellen Beziehung zwischen Mann und Frau, wonach der Platz der Frau zu Hause ist. Sie bricht auch mit der Regel, nach der der Mann das Familienoberhaupt ist. Vielfach ist der Mann heutzutage wirtschaftlich auf seine Frau angewiesen. Ohne ihr Einkommen müßte er seinen Lebensstil und seine Erwartungen drastisch herabschrauben. Rollen wie Ehefrau, Gatte, Mutter, Liebhaber, Vater oder Ernährer verschwimmen. Frauen und Männer haben sich offenbar einander angeglichen, wie der Hauptindikator für die Unabhängigkeit in dieser Gesellschaft beweist – das Geld.

Wenn beide Partner arbeiten, wird allerdings auch das Leben komplizierter. Sind Kinder da, müssen die täglich anfallenden Hausarbeiten und Pflichten auf wenige Abend- und Wochenendstunden zusammengedrängt werden. Doppelverdiener-Paare haben oft kaum Zeit füreinander – und noch weniger für sich selbst. In einer kinderlosen Verbindung steht es beiden Partnern frei, sich – unter Umständen für einen gemeinsam festgelegten Zeitraum – einem Beruf zu widmen und der Beziehung einen geringeren Stellenwert einzuräumen. Die Entscheidung, ob man ein Kind haben will oder nicht, ist von den verschiedensten Erwartungen und wirtschaftlichen Erwägungen abhängig; sie wird zudem durch die alten Normen erschwert, die immer noch eine gewisse Geltung haben, weil die meisten von uns im traditionellen Familien- und Erziehungssystem aufgewachsen sind.

Männern fällt es schwerer als Frauen, sich an die neuen Normen zu gewöhnen

Männer werden dazu erzogen, stets sicher und beherrscht aufzutreten und den Leistungsansprüchen der Gesellschaft zu genügen. Was sie bedrückt, verdrängen sie oft, bis sie zusammenbrechen; sie überanstrengen sich, ruinieren ihre Gesundheit und werden von ihren Lieben sitzengelassen. Die meisten Männer leben in selbstgewählter Isolation und verschanzen sich in der Regel hinter einer Fassade aus Jovialität, Überlegenheit und unbeugsamem Ehrgeiz. All diese Charakteristika hindern sie jedoch daran, eine enge Beziehung zu einer Frau einzugehen.

In den neuen Partnerschaften von heute sind die Männer in zweifacher Hinsicht arm dran. Egal, wie sie sich verhalten, machen sie sich lächerlich. Wenn sie den gesellschaftlichen Normen entsprechend leben (das heißt selbstsicher, kompetent, ehrgeizig und hochbezahlt sind), erregen sie den Neid der Frauen und werden «Machos» genannt – was als Verunglimpfung gemeint ist und nicht etwa als Kompliment. Zeigen sie jedoch ihre Ängste, Schwächen und Gefühle, erhoffen sie sich mütterliches Mitgefühl von den Frauen oder stecken sie im Beruf zurück, werden sie von den Frauen häufig als «Waschlappen» bezeichnet und von ihren Geschlechtsgenossen als «Schlappschwanz». Ein Mann braucht schon einen beachtlichen Mut, um eine intime Beziehung mit einer Frau einzugehen, ohne seine Selbstachtung zu gefährden oder die Frau in Frage zu stellen.

Die Frau muß lernen, beim Zusammenleben mit einem Mann sie selbst zu bleiben und gleichzeitig die Beziehung wertzuschätzen

Im Lauf der Geschichte haben die Frauen gelernt, ihre Individualität zurückzustellen, um eine Partnerschaft mit einem Mann aufrechtzuerhalten. Ein Grund dafür war sicher die wirtschaftliche Notwendigkeit, aber einen noch stärkeren Einfluß dürfte die Sozialisierung gehabt haben, die praktisch sofort nach der Geburt einsetzte. Noch heute fühlen sich viele eigentlich weltkluge, unabhängige, erfolgreiche Frauen ohne Mann unvollständig. Andere empfinden sich gewissermaßen als Versager, wenn sie kein Kind geboren haben. In einer modernen Beziehung muß die Frau bestrebt sein, sich über die Grenzen ihrer Geschlechtsrolle hinwegzusetzen, ohne sich dabei den Genuß eines intimen Liebesverhältnisses zu versagen. Das heißt, sie muß selbstbewußter werden, nach ihren eigenen Wertvorstellungen leben (trotz des Drucks von seiten ihres Partners, ihres Berufs, ihrer Kinder, und auch, wenn sie sich insgeheim danach sehnt, den Kampf aufzugeben) und lernen, mit den unmittelbar aus dem Zusammenleben resultierenden Problemen fertigzuwerden. Paradoxerweise kann eine Beziehung Schutz vor Konflikten bieten, sofern die Partner die Spannungen überbrükken lernen.

Die Frauen und Männer,
die den Alltagsquerelen mit Kreativität und Phantasie begegnen,
finden Erfüllung und Liebe in einer Beziehung

Jeder kann zu einem guten Partnerschaftsverhältnis kommen. Man braucht nur Wissen, Geschick, eine positive Einstellung und eine gewisse Risikobereitschaft, was neue Verhaltensweisen anbetrifft, um eine gute Beziehung aufzubauen, bei der beide Partner ein gutes Gefühl haben. Diese vier Voraussetzungen für eine erfolgreiche Anpassung an die neuen Normen werden im nächsten Abschnitt näher erläutert.

Vier Schlüssel zur Anpassung an die Neuerungen

1. Wissen

Die nötigen Kenntnisse sind leicht zu erlangen. Sie lassen sich durch Lesen, in Kursen und Seminaren sammeln. Um eine gute Beziehung aufzubauen, muß die Eigendynamik von Beziehungen verstanden werden. Allerdings ist das theoretische Begreifen eine Sache und die Umsetzung des erworbenen Wissens in die Verhaltenspraxis eine andere. Im Grunde weiß jedes Paar, daß es mehr miteinander reden sollte – diese Klage wird jedenfalls bei uns immer wieder einhellig angestimmt. Wer im Besitz der nötigen Kenntnisse ist, muß versuchen, sie mit Geschick in die Tat umzusetzen.

2. Geschick oder Können

Geschicklichkeit ist die natürliche oder erworbene Fähigkeit, guten Gebrauch von seinem Wissen zu machen. Um ein gutes Gespräch zu führen, müssen Sie beispielsweise unbedingt deutlich reden und zuhören können. Wenn Sie Ihrem Partner sagen wollen, daß Sie ihn lieben oder daß Sie mit seinem Benehmen nicht klarkommen, müssen Sie diese Botschaft klar und deutlich übermitteln. Ist Ihr Partner in der Lage und willens, zuzuhören, wird er Sie auch verstehen. Sobald Sie selbst ein geschickter Zuhörer geworden sind, werden Sie auch merken, ob Ihr Partner Ihnen Gehör geschenkt hat.

Bei entsprechender Übung stellen sich Geschick und Können mit der Zeit von selbst ein. Es führt kein Weg daran vorbei. Je länger Sie zum Beispiel Klavier üben, um so besser werden Sie. Wer beneidet nicht denjenigen, der sich auf einer Party ans Klavier setzt und ein Stück nach dem anderen herunterspielt! Natürlich denkt niemand an das fleißige Üben, das erst zu dieser Könnerschaft geführt hat. Das gleiche gilt für Partnerschaften. Wenn Sie an einer erfolgreichen, liebevollen Beziehung interessiert sind, müssen Sie ein paar Grundfertigkeiten erlernen und täglich praktizieren. In Kapitel II und VIII wird näher erläutert, worin diese Fähigkeiten bestehen und wie sie erworben werden können.

3. Einstellung

Die Einstellung ist das positive oder negative Gefühl, das man bei einer Sache hat, über die man etwas weiß. Einstellungen lassen sich nur schwer ändern, weil sie emotionalen und nicht rationalen Ursprungs sind. Ihre Einstellung entspringt Ihrer gesamten Lebenserfahrung. Wenn sich zum Beispiel Ihre Eltern in Ihrer Kindheit oft gestritten haben, sind Sie höchstwahrscheinlich der Auffassung, daß Streiten schlecht ist. Mit dieser Einstellung werden Sie Streit um jeden Preis vermeiden wollen. Wann immer eine Unstimmigkeit zwischen Ihnen und Ihrem Partner aufkommt, werden Sie entweder das Zimmer verlassen oder den Mund halten. Sollte Ihr Partner das nicht verstehen, wird er darüber noch mehr in Wut geraten. Diese Reaktion wird Sie natürlich in Ihrer negativen Einstellung zum Streit bestärken – wie häßlich Streit doch ist! Wenn hingegen Ihre Eltern nach einem gelegentlichen Streit ihre Meinungsverschiedenheiten beilegten, sich wieder versöhnten und einander ihre Liebe versicherten, werden Sie der Ansicht sein, daß Streiten ein gutes Mittel ist, um Differenzen zu begleichen. Dann wird es Ihnen kaum widerstreben, Ihren Standpunkt zu behaupten.

Eine negative Einstellung hält Sie vom Lernen ab. Sie hindert Sie daran, für Veränderungen aufgeschlossen zu sein. Ihre negative Haltung werden Sie daran erkennen, daß Sie sagen: «Ja, aber...» oder: «Ja, ja, ich weiß schon, was du sagen willst, aber ich werde darum meine Meinung doch nicht ändern» oder: «Es spielt gar keine Rolle, was du dazu sagst». Mit der Zeit führt das zu «Psychosklerose», wie man es nennen könnte – zu einer Verhärtung des Geistes. Eine negative Einstellung prädestiniert zu immer mehr schlechten Erfahrungen mit anderen Menschen und ist schuld daran, wenn schließlich eintrifft, was beschworen wurde. Wenn Sie meinen, niemand würde Sie je lieben, werden Sie auch nie Liebe erfahren, nicht etwa, weil keine Liebe da wäre, sondern weil Sie diese Möglichkeit ausschließen.

Allen negativen Einstellungen liegt die Angst zugrunde, physisch, emotional oder geistig verletzt zu werden. Wenn Eltern miteinander streiten, um sich gegenseitig Wunden zu schlagen, und die Angelegenheit nachher nicht vergeben und vergessen ist, tut es den Kindern weh. Um diesem Schmerz vorzubeugen, wird eine negative Einstellung entwickelt. Der Betreffende zieht sich in seine Burg zurück und holt die Zugbrücke ein. Er begibt sich in Verteidigungsbereitschaft und bricht jede Verbindung mit der Außenwelt ab. Wer versucht einzudringen, wird mit einer Salve empfangen.

Eine positive Einstellung setzt geistige Aufgeschlossenheit voraus; der Betreffende läßt sich gern eines Besseren belehren und lernt nie aus. Er oder sie würde wahrscheinlich sagen: «Aufgrund meiner bisherigen Erfahrungen bin ich zu der Überzeugung gekommen, daß Streiten nichts bringt, aber ich bin bereit, mit dir eine Ausnahme zu machen, um zu sehen, ob diesmal etwas anderes dabei herauskommt. Mir zittern zwar jetzt schon die Knie, aber das soll mich nicht hindern.» Wenn Sie auf ein vertrauliches Verhältnis hinarbeiten, muß Ihr Partner Ihre Angst begreiflich finden und achten. Sobald Sie häufiger gute Erfahrungen gemacht haben, öffnen Sie sich. Dann sind Sie auch willens, einmal einen anderen Standpunkt gelten zu lassen, und Sie werden eher bereit sein, auf die Vertrautheit zwischen Ihnen beiden zu setzen und eine positive Einstellung zu Ihrer jeweiligen Beziehung gewinnen.

4. Verhalten

Im Verhalten drückt sich der Wunsch aus, Einfluß auf die Außenwelt zu nehmen. Es ist dann effektiv, wenn man bekommt, was man haben will. Und es ist uneffektiv, wenn man das Ersehnte nicht bekommt. Sein Verhalten zu ändern ist viel schwieriger als seinen Wissensstand oder seine Auffassungen zu verändern oder neue Fertigkeiten zu erwerben. Zum Beispiel weiß eigentlich jeder Raucher, daß Rauchen ungesund ist, und die meisten Raucher sind einstellungsmäßig durchaus geneigt, damit aufzuhören. Manche Raucher belegen sogar Kurse, um das Aufhören zu lernen – und rauchen trotzdem weiter.

Man ändert seine Verhaltensweise nur, wenn man dazu motiviert ist. Die Motivation kann von innen oder von außen kommen. Langfristige Verhaltensänderungen, die etwas fruchten, werden allerdings nur durch innere Motivation in Gang gesetzt. Motivation von außen (ausgelöst durch Drohungen, Zwang, Bestrafung oder Gewaltanwendung) ist zwar unter Umständen kurzfristig wirkungsvoll, aber auf die Dauer zeitigt nur die Motivation von innen, die innere Bereitwilligkeit, Änderungen im Verhalten.

Beispiel

John hatte über die Jahre etliche Liebesaffären. Jedes Mal, wenn Lilli das herausbekam, drohte sie, ihn zu verlassen, und dann pflegte John ihr ewige Treue zu schwören. Einmal war Lilli zwei Monate fort. In dieser Zeit ging John zu einer Beratung, machte sich klar, warum er sich eigentlich mit anderen Frauen einließ und lernte, besser zu kommunizieren. Als Lilli heimkam, war John sehr aufmerksam und zärtlich. Zwei Jahre später hatte er wieder eine Affäre.

John: Ich war geschäftlich unterwegs, trank einen über den Durst und ging mit einer Mitarbeiterin ins Bett. Sofort danach klickte es bei mir. Mir kam zu Bewußtsein, was ich all diese Jahre lang getan hatte. Ich belog meine Frau, betrog meine Kinder und ging den Weg des geringsten Widerstandes, sobald die Sache brenzlig wurde. Ich war Lilli zuliebe zu einer Beratung gegangen. Ich lernte dort die richtige Sprache, aber es war alles nur Schauspielerei. Das Schlimmste jedoch war, daß ich mir selbst etwas vormachte. Im selben Augenblick wußte ich, daß ich nie wieder einen Seitensprung machen würde. Ich kann das nicht richtig erklären, aber ich hatte nie wieder das Bedürfnis, und das seit 15 Jahren.

Kenntnisse, Fertigkeiten, Einstellungen und Verhaltensweisen sind eng miteinander verbunden. Wer einmal ganz andere Verhaltensweisen als gewohnt an den Tag legt, wird dabei wahrscheinlich einiges Neues lernen, was wiederum seine Einstellung beeinflussen wird. Neue Verhaltensweisen können durch praktische Übung entwickelt werden; sie prägen ihrerseits die Einstellung, und dadurch wird wieder etwas dazugelernt. Wir Menschen sind interessante, sehr komplexe Geschöpfe, die bei entsprechendem Setting und mit einer gewissen Risikobereitschaft erstaunlich lernfähig sind.

II
Die fünf Arten von Persönlichkeitsverständnis in einer Partnerschaft

«Sei dir selbst treu» ist ein altes, gewaltiges Wort, das schon bei den Griechen in hohem Ansehen stand. Jeder denkt von sich, er habe nur ein Ich, nur eine Persönlichkeit. In Wirklichkeit haben wir viele Ichs. Am Arbeitsplatz sind wir eine andere Persönlichkeit als zu Hause, wieder eine andere kommt zum Vorschein, wenn wir mit unseren Eltern zusammen sind; und noch eine andere, wenn wir allein sind. Der gesunde Mensch ist sich all seiner verschiedenen Persönlichkeiten bewußt und weiß damit umzugehen, er paßt sich an die jeweilige Situation an. Wenn Sie zum Beispiel Ihren Chef um eine Beförderung ersuchen, könnte es passieren, daß Sie sich unbewußt wie ein Kind geben, das um einen Gefallen bittet. Ist Ihnen jedoch bewußt, daß Sie diese Seite Ihrer selbst normalerweise dann herauskehren, wenn Sie Angst haben, können Sie so auftreten, wie es der Situation eher entspricht. In dem Fall würden Sie als verantwortungsbewußter Erwachsener einem anderen Erwachsenen eine legitime Forderung stellen. Klappt es mit der Beförderung, tun Sie einen Freudensprung, und da kommt Ihr fröhliches Ich zum Zuge.

Jede Ihrer Persönlichkeiten hat eine positive und eine negative Seite. Die positive Seite des verantwortungsbewußten Ichs zeigt sich in gewissenhafter Pflichterfüllung, während die negative eher das Gefühl vermittelt, man stünde unter Druck, erwarte zu viel von anderen und sei überkritisch. Wenn man unter Streß steht oder in einer Krise steckt, ist das negative Selbstgefühl vorherrschend, so daß man handelt, als sei dieses Ich das einzig vorhandene. Symptome wie dauernde Verärgerung, Apathie, Unnahbarkeit, «Arbeitssucht», stete Abwehrbereitschaft, Überbetonung der Gefühle und Rückzugstendenzen machen deutlich, daß das negative Ich Herr der Lage geworden ist. Um mit dieser Situation fertigzuwerden, muß man all die Züge seiner Persönlichkeit kennen, die jederzeit abrufbar sind. Dazu gehört das Gute und Schöne genauso wie das Schlechte und Häßliche.

In der Beziehung zwischen einer Frau und einem Mann ist meistens eine von fünf Arten der Persönlichkeit vorherrschend. Einmal ist da die Frau als Einzelperson; dann der Mann als Einzelperson; als drittes die Frau in ihrem Verhältnis zum Mann; viertens der Mann in der Beziehung zur Frau; und fünftens begreifen sich Mann und Frau in ihrer Wechselbeziehung als Paar und verschmelzen darin zu einer Persönlichkeit. Unter Streß kommt jeweils der häßlichste Aspekt all dieser Persönlichkeiten ans Tageslicht und verursacht Probleme, es sei denn, man ist sich über das, was vorgeht, im klaren.

Beispiel

Georg: Wenn ich alleine bin, habe ich das Gefühl, etwas leisten zu können und bin ganz ruhig. Diese Erfahrung mache ich meist, wenn ich in meiner Werkstatt arbeite. Aber sobald Luise hereinkommt, merke ich, wie ich mich verkrampfe. Sie braucht nicht einmal etwas zu sagen – ihre bloße Gegenwart genügt schon. Ich höre mich oft an ihr herumkritisieren wegen irgendwelcher Kleinigkeiten, etwa daß sie Worte nicht richtig gebraucht. Geraten wir dann aneinander, erkenne ich mich selbst nicht wieder. Ich versuche sachlich zu bleiben, fühle mich aber so in die Enge getrieben, daß ich zu brüllen anfange und Dinge sage, die ich gar nicht so meine. Dann verteidigt sie sich, und schon bekämpfen wir uns wie zwei Katzen.
Luise: Sobald alle aus dem Haus sind, kann ich mich ans Klavier setzen und wunderbar spielen. Kommt dann Georg herein, höre ich sofort auf und fange an zu überlegen, womit ich ihn zufriedenstellen kann. Ich kann seine Kritik nicht vertragen. Sie macht mich

kaputt. Dieses Gefühl hasse ich, folglich gehe ich zum Angriff über, und gleich ist der schönste Streit im Gange.

Persönlichkeiten 1 und 2: Die Frau als Individuum / der Mann als Individuum

Man wird zwar weiblich oder männlich *geboren,* aber zur Frau oder zum Mann erst *erzogen.* Jeder Mann und jede Frau ist ein einzigartiges, besonderes Wesen. Kein Mensch weiß vom anderen, wie der sich in seiner Haut fühlt, er kann weder aus dessen Augen schauen noch seine Gefühle empfinden, weder mit seinen Ohren hören noch erleben, was sich in seiner Innenwelt abspielt. In dieser Hinsicht kann niemand den anderen vollkommen begreifen. Jeder hat zudem seine ureigene Geschichte, die sich aus seinen ganz persönlichen Erfahrungen mit dem Leben und der Welt herleitet, die er als weibliches Wesen, als Frau und als Individuum oder als männliches Wesen, als Mann und als Individuum macht (siehe Abb. 1).

Die erste Voraussetzung für eine gute Beziehung ist, daß jeder den anderen als eigenständigen Menschen anerkennt und akzeptiert. Nur in einer Beziehung läßt sich die eigene Identität erfahren. Anders ausgedrückt: Erst durch die Konfrontation mit einem anderen Menschen erkennt man sich selbst. Hauptzweck einer langfristigen Liebesbeziehung ist der, zu entdecken, wer man ist.

Nun herrscht aber in unserer Gesellschaft die Ansicht vor, Liebe erfordere es, die eigene Identität zum Teil aufzugeben, «damit die Beziehung klappt». Diese Ansicht trägt zweifellos zu den Erwartungen bei, die an eine traditionelle Ehe geknüpft werden. Sie hatte eine verheerende Wirkung auf Männer und Frauen und ist einer der Hauptfaktoren für die allgemeine Ehemisere. Es ist schlichtweg unmöglich, ein glückliches, erfülltes

Abbildung 1

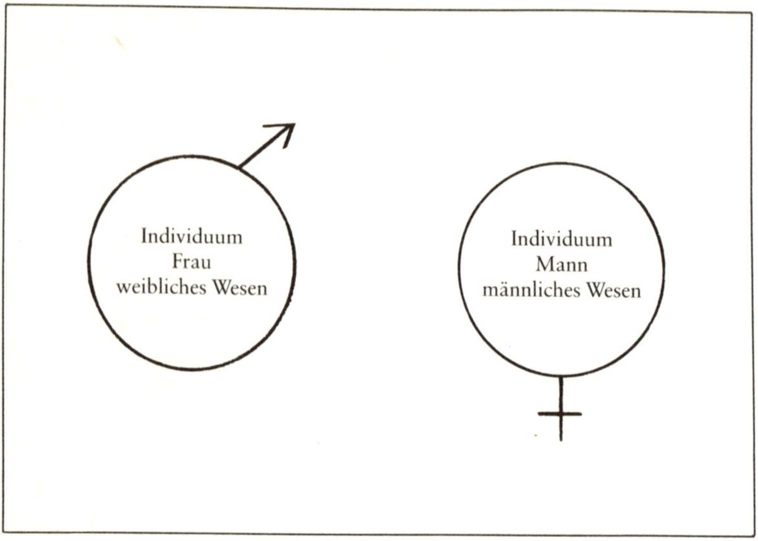

Leben zu genießen, wenn man einen Teil seiner selbst opfern muß, um damit die Liebe eines anderen Menschen zu gewinnen.

Die Idee, daß Selbstverwirklichung ein wesentlicher Bestandteil einer Beziehung ist, wird heute heftig angeprangert und egozentrisch, narzißtisch oder selbstsüchtig genannt; gerade das persönliche Wachstum soll nach dieser Ansicht für die gegenseitige Mißachtung, Entfremdung und Leere in einer Beziehung verantwortlich sein. In einer Beziehung ohne Liebe sind solche Anschuldigungen auch berechtigt. Aber wenn einer Beziehung echte Liebe fehlt, hat sie ohnehin keinen Sinn.

Wahre, aufrichtige Liebe hat vier Grundzüge:

1. Man achtet die Individualität dessen, den man liebt, d.h. man anerkennt, respektiert und akzeptiert, daß er in erster Linie ein Mensch mit ganz eigenen Vorlieben und Abneigungen, Geschmacksrichtungen, Überzeugungen und Werten ist. Das bedeutet, seine Freude daran zu haben, wie der

andere mit und aus sich selbst glücklich ist. Natürlich nimmt man Anteil, wenn er leidet, aber man fühlt sich nicht verpflichtet, ihn davon zu erlösen. Wohl das Schwerste an der Liebe zu einem anderen Menschen ist, loslassen zu können und dem Partner seine Unabhängigkeit zu lassen.

2. Der Partner ist *der* Mensch im Leben, den man über alles schätzt. Er wird anders behandelt als andere. Für ihn tut man Dinge, die man sonst nicht täte. Der Partner soll sich voll und ganz entfalten können.

3. Man teilt die Sorgen und Nöte dessen, den man liebt, auch wenn es manchmal lästig sein mag.

4. Man will mehr über seinen Partner wissen. Man ist ehrlich daran interessiert, ihn näher kennenzulernen und richtig zu sehen – mit allen Fehlern und Schwächen. Der Partner sollte allerdings ebenfalls mit nichts hinterm Berg halten. Eine Beziehung funktioniert nur dann, wenn beide Partner bestrebt sind, ihre Liebe zueinander zu vertiefen. Innerhalb einer guten Beziehung können sich zwei individuelle Persönlichkeiten stetig entfalten; dadurch bleibt ihre Beziehung frisch und lebendig, während sich jeder der beiden verschiedenen Menschen mehr und mehr seiner selbst bewußt wird.

Persönlichkeit 3: Die Frau in ihrer Beziehung zum Mann

Durch ihre Sozialisierung hat sich bei den Frauen eine Einstellung ausgeprägt, für die der folgende Satz charakteristisch sein dürfte: «Sobald ich einen Mann habe, der für mich sorgt, brauche ich selbst nichts mehr für mich zu tun.» Diese unterschwellig vorhandene Haltung hat gravierende Folgen sowohl für die Frauen als auch für die Männer. Zunächst einmal ändert sich in Gegenwart eines Mannes das Selbstverständnis einer Frau. Er braucht gar nichts zu sagen oder zu tun. Wenn Sie eine Frau sind, dann achten Sie einmal darauf, wie Sie reagieren, wenn Sie einen Fahrstuhl betreten, in dem einzig und allein ein Mann steht, der Ihre Anwesenheit mit einem freundlichen Lächeln registriert. Und vergleichen Sie danach Ihre Reaktion damit, wie Sie sich verhalten, wenn Sie im Aufzug von einer Frau nett angelächelt werden.

Die erste Reaktion ist in Abbildung 2 wiedergegeben. Der Pfeil in der Mitte zeigt an, daß die Aufmerksamkeit der Frau von ihr weg auf ihr männliches Gegenüber gerichtet ist. Während sie reagiert, verliert sie das Bewußtsein ihrer selbst als Individuum. Sie fühlt sich nur noch als Frau und nimmt auch die Individualität des Mannes nicht mehr wahr.

Noch heute ist es Männersache, eine Beziehung anzuknüpfen,

Abbildung 2

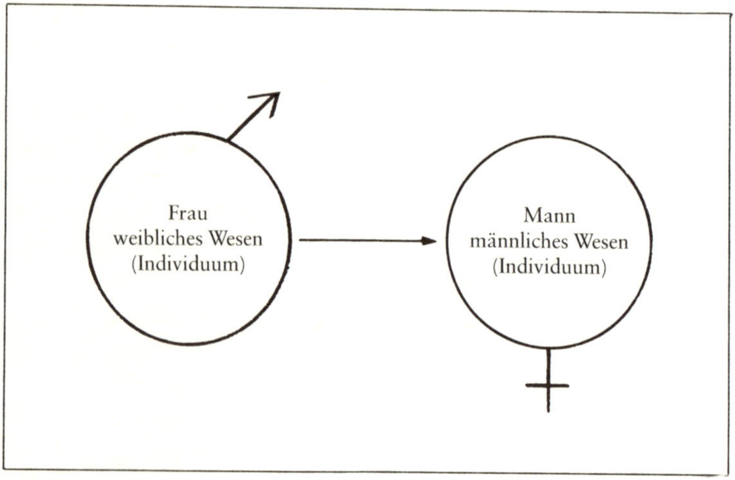

aber es sind meistens die Frauen, die dafür sorgen, daß diese auch von Dauer ist. Die Frau ist die erste, die bei anderen Rat sucht, in der Regel bei Freunden oder Verwandten, und sie ist wahrscheinlich auch diejenige, die den Mann drängt, eine Beratungsstelle aufzusuchen, wenn Schwierigkeiten sich zu einer Krise verdichten.

In einer gestörten Beziehung ist die Frau im allgemeinen der «Kläger». Sie führt zum Beispiel an, ihr Partner sei teilnahmslos, er vermeide Körperkontakte außer beim Sex, verstehe sie nicht, unterdrücke sie und habe mehr Interesse an seiner Arbeit oder seinem Hobby als an ihr. Vermutlich klagt sie über die verschiedensten physischen und emotionalen Beschwerden wie Nervosität, Erschöpfungszustände, Kopfschmerzen oder Schwindelgefühle. Unter Umständen ist sie auch deprimiert, Stimmungsschwankungen unterworfen, interesselos und denkt sogar an Selbstmord. Das alles ist symptomatisch für eine Frau, die dem Fortbestand einer Beziehung ihre Eigenständigkeit geopfert hat. Außenstehenden erscheint sie zart, schwach und hilfsbedürftig. Sie stöhnt, auf ihr allein laste die Sorge für das Wohl der Kinder, und sie habe keinerlei Möglichkeit, sich selbst zu verwirklichen. Oft droht sie, sich von ihrem Partner scheiden zu lassen, womit sie sich seine Aufmerksamkeit eine Zeitlang sichert. Zusätzlich geht sie noch arbeiten, erfüllt untadelig ihre Pflichten und pflegt gute Kontakte zu ihren Kollegen – mit anderen Worten, spielt ihre Rolle als Frau der achtziger Jahre.

In einer Zweierbeziehung mit einem Mann haben Frauen oft Angst, die Verantwortung für sich selbst zu übernehmen. Von alters her ist ihnen beigebracht worden, sich dem Dienst an anderen zu widmen. In welches Dilemma dies führen kann, erleben zahllose berufstätige Frauen Tag für Tag: Sie haben ihren Platz in der Arbeitswelt, verstehen sich auf ihre Tätigkeit und sind stolz darauf, aber wenn sie abends nach Hause kommen, haben sie das zwanghafte Gefühl, den Wünschen ihres Mannes gerecht werden zu müssen. Wenn sie dem Gefühl nachgeben, kommen durch den Streß und die Anstrengung, den offenbar endlosen Anforderungen zu genügen, ihre schlechtesten Wesenszüge zum Vorschein.

Normalerweise geht jede Frau eine Beziehung ein in der Hoffnung auf innige Nähe, Gemeinsamkeit, Spaß, Aufrichtigkeit, Mitgefühl und Treue. Viele Frauen finden es besser, hohe, unerfüllbare Erwartungen an eine Beziehung zu knüpfen, als diese Erwartungen auf eine eher prosaische, langweiligere Ebene herabzuschrauben. Eine Frau hält unter Umständen selbst in den schwierigsten Zeiten an ihren Idealen fest und läßt sich nach

Möglichkeit von ihren Verbündeten darin bestätigen – von ihren Kindern, Freundinnen oder Verwandten. Vielleicht setzt sie dem Mann auch zu, um an seiner Reaktion abzulesen, ob er sie noch liebt; jede Abweichung von ihrem Ideal begreift sie als Anfang vom Ende ihrer Beziehung. Es kann sogar sein, daß sie Liebesromane liest, nur um sich auszumalen, wie eine Beziehung sein könnte. Oder sie wird krank, um Anteilnahme zu erzwingen.

Frauen haben häufig das Empfinden, von Männern nicht ernst genommen zu werden, und ihre Ängste sind auch tatsächlich begründet. Frauen sind öfter als Männer von einem intimen Verhältnis enttäuscht. Sie fühlen sich betrogen und meinen, mehr in die Beziehung einzubringen als der Mann. Frauen erwarten, in ihren Selbstverwirklichungs- und Wachstumsbestrebungen unterstützt zu werden, und wenn die Männer ihnen diese Anerkennung versagen, fühlen sie sich betrogen. In ihrer Verzweiflung und um sich Gehör zu verschaffen, greifen sie schließlich zu dem, was Männer als «übertriebene Emotionalität» abqualifizieren.

Dieses Verhalten kann auf unterschiedlichste Weise interpretiert werden. Der klassische therapeutische Ansatz wäre der, die Frau als hysterisch oder (wenn sie schon älter ist) als in den Wechseljahren befindlich zu bezeichnen. Die Notizen des Therapeuten würden dann etwa so lauten: «Frau M. tendiert zu theatralischem, höchst gefühlsbetontem Verhalten. Sie verwendet ihre Gefühle dazu, ihren Mann zu manipulieren, und versucht, den Therapeuten als Verbündeten zu gewinnen. Ihre Leiden und Beschwerden sind offenbar ein Versuch, ihren Mann zur Unterwerfung zu zwingen. Sie sucht ohne großen Nachdruck Hilfe, ein weiteres Anzeichen dafür, daß sie doch nur ihren eigenen Kopf durchsetzen will. Ihre Klagen sind irrational und unrealistisch, sie ermangeln jeglicher Logik und Objektivität und führen zu regressiven, infantilen Verhaltensweisen. Sie hat eine unreife Einstellung zum Leben und erwartet von ihrem Mann sowie anderen Zuspruch, ist jedoch nicht bereit, selbst Verantwortung für ihr eigenes Scheitern zu übernehmen.» Dieser Frau würden wahrscheinlich Beruhigungsmittel verschrieben, außerdem würde sie durch eine entsprechende therapeutische Behandlung einsichtig gemacht und von ihrem «neurotischen Verhalten» geheilt werden. Ihrem Ehemann würde der Rat erteilt, häufiger mit ihr zu reden und mehr Geduld für sie aufzubringen. Klassische Therapie und klassische Ehe gehen Hand in Hand.

Wir würden eine solche Frau unter einem ganz anderen Blickwinkel sehen. Ihre Schwierigkeiten entspringen zu einem Großteil dem Versuch, an ihren eigenen inneren Werten festzuhalten. Die auftretenden Symptome haben ihren Ursprung im Unbewußtsein und zeigen an, daß sie ihre Werte verleugnet. Sie ist wahrscheinlich gefühlsmäßig viel reifer und offener als der Mann und mit sich selbst unzufrieden, wenn sie mit den Halbwahrheiten ihrer Ehe lebt. Sie setzt sich stärker für die Beziehung ein als ihr Mann und gibt seinen Wünschen eher nach, weil sie der Meinung ist, daß eine Beziehung aus Geben und Nehmen besteht. Sicherlich leidet sie aufgrund ihrer auf Ausdruck drängenden Emotionalität sehr, aber sie ist offenbar gesünder als der Mann. Daß sie fähig ist, ihre Schwächen aufzudecken und zuzugeben und Hilfe zu suchen, ist letztendlich ein Zeichen ihrer Stärke. Da sie unter Streß nachgibt, kann sie leichter ihr Gleichgewicht zurückgewinnen und ist deshalb in der Lage, schwere Krisen besser zu überstehen als ihr Partner. Wir erleben es in unserer Praxis immer wieder, daß Frauen sich von einschneidenden Lebenskrisen schneller erholen als Männer, die alles daransetzen, die Beherrschung nicht zu verlieren.

Die Schmerzen und Leiden einer Frau entstehen oft durch den Versuch, dem Frauenbild der achtziger Jahre zu entsprechen und sich gleichzeitig den Lebensanschauungen des Partners anzupassen. Mit ihrem übermäßig gefühlsbetonten Verhalten bemüht sie sich meist nur, die Gefühlskälte des Mannes zu überwinden. In der Überzeugung, von ihm nicht ernst genommen zu werden, meint sie, nur dann in seine Welt vordringen zu können, wenn sie von den starken Waffen Gebrauch macht, die sie hat – ihren Gefühlen. Nach ihrem Gefühlsausbruch, auf den ihr Mann reagiert oder auch nicht, ist sie erschöpft und noch verzweifelter.

Das heißt nun nicht, der Partner tauge nichts oder sei im Unrecht. Es bedeutet lediglich, daß eine Frau, der an einer guten

Beziehung gelegen ist, den Teil ihrer selbst wiederentdecken muß, der stark und unabhängig ist und eigene Überzeugungen hat. Dem Mann fällt die Aufgabe zu, positiv auf seine Partnerin als Person mit eigenen Auffassungen, Vorlieben und Abneigungen zu reagieren. Wenn er nicht reagiert, wird sie sich überlegen müssen, ob sie bleiben oder gehen soll, nicht, weil sie versagt hätte oder emotional labil wäre, sondern weil sie in der Beziehung mit dem betreffenden Mann nicht das bekommt, was sie braucht. Das hat gravierende Konsequenzen für sie. Egal, ob sie bleibt oder ihn verläßt, ist sie auf dem besten Wege zur Selbstfindung, und damit steigt ihre Selbstachtung und ihr Selbstwertgefühl.

Je größer der Anteil der berufstätigen Frauen in der Bevölkerung wird, um so mehr Frauen wählen einen anderen Weg, um mit einer unglücklichen Beziehung fertigzuwerden.

Diese Frauen engagieren sich beruflich so stark, daß sie dadurch die Unzulänglichkeiten ihres Privatlebens wettmachen. Sie übernehmen einen Teil des männlichen Wertsystems, errichten um sich herum einen Schutzwall aus Unabhängigkeit, Unnahbarkeit und Zynismus, speziell was Zweierbeziehungen angeht, und leben fast ausschließlich für ihren Beruf. Gelegentlich lassen sie sich zwar mit Männern ein, doch enden diese Beziehungen meist in einer Katastrophe, aus der die Frauen dann wieder einmal verletzt und geprellt hervorgehen.

Obgleich diese Frauen unabhängig wirken, sind sie doch immer noch (im Sinne von Abb. 2) auf den Mann fixiert und deshalb unglücklich.

Persönlichkeit 4: Der Mann in seiner Beziehung zur Frau

Auch der Mann wechselt in Gegenwart einer Frau seine Persönlichkeit. Das zuvor erwähnte Fahrstuhlexperiment ist für Männer ebenfalls aufschlußreich. In Abbildung 3 ist die betreffende Dynamik wiedergegeben. Der gestrichelte Pfeil zeigt an, daß der Mann emotional auf seine Partnerin anspricht und dadurch das

Gefühl für sich als Individuum und männliches Wesen verliert. Er nimmt die Frau nicht in ihrer Individualität wahr. Paradoxerweise muß er das Image aufrechterhalten, das er als «Mann» nun einmal hat – ein unabhängiger, starker, beherrschter Verstandesmensch zu sein.

Die größte Angst hat ein Mann davor, seine Beherrschung zu

Abbildung 3

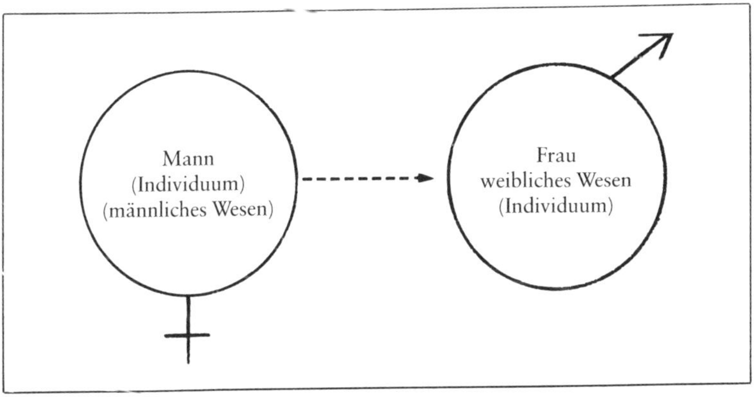

verlieren. Außer Kontrolle zu geraten ist schlecht. Im Besitz der Kontrolle zu sein ist gut. Die meisten Aktivitäten von Männern zielen darauf ab, Kontrollmöglichkeiten zu gewinnen, zu wahren und zu mehren. Hauptsächlich daran liegt es, daß Männer solche Schwierigkeiten mit Frauen haben. Kontrolle ist das Gegenteil von Vertrauen. Sowie ein Mann das Gefühl hat, sich vor einer Frau eine Blöße (das heißt, das Heft aus der Hand) zu geben, fängt er an, nach Mitteln und Wegen zu suchen, die Kontrolle zurückzugewinnen. Als unabhängige Persönlichkeit aufzutreten ist bei Männern die beliebteste Art, die Kontrolle zu behalten. Aber in einem Zweierverhältnis hängt das Maß der Unabhängigkeit des Mannes vollkommen von der Frau ab. Es bleiben ihm nur wenige Möglichkeiten, sich seine Unabhängigkeit zu beweisen. Er kann dies einmal dadurch tun, daß er auf Freiraum besteht, zu spät kommt, mit «den Kollegen» etwas unternimmt oder Geheimnisse hat. Oder er fordert seine Partnerin auf, Unternehmungen zuzustimmen, von denen er weiß, daß sie dafür überhaupt nichts übrig hat, um dann auch ohne ihre Zustimmung das zu tun, was er vorhatte. Sollte sie doch zustimmen, verliert er selbst gleich jegliches Interesse daran.

Es ist leicht einzusehen, warum ein Mann solche Schwierigkeiten hat, Unsicherheit und Schwächen zuzugeben. Er fürchtet, Einfluß- und Kontrollmöglichkeiten an seine Partnerin zu verlieren. Deshalb zeigen Männer nicht gern ihre Gefühle und beharren darauf, mit ihren Problemen selbst fertigwerden zu können. Außerdem meinen Männer, ohne mit der Wimper zu zucken mit jeder Sache klarkommen zu müssen. Um diesem Anspruch gerecht zu werden, wird ein Mann vielleicht versuchen, seine Partnerin völlig unter seiner Fuchtel zu halten, damit sie nichts ohne seine Zustimmung zu sagen oder zu tun wagt. In diesem Fall übernimmt er alle Verpflichtungen, bis auf wenige, die er ihr zu überlassen beschließt; meint dann allerdings, ihr scharf auf die Finger sehen zu müssen, um sie zu kritisieren und zurechtzuweisen, falls sie einen Fehler macht. Die Finanzen sind ein beliebtes Thema für diese Art von Machtkampf.

Manche Männer versuchen auch, die Zügel dadurch in der Hand zu behalten, daß sie die Vorwürfe und Gefühlsausbrüche ihrer Frau mit steinerner Miene ertragen. Sie glauben, den Kopf hinhalten und den Gefühlsschwall mannhaft über sich ergehen lassen zu müssen, in der Überzeugung, dem irrationalen Gehabe der Frau nur mit kühler Vernunft beizukommen. «Einer muß ja seine fünf Sinne beisammenhalten – sie dreht einfach manchmal durch», ist die stereotype Erklärung, mit der Männer ihre starre Rationalität meist verteidigen.

An dieser überbewerteten Fähigkeit, innere Ängste, Schuldgefühle und Schwächen niederzuhalten und zu unterdrücken, liegt es, daß ein Mann die Gefühle einer Frau weder wahrnimmt noch achtet, weder akzeptiert noch darauf reagiert. Er brüstet sich sogar damit, das «irrationale Benehmen» der Frau hinnehmen zu können, ohne selbst die Beherrschung zu verlieren. Sie hingegen legt seine Unerschütterlichkeit als Arroganz, Mangel an

Feingefühl, seelische Grausamkeit oder Rohheit aus. Manchmal gibt der Mann auch klein bei. Und dann, wenn er sich gerade völlig hilflos fühlt, fällt sie rachsüchtig und angriffslustig über ihn her, was ihn natürlich in seiner Überzeugung bestärkt, daß nichts Gutes dabei herauskommt, wenn er die Kontrolle abgibt.

Das Verhalten des Mannes läßt sich ganz unterschiedlich interpretieren. Bis vor kurzem war in der klassischen Ehetherapie noch die Rede davon, daß die Unfähigkeit des Mannes, seine Gefühle auszudrücken, vertraulich zu werden und gute Beziehungen zu unterhalten ein Anzeichen für seelische Not sei, aus der ihm herausgeholfen werden müsse. Im allgemeinen wurde der Frau ein psychisches Leiden attestiert, dem Mann hingegen lediglich ein sanfter Tadel oder der väterliche Rat erteilt, liebevoller mit seiner Partnerin umzugehen. Diese überkommene Auffassung ließ allerdings die Tatsache außer acht, daß Männer mehr als Frauen zu ernsten körperlichen und seelischen Erkrankungen neigen. Bei Männern ist die Lebenserwartung geringer und kommt es viel häufiger zu schweren psychosomatischen Leiden, Selbstmord, Alkoholismus, Trunkenheit am Steuer und Gewalttätigkeiten wie etwa Verprügeln der Ehefrau oder sexuellem Kindesmißbrauch.

Die meisten männlichen Verhaltensweisen, die zu einem unglücklichen, ungesunden und unbefriedigenden Liebesleben führen, entspringen jener Heldenhaftigkeit, die unsere Gesellschaft vom Mann erwartet. Erst seit etwa zehn Jahren werden diese Verhaltensweisen als ungesund betrachtet. Was Partnerschaften betrifft, wollen es viele Männer noch immer nicht wahrhaben, daß sie Mitverantwortung tragen, wenn ihre Beziehung unglücklich verläuft.

Die Angst der Männer vor dem Verlust der Kontrolle wird durch ihre Abhängigkeit von den Frauen noch vergrößert. Laut Statistik ist die Sterblichkeitsziffer bei geschiedenen Männern dreimal so hoch wie bei geschiedenen Frauen. Die Sterblichkeitsrate von Witwern innerhalb von sechs Monaten nach dem Tod ihrer Frau ist 40% höher als normal. Herzversagen (ein «gebrochenes Herz») ist die häufigste Todesursache bei diesen Männern. Männer haben meist größere psychische Probleme als Frauen, mit einer Scheidung fertigzuwerden. Männer heiraten nach der Scheidung viel schneller wieder. Witwer und geschiedene Männer neigen eher zum Alkoholismus als Witwen und geschiedene Frauen. Eine Studie hat ergeben, daß die unglücklichsten Menschen zwischen 28 und 32 Jahren unverheiratete Männer sind. Wir haben in unserer Praxis die Erfahrung gemacht, daß ein Mann unter einem Seitensprung seiner Frau viel stärker leidet und viel mehr Mühe hat, darüber hinwegzukommen, als umgekehrt. Die meisten Männer versuchen aus Angst, ihre Dominanz zu verlieren, Anzeichen einer möglichen Unterlegenheit mit allen Mitteln zu kaschieren.

Unter diesem Blickwinkel ist es verständlich, warum Männer ungern Bücher über Partnerbeziehungen lesen, nicht offen mit ihren Partnern über ihre Kümmernisse reden und nichts für die Ehe- oder Partnerberatung übrig haben. Nach Ansicht des Mannes werden dadurch nur noch mehr Gefühle aufgerührt (die er, wie die Dinge liegen, nicht im Griff hat) und die Abhängigkeit von seiner Partnerin könnte bloßgelegt werden. Für einen Mann ist das so, als würden die Schleusen geöffnet, während das Wasser schon über die Ufer tritt. Daß sich die Frauen dafür begeistern, versetzt die Männer lediglich in erhöhte Verteidigungsbereitschaft.

Nur ein sehr beherzter und gesunder Mann wird seine Ängste überwinden, sich selbst einer ehrlichen Prüfung unterziehen und schließlich aktiv die Verantwortung für sich selbst als Partner übernehmen. Aber es bringt ihm eine Menge ein:

- Der Mann kann eine gleichberechtigte Partnerschaft mit einer Frau eingehen und sich dadurch der schweren Bürde entledigen, dauernd die ganze Verantwortung auf seinen Schultern tragen zu müssen.

- Er wird sich selbst allmählich besser verstehen und infolgedessen verstärkt das Gefühl haben, sein Leben meistern zu können, hingegen kaum noch das Bedürfnis verspüren, die Menschen in seinem Umkreis beherrschen zu müssen.

- Wenn Kinder da sind, wird es ihm Freude bereiten, sie aktiv mit aufzuziehen; dadurch wird er mehr Sinn und

Bedeutung in seinem Leben und seiner Partnerschaft entdekken.

- Er wird von seiner Partnerin geachtet und geliebt werden, was ihn sowohl in seinem Selbstwertgefühl als auch in seinem Machtanspruch bestätigt und zudem die sexuelle Erfüllung steigert.

- Er wird Einsichten und Fertigkeiten erlangen, durch die er in seinem gewählten Beruf leistungsfähiger wird.

Erst seit kurzer Zeit legen Unternehmen Wert auf Angestellte, die gut mit Menschen umgehen können. Dies läßt sich am besten in der eigenen Partnerschaft lernen. Wer mit den Problemen zu Hause fertigzuwerden gelernt hat, für den sind die zwischenmenschlichen Schwierigkeiten am Arbeitsplatz ein Kinderspiel.

Persönlichkeit 5: Das Paar als eine in sich verflochtene Persönlichkeit

In der Beziehung zu ihren Partnern kehren selbst die nettesten Menschen manchmal ihre übelsten Seiten heraus. Diese Situation ist in Abbildung 4 wiedergegeben. Die einander überschneidenden Kreise deuten die ungesunde gegenseitige Abhängigkeit zwischen Mann und Frau an. Die Pfeile zeigen, wie stark beide aufeinander reagieren und daß die Reaktionen jeweils wechselseitig sind. Die Klammern bedeuten, daß beide nicht wissen, wer sie eigentlich sind – das jeweilige Ich ist verborgen.

Jeder der beiden hat das Bedürfnis, anzugreifen und sich gleichzeitig zu schützen. Die Frau geht zum Angriff über und bedient sich dazu der sogenannten «weiblichen Waffen», wie sie es im Laufe ihrer Erziehung gelernt hat. Sie erachtet es als notwendig, ihre Individualität als eigenständiger Mensch vor dem Ansturm des Mannes zu schützen. Dabei verliert sie mit der Zeit das Gefühl für ihre weibliche Sexualität. Diese innere Spaltung

Abbildung 4

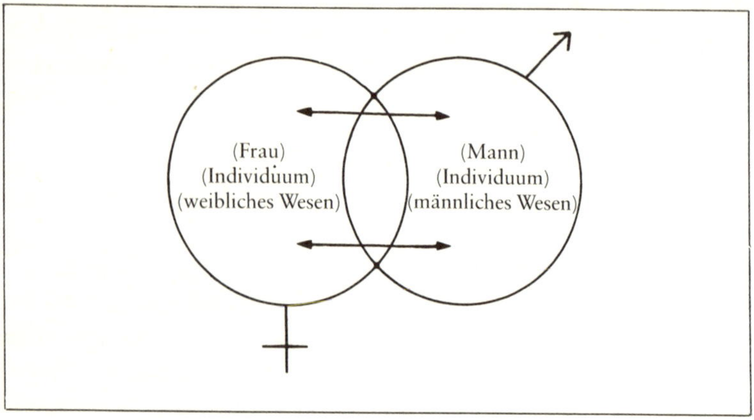

manifestiert sich oft als mangelndes Interesse am Sex oder auch in wechselnden Sexualbeziehungen, in die sich die Frau ausweg-suchend flüchtet.

Der Mann hat ebenfalls bestimmte Vorstellungen davon, wie «ein Mann zu sein hat». Auch er schützt seine Identität. Seine männliche Sexualität leidet in vieler Hinsicht. Daraus ergeben sich sexuelle Dysfunktionen wie vorzeitiger Samenerguß, Impotenz, Sexbesessenheit, wenn seine Partnerin nicht willig ist, oder Unlust, wenn sie zu sehr drängt. Er geht unter Umständen gleichfalls wahllos Sexualbeziehungen ein, um sich zu trösten.

Zwei Partner im Kampf der Geschlechter sind wie Boxer im Ring, die einen endlosen Kampf austragen. Sie dürfen sich nicht gegenseitig k.o. schlagen, weil sie einander für den weiteren Match brauchen. Es gibt stillschweigende Pausenvereinbarungen zwischen ihnen, so daß sie sich nach den Runden ausruhen können. Manchmal sind sie so erschöpft, daß sie sich aneinanderlehnen müssen, um nicht umzufallen. Bisweilen läßt sich kaum sagen, ob sie nun kämpfen oder ob sie sich in einem erotischen Tanz wiegen. Jeder wechselt ständig von Angriff auf Verteidigung über und umgekehrt. Bei diesem Kampf ist kein Schiedsrichter zugegen – das Paar hält sich an ungeschriebene Regeln. Ab und zu bricht ein Partner aus Erschöpfung oder aus Angst, der andere könnte zu Boden gehen und ausgezählt werden, die Regeln und beschwört damit eine geballte Frontalattacke des zornentbrannten Mitstreiters herauf. Überdies denken beide Partner, daß sie recht haben und schöpfen aus ihrer Selbstgerechtigkeit wieder Kraft zum Weitermachen – als würden Schlachtenbummler den Gegner ausbuhen und ihrem Idol das Zeichen geben, erneut loszulegen. Oft werden Freunde, Verwandte oder Berater dazu aufgefordert, mitzumachen und die eine oder andere Partei anzufeuern.

Der Außenstehende kommt leicht zu dem Schluß, daß ein Partner über den anderen dominiert. Es kommt ziemlich häufig vor, daß sich ein Partner bei Freunden, Verwandten oder sonst jemandem, der willig sein Ohr leiht, über die Herrschsucht des anderen beklagt. Bei näherer Betrachtung der Sachlage stellt sich jedoch heraus, daß schwer zu sagen ist, wer eigentlich dominiert. Oft bestimmt und manipuliert der anscheinend passive Partner das Handeln des «Stärkeren». Der passive entscheidet, und der dominante führt die Entscheidung aus. Wenn beispielsweise der Mann der berufstätige Teil ist, besinnt sich die Frau auf ihre Gleichwertigkeit und fungiert als Beraterin in beruflichen Angelegenheiten oder stärkt ihm den Rücken, so daß er die Kraft hat, an seinem Fortkommen zu arbeiten. Durch das Gefühl, unentbehrlich für den beruflichen Werdegang ihres Partners zu sein, kann sich die Frau mit seinem Erfolg identifizieren. Da er seiner Frau die Haushalts- und Familienpflichten überläßt, hat der Mann die Freiheit, sich voll und ganz dem Aufstieg im Beruf zu widmen und trotzdem das Image aufrechtzuerhalten, ein guter Familienvater zu sein. Ein Paar in dieser Situation paßt sein Verhalten vollkommen der stillschweigenden Übereinkunft an, materiell voranzukommen, koste es, was es wolle. Dabei spielt es keine Rolle, wer passiv und wer dominant ist.

Das Machtgleichgewicht wird intuitiv durch eine entsprechende Partnerwahl gewahrt, woraus sich der Grundsatz ableiten läßt, daß Leute, die über eine oberflächliche Beziehung miteinander hinauswachsen, die gleiche Reife und das gleiche Selbstwertgefühl haben. Wir besitzen äußerst empfindliche Antennen, die uns schon beim Kennenlernen genauestens Aufschluß geben über den möglichen Gefährten. Das erste Gespräch wird diesen ersten Eindruck entweder vertiefen oder zunichte machen, so daß wir uns leichter für oder gegen eine Fortsetzung der Bekanntschaft entscheiden können. Jeder Mensch beweist in ganz eigenen Bereichen Selbstachtung und Reife, aber unter dem Strich ist man einander gewachsen. Ein Beispiel: Ein distinguierter älterer Mann läßt sich mit einer jungen, mütterlichen Frau ein, weil ihre warmherzige, fürsorgliche Art das Gegengewicht zu seiner Unfähigkeit bildet, selbst für sich zu sorgen. Ihrem Streben nach gesellschaftlichem Status und Sicherheit steht sein Angebot gegenüber, ihr beides sofort zu verschaffen. Das eigene Selbstwertgefühl kann durch allerlei Qualitäten des Partners angehoben werden, sowohl durch seine Intelligenz und Stärke, sein gutes Aussehen und sein Vermögen als auch durch seine persönliche Reife und Bereitschaft, den anderen zu unterstützen und zu bestätigen. Natürlich haben diese Eigenschaften nur soviel Gewicht, wie der Partner ihnen beimißt.

Eine natürliche Folge des obengenannten Grundprinzips ist die, daß man sich nach Möglichkeit nicht zu sehr an einen reiferen Menschen bindet, weil man sonst durch Minderwertigkeitsgefühle in seiner Identität bedroht würde. Andererseits bleibt eine Beziehung mit einem unreiferen Partner meist ziemlich eng und begrenzt. Nicht zuletzt an dieser Dynamik liegt es, daß so viele Paare in späteren Jahren Schwierigkeiten haben, weil sich nämlich der eine Partner schneller entwickelt als der andere. Viele Streitigkeiten sind nur der Versuch, diese Tatsache zu leugnen oder entstehen, weil ein Partner den anderen herabsetzt und für den Stillstand der Beziehung verantwortlich macht.

Wenn nun Leute von unterschiedlicher Reife eine Beziehung miteinander eingehen, beginnt ein beiderseitiger Anpassungsprozeß. Der reifere Mensch wird alles vermeiden, was nach Überlegenheit aussehen könnte, er wird sich mäßigen, bescheiden auftreten und nicht groß von sich reden machen; er wird sich in seinen Interessen einschränken und dafür die Vorzüge seines Partners über Gebühr rühmen. Das sind letztlich alles Strategien, um die Realität der Beziehung zu verschleiern, aus Angst, den anderen zu verlieren. Der unreifere Partner wird seinerseits nach Schwächen im Charakter des anderen Ausschau halten und sie gegebenenfalls herausposaunen, um den Gefährten auf die eigene Ebene herabzuziehen.

Bei der Anstrengung, das Gleichgewicht aufrechtzuerhalten, löst sich die Identität des einzelnen auf, und man begreift sich nur noch als Paar. Durch dieses Paarverständnis geht jedem der beiden Partner mit der Zeit das Gefühl dafür verloren, was es heißt, ein Mann oder eine Frau zu sein. Sobald beide für diese Wesenszüge ihrer selbst blind werden, spüren sie beim Umgang miteinander, wie sie an persönlichem Einfluß verlieren, und schon haben sie das Bedürfnis, sich gegen etwas zu verteidigen, was sie für eine Attacke des anderen halten. Wenn sie sich überwältigen lassen glauben sie das, was sie für ihre Identität und ihr Selbstverständnis als Frau oder Mann halten, zu verlieren.

Wie man in einer Partnerschaft sich selbst bleibt

Frauen und Männer, die ihre Beziehung liebevoll und befriedigend gestalten wollen, müssen unbedingt davon ablassen, sich selbst zu verleugnen, und statt dessen ihre Eigenständigkeit behaupten. Das heißt, sie müssen lernen, sich selbst als zwei getrennte Persönlichkeiten zu begreifen, die jedoch miteinander in Wechselbeziehung stehen. Sie müssen auch in einer Partnerschaft sie selbst bleiben können, wie in Abbildung 5 dargestellt. Die gestrichelten Linien zeigen, daß jeder Partner sich trotz seiner Bindung an den anderen als selbständig begreift. Außerdem macht jeder der beiden ganz eigene Lebenserfahrungen, entweder als weibliches Wesen und Frau oder als männliches Wesen und Mann. Es besteht dennoch eine Verbindung; manchmal begeben sich die beiden auch in freiwillige Abhängigkeit voneinander.

Die oben beschriebene Beziehung unterscheidet sich deutlich

Abbildung 5

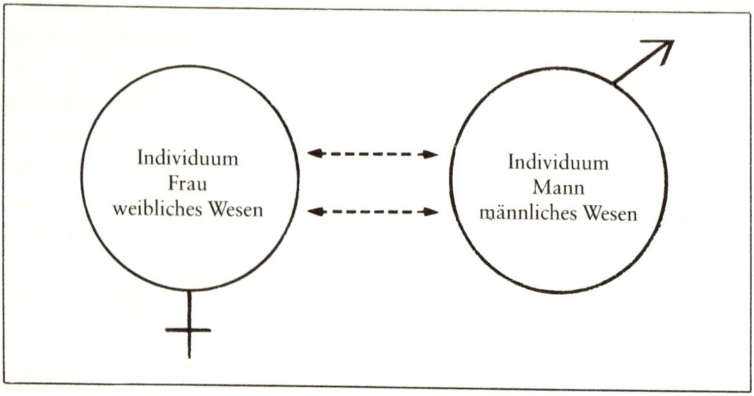

von anderen Beziehungen, die der eine oder andere Partner vielleicht eingeht. Sie gleicht dem Pas de deux im Ballett, bei dem zwei einzelne Solotänzer von gleichem Können durch ihren gemeinsamen Tanz etwas schaffen, was über das hinausgeht, wozu jeder allein fähig gewesen wäre.

Wer sich in einer Beziehung selbst treu bleibt, begreift sich doch als Teil eines Paares. Er nimmt sich die Zeit, mit seinem Partner zusammenzusein, und hat trotzdem sein Eigenleben. Die Beziehung ist der Ort, an dem alles besprochen und rückhaltlos offengelegt werden kann, was einen im Innersten bewegt, ohne daß man dafür bestraft, verspottet oder zurechtgewiesen wird. Innerhalb dieses Rahmens kann man sowohl sein ureigenes Persönlichkeitsverständnis (als Frau oder Mann) bewahren als auch die Eigenheit des anderen achten und die Geschlechtsunterschiede akzeptieren. Man hält klare Grenzen ein, und zwar nicht allein zwischen sich selbst und dem Partner, sondern auch zwischen sich und Freunden, Eltern oder Kindern.

Paare lassen es oft zu, daß Bekannte in ihre Privatsphäre eindringen. Wenn Freunde jederzeit hereinschneien dürfen oder vertrauliche Dinge erfahren, die eigentlich nur dem Partner mitgeteilt werden sollten, ist die Vertrauensbasis des Verhältnisses gefährdet. Die Verbindung mit dem Partner sollte Vorrang vor der Beziehung zu den Eltern haben. Eltern fällt es oft schwer, sich mit der Unabhängigkeit erwachsener Kinder abzufinden; sie müssen sich jedoch darüber klar werden, daß ihr Sohn oder ihre Tochter im Falle eines Streites zum Partner hält und nicht zu ihnen. Kluge Eltern erkennen diese Prioritäten an, und erwachsene Kinder verhalten sich entsprechend.

Aber auch die Kinder müssen merken, daß die Beziehung ihrer Eltern untereinander völlig anders geartet ist als das Eltern-Kind-Verhältnis und daß es Priorität besitzt. Wird dieses Grundprinzip beachtet, fühlt sich das Kind in der Familie sicher und sieht sich nicht gezwungen, bei Konflikten die Partei des einen oder anderen Elternteils zu ergreifen. Da gar nicht erst feindliche Lager entstehen, weiß das Kind, daß es mit dem Streit zwischen Vater und Mutter nichts zu tun hat. In dem Bewußtsein, nicht davon betroffen zu sein, kann es getrost zusehen und wichtige zwischenmenschliche Umgangsformen lernen.

Wer sich in einer Partnerschaft selbst treu bleibt, für den sind die äußeren Grenzen der Beziehung nicht allzu starr. Er wird gern andere in sein Leben miteinbeziehen, um über seine Probleme zu reden, gute Zeiten zu feiern oder in schlechten Zeiten Trost und Rat bei ihnen zu suchen. Er wird auch bereitwillig anderen helfen, wenn sie in Not sind. Eltern und Familienangehörige werden dann als Menschen mit ganz eigenen Charakterstärken und -schwächen empfunden. Statt eine Konfliktquelle für die Partner zu sein, werden sie als liebenswerte Menschen angesehen, die einem vor Augen führen, wie man zu seinem Selbstverständnis gekommen ist. Der Schlüssel hierzu ist das innere Gleichgewicht.

Die folgenden Kapitel sollen Ihnen, liebe Leser, helfen, Ihre Kenntnisse zu vertiefen, neue Fertigkeiten zu entwickeln und sich in Einstellung und Verhalten positiv zu verändern, so daß Sie in einer Partnerbeziehung Sie selbst bleiben können. Dabei werden Sie enger mit Ihrem wahren Ich in Berührung kommen und besser in der Lage sein, zu lieben und geliebt zu werden. Ehe Sie jedoch weiterlesen, sollten Sie erst einmal die folgende Übung machen.

Übung: Wer bin ich in einer Partnerschaft?

Nehmen Sie sich Ihre jetzige Beziehung vor. Wie verhalten Sie sich? Welchen Teil Ihrer selbst geben Sie zugunsten der Sicherheit auf, in einer Partnerschaft zu leben? Welche drei Verhaltensweisen müßten Sie ändern, um Ihre Situation abzuwandeln?

Legen Sie sich drei Blatt Papier zurecht. Schreiben Sie oben auf das erste: «Als *weibliches/männliches Wesen* bin ich...» Vollenden Sie diesen Satz, sooft Sie können. Auf das zweite Blatt schreiben Sie: «Als *Frau/Mann* bin ich...» und spielen ebenfalls alle Möglichkeiten durch, bis das Blatt voll ist. Der dritte Bogen Papier bekommt die Überschrift: «Wenn ich ganz *ich selbst* bin, dann...» Führen Sie auch diesen Satz zuende, sooft Sie können. Zeigen Sie Ihrem Partner, was Sie geschrieben haben. Hier ein paar Beispiele, damit Sie wissen, was gemeint ist:

- Als *weibliches Wesen* bin ich nachts auf der Straße in Gefahr.
- Als *weibliches Wesen* habe ich allmonatlich meine Periode.
- Als *männliches Wesen* bin ich körperlich stärker als die meisten weiblichen Wesen.
- Als *männliches Wesen* bin ich unter Umständen sexuell impotent.
- Als *Frau* sollte ich auf mein Äußeres achten.
- Als *Frau* habe ich gelernt, für Kinder zu sorgen.
- Als *Mann* sollte ich Frauen helfen.
- Als *Mann* wird von mir erwartet, etwas zu leisten.

- Wenn ich ganz *ich selbst* bin, dann habe ich keine Angst, allein zu sein.

- Wenn ich ganz *ich selbst* bin, dann bin ich voller Energie.

III
Die sechs Stadien einer Beziehung

Sie sehen ihn auf der anderen Seite des Raumes. Ein leiser Schauer überläuft Sie, und Ihre Knie zittern ein wenig. Unwillkürlich heben Sie die rechte Hand und prüfen Ihre Frisur. Ihnen ist etwas flau im Magen. Ganz automatisch geraten Sie innerlich und äußerlich in Bewegung; Ihr Puls geht schneller, und es wird Ihnen eng ums Herz. Sie sind auf einmal wie verwandelt, wollen kühl und unbeeindruckt aussehen und nehmen unbewußt eine verführerische Haltung an. Ihr Blick wird weich; in Gedanken gehen Sie blitzschnell durch, was Sie sagen oder tun könnten, um seine Aufmerksamkeit zu erregen. Er schenkt Ihnen genau das richtige Maß an Beachtung, ohne plump oder schuljungenmäßig aufgeregt zu wirken. Dabei strahlt er eine Sicherheit aus, die Ihnen unwiderstehlich, aber nicht aufdringlich erscheint. – Sie haben sich gerade verliebt. Wieder einmal sind Sie dem Liebeszauber verfallen und auf dem besten Wege, den dornigen Pfad in eine Beziehung einzuschlagen. Doch die Chancen, daß sie länger als drei Jahre Bestand hat, sind gering. Das romantische Gefühl des Verliebtseins sorgt zwar für einen wundervollen Beginn der Beziehung, vergeht aber schnell, sobald die rauhe Wirklichkeit hereinbricht und der Versuch, die Liebe aufrechtzuerhalten, scheinbar unüberwindbare Probleme zwischen den Geschlechtern aufwirft.

Das ist der Schluß, zu dem wir nach 23 Jahren gemeinsamer privater und beruflicher Erfahrungen gekommen sind. Wir haben uns in den frühen sechziger Jahren kennengelernt und ineinander «verknallt». 1967 wurden wir ganz traditionell im Kreis von Freunden und Familie kirchlich getraut. Die ersten sieben Jahre unserer Ehe verbrachten wir so, wie es in einer herkömmlichen Beziehung Brauch ist. Wir schlossen unser Universitätsstudium ab. Judy wurde Lehrerin; Jim begann seine berufliche Laufbahn in der Stadtplanung. Wir unternahmen mit Freunden zusammen Reisen. Wir bekamen ein Kind, kauften ein Haus und taten alles, was wir tun zu müssen glaubten, mit jenem Schuß obligatorischer Experimentierfreudigkeit, die Ende der sechziger Jahre von jungen Leuten erwartet wurde. Eigentlich hätten wir rundum glücklich sein müssen. Statt dessen waren wir alles andere als das. Obgleich unsere Bekannten unsere Beziehung für vollkommen hielten, war sie in Wahrheit ein Elend.

Bei dem Versuch, alles «richtig» zu machen, war unsere Beziehung sowohl langweilig als auch konfliktreich geworden. Warum, das wußten wir nicht so recht, auch nicht, was wir dagegen tun sollten. Und dann lief alles nach dem allseits bekannten Muster ab: Jim widmete sich fast ausschließlich seinem Beruf; Judy wandte sich mehr und mehr ihrer Tochter zu; Jim fühlte sich überflüssig. Eine Reihe heimlicher Affären trug noch zu der zunehmenden Entfremdung bei. 1975 war der kritische Punkt erreicht. Wir trennten uns, verkauften unser Haus, gaben unsere Berufe auf und begannen beide, humanistische Psychologie zu studieren, wohl in dem verzweifelten Bemühen, das Vergangene zu verstehen. Unser Hauptinteresse galt in den zwei Studienjahren unserer Beziehung und den Schwierigkeiten, die wir hatten. Ein Jahr nach unserer Trennung beschlossen wir, es noch einmal miteinander zu versuchen, um zu sehen, ob wir uns auch innerhalb einer Beziehung selbst treu bleiben konnten. Nach unserer Erkenntnis läßt sich nur dann ein gutes partnerschaftliches Verhältnis erreichen, wenn die Einsicht da ist, daß eine Beziehung sechs natürliche, voraussagbare Stadien durchläuft, und wenn man auf kompetente Weise mit diesen Stadien umgehen kann.

1. Verliebtheit

Zuerst ist man verliebt. Das ist herrlich aufregend und völlig verrückt. Sein Leben lang hat man nach dem einen Menschen gesucht, mit dem man «für alle Zeiten glücklich» sein wird und der einen von aller Qual und Pein und allem Hader der Welt erlöst.

Das Verliebtsein kann wie ein Blitz aus heiterem Himmel kommen, aber auch ein Gefühl sein, das sich allmählich über Monate oder gar Jahre entwickelt. Es kann einen förmlich erschlagen oder den Körper wohlig warm durchströmen wie Morgensonne im Frühling. Wie immer sie auch auftritt, die erste Liebe verheißt eine perfekte Beziehung, in der man all das zu finden hofft, was man in seinem Leben vermißt und entbehrt. Je mehr man vermißt, je mehr man an sich selbst nicht mag, um so härter trifft es einen.

Bei Frauen werden diese Erwartungen von Geburt an geschürt durch all die Geschichten von Prinz Eisenherz und Superman. Männer werden mit einer Mischkost aus Schneewittchen, Dornröschen und namenlosen Playgirls auf die Partnerwahl vorbereitet.

Ehe Sie nun protestieren, weil Sie sich über derlei Trivialitäten erhaben fühlen, überlegen Sie lieber einmal, wie es in den letzten Jahren um Ihre eigenen Partnerbeziehungen bestellt war. Haben nicht vielleicht auch Sie alle Hoffnung auf eine Frau oder einen Mann gesetzt und waren dann am Boden zerstört, weil die oder der Betreffende «zu viel von diesem und zu wenig von jenem» hatte? Oder schützen Sie sich vor den verheerenden Auswirkungen der Liebe, indem Sie sich mit Zynismus wappnen und darüber schweben? Wenn ja, haben Sie wahrscheinlich schmerzliche Erfahrungen mit der Liebe gemacht. Sollte es lange her sein, daß Sie die unvernünftige Selbstvergessenheit der jungen Liebe erlebt haben, werden Sie womöglich über solche Torheiten spotten. Aber kein Mann und keine Frau ist dagegen gefeit, unter den gegebenen Umständen und zu seiner Zeit der Liebe zu verfallen.

Das romantische Verliebtsein zu Beginn einer Beziehung ist

wichtig und natürlich; es ist die Ausgangsbasis, von der aus ein Paar seine Zukunft aufbaut. Einer der Hauptschlüssel zu einer langfristigen, guten Beziehung ist die Leidenschaft. Leidenschaft bringt Spannung in ein Partnerverhältnis. Leidenschaftlichkeit zeugt von mutigem Engagement. Von Leuten oder Dingen, die man aufregend findet, ist man zutiefst angerührt. Wenn Sie jemanden toll finden, glauben Sie, daß Sie immer so empfinden werden, und schmieden Pläne. Ohne leidenschaftliche Gefühle ist es gleichgültig, ob Sie zugreifen oder die Hände davon lassen.

Wenn Sie sich verlieben, haben Sie das Gefühl, daß Ihnen endlich jemand in dieser Welt Beachtung schenkt, sich um Sie kümmert und Interesse an Ihnen zeigt, nur weil Sie so sind, wie Sie sind. Diese romantische Liebe kann durch körperliche Attraktivität, ähnliche Berufsziele, gemeinsame Freizeitinteressen oder «geteiltes Leid» erwachen. Sie nimmt schließlich ganz von selbst erotische Züge an, weil die sexuelle Vereinigung in diesem Stadium als höchste Wonne des Einsseins erlebt wird. Und daraus entspringt das Gefühl, daß Ihr Leben Sinn und Zweck hat.

Soll die Liebe wachsen, muß man sich dem anderen Menschen öffnen. Man muß bereitwillig seine Unabhängigkeit aufgeben und sich dem anderen anvertrauen. Das ist wunderschön. Man fühlt sich geborgen. Alle Alltagsprobleme rücken in weite Ferne. In dieser Atmosphäre lassen sich lange, vertrauliche Gespräche führen. Man kann über alles und jedes reden. Jeder findet den anderen ungemein faszinierend. Man will alles von ihm wissen und alles von sich erzählen.

Wer verliebt ist, knüpft ein starkes Band, das ihn auch durch die Prüfungen und Drangsale einer langfristigen Beziehung geleiten wird. Es ist das Empfinden, füreinander gemacht, magisch durch etwas zueinander gezogen zu sein.

Übung zum Nachdenken

Was halten Sie gefühlsmäßig von romantischen Erlebnissen? Denken Sie über Ihre gegenwärtige Beziehung nach oder darüber, wie Sie sich als erwachsener Mensch einmal leidenschaftlich verliebt haben. Wie haben Sie sich kennengelernt? War es Liebe auf den ersten Blick, oder hat es seine Zeit gedauert? Worin lagen die besonderen Vorzüge der Person, zu der Sie sich hingezogen fühlten? Haben Sie sich auch erotisch angesprochen gefühlt? Was ist bei der Sache herausgekommen? Sind Sie noch immer mit ihm oder ihr zusammen? Ist der romantische Zauber noch da? Wenn nicht, was ist geschehen? Worauf hoffen Sie jetzt?

Verliebtheit hat heutzutage keinen guten Ruf mehr. Da überall nur noch von kaputten Beziehungen die Rede ist, bleibt man gegenüber der Liebe auf den ersten Blick skeptisch. Zyniker nennen sie eine Illusion, Verstandesmenschen bezeichnen sie lieber als kindisch, und manche sprechen sogar von einer Krankheit. Aber die Liebe schlechtzumachen hieße, gegen Naturgewalten anzukämpfen. Romantische Liebe kann zu einer wunderschönen, schöpferischen Erfahrung werden, die Leben, Farbe und Leuchtkraft in unsere ansonsten recht langweilige Alltagswelt bringt. Sie ist unter Umständen eine Bestätigung dafür, daß man innerlich jung und lebendig geblieben ist. Natürlich muß man, wie bei jedem kreativen Tun, gewisse Fertigkeiten besitzen und imstande sein, die innere Vorstellung in die Wirklichkeit umzusetzen. Von selber geschieht da nichts.

Eines der grausamsten und tragischsten Märchen unserer Tage lautet, daß «die Liebe alles überwindet». Dieser Mythos will glauben machen, daß leidenschaftliche Liebe das Mittel schlechthin ist, persönliche Erfüllung zu finden. Er ist meist verbunden mit der Auffassung, die Liebe müsse in der Ehe institutionalisiert oder durch ein anderes bindendes Arrangement sanktioniert werden. Wir sind auch tatsächlich kaum dazu in der Lage, die Freuden eines Liebeserlebnisses einfach so zu genießen. Der Mythos vom Zauber der Liebe schafft es, daß selbst die verantwortungsbewußteste, intelligenteste Frau die Verantwortung für sich selbst und ihre Zukunft in die Hände ihres Partners legt. Und ein Mann mag ein noch so kühler Kopf sein, er verfällt doch dem Wahn, seine neue Braut oder Lebensgefährtin würde seine Socken waschen und ständig für seine sexuellen Bedürfnisse da sein. Der Mythos von der Liebe verleitet zum Glauben, daß man nicht darüber zu reden braucht, wenn Probleme auftreten, weil die Zeit und die Liebe alles heilen. Solche Vorstellungen führen unweigerlich zu Enttäuschung, Verstimmung und zum Scheitern der Beziehung.

In dem Bemühen, der Torheit und dem Herzeleid vorzubeugen, die unvermeidliche Begleiterscheinungen des Märchens von der «allesüberwindenden Liebe» sind, plädieren Eheberater und Therapeuten seit langem nachdrücklich dafür, bei Liebeserlebnissen einen klaren Kopf zu behalten. Aber wenn sie auf die Vernunft pochen, vergessen sie, daß Verliebtheit eine völlig irrationale Sache ist, die aller Vernunft zuwiderläuft. Jeder Versuch, Verliebtheit zu rationalisieren, wird entweder ignoriert oder bewirkt eine rein mechanische, zwanghafte Auffassung von Liebe und Partnerschaft im Stil Woody Allens.

Verliebtheit ist eine Erfahrungssache. Es gibt weder Kniffe noch Regeln, die einem Verliebten weiterhelfen könnten. Das Aufregende am Sichverlieben besteht gerade darin, daß es keine Patentlösungen gibt! Was abläuft, entzieht sich jeglicher Kontrolle; jedes Paar hält das, was es erlebt, für einmalig. Nichts läßt sich voraussagen, und kein Hindernis ist zu groß – tausend Möglichkeiten stehen offen. Der Leidenschaft des Verliebtseins entspringt das sehnliche Verlangen, es möge für immer und ewig so sein. Damit ist die Grundlage für das nächste Stadium gegeben.

2. Erste Bindungen

Jeder von uns hat tiefinnerlich Sehnsüchte, die er erfüllt sehen möchte. Wir wollen geliebt und umsorgt werden, unser Leben mit einem ganz besonderen Menschen teilen und selbst als etwas ganz Besonderes behandelt werden.

Im Stadium des Verliebtseins beginnt man zu hoffen, daß alle Träume wahr werden. Wenn die ersten Bande geknüpft sind, werden die soliden Grundlagen dafür geschaffen. Partner und Partnerin fragen sich: «Warum sind wir zusammen?» Fragen wie: «Sollen wir zusammenziehen?» oder «Wirst du mich heiraten?» drücken den Wunsch aus, eine konkrete Basis zu finden, auf der sich dann die Träume verwirklichen können. In diesem Stadium offenbart man sich ein wenig mehr. Man kommt auf seine Hoffnungen und Ängste zu sprechen, berührt auch einige seiner Schwächen und gewährt Einblick in die eigene Vergangenheit. Außerdem führt man einander in seinen jeweiligen Freundeskreis ein und vor den prüfenden Blick der Familie.

Mit der Beantwortung der Frage: «Warum sind wir zusammen?» ist der erste verbindliche Schritt getan, so ähnlich, als ginge man ein neues Arbeitsverhältnis ein. Man hat zwar eine gewisse Vorstellung davon, worauf man sich einläßt, hat seine Entscheidung jedoch mehr aufgrund hoher Erwartungen als anhand ausreichender Informationen getroffen. Dabei setzt man zugunsten der Sicherheit des Partnerverhältnisses seine Freiheit aufs Spiel. Dieses Risiko muß man schon eingehen, wenn man jemals eine echte Liebesbeziehung erleben will. Die Wahrheit erfährt nur, wer ins Unbekannte hineinspringt.

Die Menschen, die sich in diesem Stadium zur Heirat entschließen, fühlen sich meist nur der Institution «Ehe» verpflichtet und nicht dem Liebespartner. Das gilt insbesondere für die traditionelle Ehe, wo zwei Partner sich schon binden, ehe sie einander näher kennen. Diese Paare gehen davon aus, daß mit der Zeit alles von selbst «ins Lot kommt». Wir sind der Meinung, daß Leute, die heiraten, ohne zuvor mindestens 10 Stunden einer Partnerberatung absolviert zu haben, lediglich ihre Beziehung legalisieren wollen, statt sich ihrem jeweiligen Partner zu verpflichten. Im Grunde schließen sie einen schlechten Vertrag ab, weil sie sich weder über den Rahmen und die Bedingungen ihrer Verbindung noch darüber geeinigt haben, was zu tun ist, wenn die Sache schiefgeht oder die Umstände sich verändern.

Vor den sechziger Jahren galt die Ehe als Institution noch so viel, daß Paare alles mögliche erduldeten, um sie nur ja aufrechtzuerhalten. Die hohen Scheidungsraten von heute sind ein Beweis, daß Frauen und Männer nicht mehr bereit sind, sich auf dem Altar dieser Institution aufzuopfern.

3. Konflikte und Machtkampf

Das Stadium der Konflikte und Machtkämpfe beginnt mit der Erkenntnis, daß der Partner doch nicht ganz so ist, wie er oder sie sein sollte. Er tut etwas, das sie nicht mag. Sie enttäuscht oder betrügt ihn. Eine elementare Wertvorstellung des einen wird vom anderen verletzt. Vorlieben und Abneigungen beginnen aufeinanderzuprallen.

Ärger, Schmollen, Schweigsamkeit, Eifersucht, gegenseitiges Anschreien, Türenknallen, Zuspätkommen, Gar-nicht-mehr-Kommen, Langlauftraining, ständiges Ausgehen mit anderen Paaren, Sexverweigerung, Sexhunger, «Nettsein», aufkommende Müdigkeit, sobald der Partner zur Tür hereintritt, und Streit ums Geld – das und mehr sind die Symptome des Machtkampfstadiums, das bei jedem Paar anders verläuft.

Die Liebe kühlt ab

Konflikte und Machtkämpfe kommen auf, weil jetzt der Ernst der Beziehung beginnt. Aus bestimmten Erwartungen heraus hat man eine Menge Zeit und Gefühl investiert. Allmählich zeigt jeder ein wenig mehr von seinem wahren Ich. Im Stadium des Verliebtseins hat jeder seine Schokoladenseite herausgekehrt, um möglichst attraktiv zu wirken. Über die paar Sachen, die einen vielleicht unangenehm berührt haben, ist man einfach hinwegegangen. Im jetzigen Stadium jedoch springen einem die negativen Züge des Partners ins Auge und gehen einem durch und durch. Sie nerven einen im Alltagsstreß. Die Verliebtheit ist abgeklungen, die Liebe abgekühlt.

In der Konfliktsituation werden nun die Mittel und Wege erarbeitet, durch die jeder Partner sich auch innerhalb der Beziehung seine Eigenständigkeit erhält. Die eigenen inneren Vorstellungen und Werte werden deutlich. Man sieht manches, was man gut findet, und vieles, was einem mißfällt. Machtkämpfe stehen an, wenn die Partner sich gegenseitig sagen, wie sie sein «sollten», aber nicht sind.

Als man ineinander verliebt war, fühlte man sich aus ganz

bestimmten Gründen zu dem anderen hingezogen. Im Stadium des Machtkampfes machen einen ebendiese Besonderheiten verrückt. Zu Anfang konnte man stundenlang erzählen, und der Partner lauschte auf jedes Wort; jetzt sagt er: «Du redest zuviel!» Er sagt es vielleicht nicht wörtlich, sondern liest die Zeitung, während man mit ihm spricht, oder wirft einen Seitenblick auf das hübsche junge Ding, das gerade vorübergeht. Man wird ärgerlich. Im Zustand des Verliebtseins fand man es herrlich, wie er stundenlang zuhören konnte. Wenn hingegen Konflikte bestehen, sagt man: «Warum sagst du nichts? Immer muß ich reden. Mir kommt es fast so vor, als wärst du mir ganz fremd. Sag doch etwas!»

Im Stadium der jungen Liebe sah sie in ihm einen reifen, verständigen Menschen, der mit beiden Beinen im Leben stand und etwas galt. In der jetzigen Konflikt- und Machtkampfsituation wird er in ihren Augen zu einem anmaßenden, herrschsüchtigen Tyrannen, der immer mit einem schnellen Ratschlag aufwartet, aber kaum Zeit hat, weil er sich so sehr mit seinem Beruf beschäftigt. Und sie, die ihn doch unterstützte und mit Begeisterung an seinem beruflichen Fortkommen Anteil nahm, wird nun in aller Öffentlichkeit von ihm herabgesetzt, weil es ihrem Leben angeblich an Ziel und Zweck mangelt. Beide fangen auf einmal an, die Unterschiede zu hassen, die sie einst heiß liebten.

Beispiel

Alice und Pit lebten ein Jahr zusammen, ehe sie heirateten. Ein paar Monate nach der Hochzeit fing Pit an, sich mehr und mehr beruflich zu engagieren. Alice fühlte sich daraufhin ausgeschlossen und allein gelassen. Sie vermißte den engen Kontakt, den sie vor ihrer Heirat gehabt hatten. Sie verweigerte sich ihm. Zuerst versuchte er wütend, Schuldgefühle bei ihr zu wecken, widmete sich aber dann noch stärker seinem Berufsleben. Er belegte Abendkurse, um sich fortzubilden. Anscheinend hatte er keinerlei Interesse mehr, etwas gemeinsam mit Alice zu unternehmen. Sie war verletzt und ärgerlich. Jetzt engagierte auch sie sich stärker in ihrem Beruf. Und die wenigen Stunden, die sie noch gemeinsam verbrachten, stritten sie entweder bis zur Erschöpfung miteinander oder schwiegen sich an.

Kein Sex, keine Liebe

Was war los mit Pit und Alice? Pit hatte sich anfangs vor allem sexuell sehr zu Alice hingezogen gefühlt, aber sie war auch «die erste Frau in seinem Leben, mit der er über alles reden konnte». Jetzt war sie seiner Ansicht nach sexuell kalt, und ihre Gespräche drehten sich im Kreise. Er versuchte sie schließlich mit der Forderung zu erpressen: «Kein Sex, keine Liebe!»

Als sie sich kennenlernten, fühlte sich auch Alice durchaus sexuell zu Pit hingezogen, aber wichtiger war ihr, daß er sie für voll nahm und ihre emotionale Offenheit bewunderte. Jetzt hingegen hatte Pit sich innerlich von ihr zurückgezogen und kritisierte sie scharf. Sie versteifte sich auf «keine Liebe, kein Sex». So erreichten beide zusammen einen toten Punkt, jeder in der Überzeugung, es sei sein gutes Recht, dem Partner das abzuverlangen, was er oder sie zu «verdienen» meinte. Beide waren in einer höchst mißlichen Lage.

An diesem Stadium einer Beziehung ist kein Vorbeikommen. Es ist das Stadium, in dem Paare sich trennen, scheiden lassen, sich gegenseitig verbal oder physisch verprügeln oder eine Partnerberatungsstelle aufsuchen. Aber nicht das Auftreten von Konflikten und Machtkämpfen ist das eigentliche Problem, sondern daß wir nicht gelernt haben, damit umzugehen und darüber hinwegzukommen. Liebe und Vertrautheit wachsen nur und haben Bestand, wenn die Konflikte gelöst und die Machtkämpfe beigelegt werden. Liebesglück von Dauer muß man sich verdienen. Der Hauptunterschied zwischen einer Beziehung, die von fortwährenden Streitereien zersetzt wird, und einer Beziehung, in der Liebe, Vertrauen, gegenseitige Achtung und Kameradschaftlichkeit vorherrschen, liegt in der Bereitwilligkeit *jedes* Partners, sich in den Besitz der nötigen Kenntnisse, Einstellungen, Fertigkeiten und Verhaltensweisen zu bringen.

Vierzehn Sekunden bis zum größten Mißverständnis

Was man vor allem können muß, um erfolgreich durch die wilden Fluten des Konflikt- und Machtkampfstadiums hindurchzusteuern, ist aufmerksames Zuhören. *Zuhören* heißt, wirklich hinhören und zu verstehen suchen, was der andere sagt. Es bedeutet, den Worten und Gefühlen, die da übermittelt werden, seine gesammelte Aufmerksamkeit zu schenken. Im «geneigten» Zuhören äußern sich Hochachtung, Einfühlungsvermögen und Interesse am Wohlergehen des Partners. Es ist zudem ein Anzeichen dafür, daß man auch selbst seine Gedanken und Empfindungen mitzuteilen bereit ist. Alle Menschen signalisieren irgendwie, wie sie sich fühlen. Diese Botschaften sind meist leicht zu entschlüsseln, wenn man nur die Augen aufmacht, die Ohren spitzt und ein Weilchen den Mund hält. Aufmerksames Zuhören ist ein Mittel schlechthin, seinen guten Willen zu bekunden.

Wer in einer Konfliktsituation steckt, hört nicht gut zu. Wir haben in unserer Privatpraxis und bei Partnerworkshops in den letzten acht Jahren viele Paare beobachtet und dabei feststellen können, daß Partner, die sich im Konflikt befinden, einander maximal 14 Sekunden zuhören können. Danach unterbrechen sie den anderen, formulieren Gegenargumente, werden wütend, fangen an zu brüllen, gehen weg und so fort – nur zuhören tun sie nicht mehr. Hauptsächlich aus diesem Grund finden Partner beim Streiten kein Ende, sondern drehen sich im Kreis herum. Sie wissen gar nicht, worüber sie sich zanken, weil sie nicht zuhören.

Einander aufmerksam zuzuhören war das erste, was Alice und Pit bei ihren Sitzungen lernten. Pit merkte, wie groß seine Angst vor der emotionalen Abhängigkeit von Alice war. Diese Angst wurde durch die Erinnerung an Gewalt und Scheidung in seiner Familie noch verstärkt. Alice bot ihm emotionale Kontaktmöglichkeiten an, denen er auswich, indem er sich bei Konflikten reserviert verhielt. Er wollte zwar Alice näherkommen, hatte jedoch Angst davor, erst von ihr abhängig und dann von ihr verlassen zu werden.

Alice war von alledem vollkommen überrascht, denn Pit hatte

immer so selbständig gewirkt. Pit erkannte, daß er sich mit seiner zur Schau getragenen Unabhängigkeit nur davor schützen wollte, von irgend jemandem verletzt zu werden. Er mußte vor allem lernen, seine Verletzlichkeit zu verstehen und zu akzeptieren. Er mußte einfach wagen, Alice zu sagen, daß er ohne sie nicht leben zu können glaubte. Rein verstandesmäßig wußte er, daß er sehr wohl ohne sie auskommen konnte, aber seine unterdrückten, unausgesprochenen Gefühle hatten zwischen ihnen gestanden. Jetzt konnte Alice sein Verhalten endlich begreifen und ihm mit seiner Einwilligung entschieden gegenübertreten, sobald er herumnörgelte und von ihr abrückte.

Alice wurde beim Zuhören klar, wie wichtig es ihr selbst war, daß Pit ihr zuhörte. Sie sah darin ein Zeichen für seine Hochachtung. Und gegenseitige Achtung hatte es in ihrer Familie gar nicht gegeben. Ihre Eltern hatten jedes kleine Vergehen aufs schärfste geahndet, hingegen nie ein Lob ausgesprochen. Sie sprach davon, wie sie manchmal das Gefühl hatte, in dieser Umgebung verrückt zu werden. Jetzt mußte sie sich vor Augen führen, daß sie sich ungeliebt und unliebenswert vorkam und dementsprechend Pits Benehmen auslegte. Wenn er sich zurückzog, fühlte sie sich ausgestoßen und unfähig, wieder Kontakt zu ihm aufzunehmen. Dann überkam sie ein Gefühl entsetzlicher Verlassenheit. Sie lernte, diese Empfindungen gleich wahrzunehmen, sobald sie in ihr aufstiegen, und Pit davon zu erzählen. Ihre Aufgabe bestand fortan darin, seine Liebe endlich anzunehmen und sich ihr sowohl emotional als auch sexuell zu öffnen.

Bei Konflikten und Machtkämpfen verwahrt sich jeder Partner gegen die Angst und Pein, seine wunden Punkte aufzudekken. Jede Seite fühlt sich angegriffen und beschuldigt, und jede beschuldigt und greift an. Um über das Machtgerangel hinauszukommen, muß man erst einmal erkennen und darlegen können, was man schützen zu müssen meint, und dem Partner dann beherzt und relativ ungewappnet gegenübertreten. Man muß bereit sein, sich Blöße zu geben, offen zu bleiben – trotz des drängenden Gefühls, sich schützen und verteidigen zu müssen. Dies ist ebenso schwierig wie notwendig. Nur so läßt sich eine Atmosphäre des Vertrauens und guten Willens schaffen. Aufmerksames («geneigtes») Zuhören ist ein erster Schritt in diese Richtung.

Nach unseren Erfahrungen sind vor allem die Paare hierzu in der Lage, die noch gut in Erinnerung haben, wie verliebt sie ineinander waren. Sie bleiben selbst in der zerrüttetsten Beziehung noch beisammen und versuchen, ihr Verhältnis auch unter den «unmöglichsten» Umständen irgendwie aufrechtzuerhalten. Der Außenstehende sieht darin höchst ungesunde Abhängigkeiten, ja sogar etwas Krankhaftes. Aber fragt man ein solches Paar: «Warum, um Himmels willen, bleibt ihr bloß zusammen?» lautet die Antwort oft: «Es gibt doch immer wieder Zeiten, in denen unsere Beziehung so ist wie zu Anfang, als wir uns gerade kennengelernt hatten!» Auch Pit und Alice erinnerten sich bei der offenen Aussprache über ihre Gefühle und Sehnsüchte und bei dem gemeinsamen Versuch, die nötigen Verhaltensänderungen durchzuführen, wieder lebhaft an ihre erste romantische Liebeszeit.

Manchmal sind die alten Liebesfäden nach Jahren voller bitterer, schmerzhafter, haßerfüllter, böser Konflikte vollkommen zerrissen. In diesem Fall ist es besser, Schluß zu machen und sein Leben umzugestalten. Das bedeutet allerdings, ein vertrautes Routineverhältnis aufzugeben und den Absprung zu wagen. Niemand weiß, welcher Schritt nun der richtige ist, bis das Wagnis unternommen und neue Erfahrungen gemacht sind. Für viele erfordert es genausoviel Mut, aus einer unglücklichen Beziehung auszusteigen, wie zu bleiben und die Sache aufzuarbeiten. Keiner hat die moralische Autorität, einem sagen zu können, wie man sich richtig entscheidet; täte es einer, würde man dadurch seiner Würde, seines Mutes und seines Selbstgefühls beraubt. Jeder ist selbst seines Glückes Schmied und einzig und allein selbst in der Lage, anhand seiner eigenen Interpretation der Gegebenheiten und mit Blick auf seine Wünsche zu beurteilen, was ihm guttut.

Das aufmerksame oder «geneigte» Zuhören

Wir haben Tausenden von Paaren beigebracht, richtig zuzuhören. Sie lernen danach sehr schnell, ihre Konflikte zu analysieren. Auch Sie können in nur 10 Übungsminuten ihre Zuhörfähigkeit um ein Vielfaches verbessern.

Und so wird's gemacht:

Lesen Sie zuerst die folgenden Richtlinien. Das sind die Grundregeln des aufmerksamen Zuhörens.

1. Nur einer redet.

2. Sie brauchen nicht einer Meinung zu sein – auf Ihr Verständnis kommt es an.

3. Hören Sie ruhig und aufmerksam zu.

4. Üben Sie sich zunächst ein paarmal an einem angenehmen Thema. Nehmen Sie dann ein Thema, über das leichte Meinungsverschiedenheiten bestehen. Je besser Sie im Zuhören werden, um so mehr Konfliktstoff können Sie zur Sprache bringen.

Bei diesem schrittweisen Vorgehen schärfen Sie Ihr Urteilsvermögen. Ihr Selbstvertrauen wie auch das Vertrauen zueinander wächst. Statt wütender, verletzender Auseinandersetzungen werden Sie dann Gespräche führen, die immer anregender und unterhaltsamer werden.

So, und nun auf zur nächsten Übung, damit Sie gleich in die Praxis umsetzen, was Sie eben gelernt haben:

Übung: Aufmerksames Zuhören

1. Wählen Sie ein Gesprächsthema aus, das für beide Seiten angenehm ist.

2. Einer von Ihnen fängt an und äußert sich kurz zu diesem Thema, ohne eine Rede zu halten. Sprechen Sie nicht länger als etwa 15 Sekunden.

3. Nun wiederholt der andere, was er gerade gehört hat, und gebraucht dabei folgende Worte: «Ich habe dich eben sagen hören ...» Sie hören zu, ohne zu unterbrechen.

4. Wenn der Partner damit fertig ist, bestätigen Sie ihm, daß er richtig verstanden hat, durch ein knappes Ja. Hat er etwas überhört, wiederholen Sie das, was er ausgelassen hat: «Ich habe ferner gesagt, ...» Falls Sie das Gefühl haben, daß Ihr Partner überhaupt nichts mitbekommen hat, wiederholen Sie Ihre Äußerung noch einmal vollständig: «Ich habe eben gesagt: ...» Denken Sie wieder daran, sich kurz zu fassen.

5. Es kommt vor, daß der Partner gar nicht gehört hat, was Sie gesagt haben, und nichts wiederholen kann. Dann sollte er oder sie sagen: «Ich habe gerade nicht zugehört, was du gesagt hast. Würdest du es bitte noch einmal wiederholen?» Wiederholen Sie jetzt genau das vorher Gesagte. Fügen Sie nichts Neues hinzu, das verwirrt den Partner nur.

6. Sobald Sie wissen, daß Sie angehört worden sind, ist Ihr Partner an der Reihe, kurz etwas zum Thema zu sagen.

7. Jetzt gehen Sie noch einmal durch, was Ihr Partner gesagt hat, und zwar ebenfalls mit den einleitenden Worten: «Ich habe dich eben sagen hören ...»

Wahrscheinlich finden Sie diese Übung die ersten Male ziemlich schrecklich. Aber mit der Zeit werden Sie sich wohler dabei fühlen. Vergessen Sie nicht, die vier Richtlinien zu beherzigen.

Aus der Reserve gehen

Wenn Partner ihre Konflikte und Machtkämpfe austragen, versuchen sie meist, Kontrolle über den anderen zu gewinnen. Jeder hat seine bevorzugte Art, andere Leute in den Griff zu bekommen. Direkt oder indirekt versuchen wir, andere dahin zu bringen, daß sie tun, was sie unserer Meinung nach tun müßten, damit wir uns in Sicherheit wiegen können. Diese Herrschsucht entspringt der Angst, übervorteilt, für dumm verkauft oder verletzt zu werden. Sie hat eine solide Grundlage; irgendwann einmal haben uns Leute ausgenutzt, übers Ohr gehauen oder verwundet. Kontrolle läßt jedoch kein Vertrauen aufkommen.

Beispiel

Alice versuchte, Pit dadurch unter Kontrolle zu bekommen, daß sie sich ihm verweigerte, weil sie wußte, wie sexbedürftig er war. Ihre Gedanken nahmen, auch wenn sie sich dessen zu diesem Zeitpunkt nicht bewußt war, etwa folgenden Lauf: «Er war nett und mir nahe, als unser Sexualleben gut war, und vielleicht ist er wieder nett und kommt mir näher, wenn ich mich ihm verweigere. Wenn ja, will ich ihn auch sexuell richtig belohnen.»

Alices Versuch, die Kontrolle zu gewinnen, brachte ihr zwar nicht das ein, wonach sie sich sehnte, aber er war immerhin so wirkungsvoll, daß Pit sie nicht verließ. Sie fühlte sich unglücklich, wurde aber zumindest nicht sitzengelassen.

Pit hinwiederum versuchte Druck auf Alice auszuüben, indem er eiserne Unabhängigkeit mimte und sich voll und ganz seinem Beruf widmete. Er wußte, daß sie sich nach seiner Nähe sehnte. Wenn er sich ihr entzog, würde sie schwach werden und sich wünschen, er möge sich um sie kümmern. Ging er darauf ein, würde sie sich ihm hingeben. Er beschloß, ihr zu zeigen, daß er sie nicht unbedingt brauchte und ganz gut ohne sie zurechtkam. Sein Beruf war ein gutes Mittel zum Zweck, denn sie hatte eigentlich keine Handhabe gegen ihn, wenn er lediglich «vorn im Rennen liegen wollte». Überdies entzog er sich damit auch der Kritik von Freunden und Angehörigen. Aber seine Strategie funktionierte nur halb; er schlief zwar ab und zu mit Alice, doch sie war mit dem Gefühl nicht recht dabei. Nach einem solchen Geschlechtsverkehr fühlte er sich stets noch elender als vorher. Also warf er ihr Gefühlskälte vor und beschuldigte sie, seine sexuellen Bedürfnisse nicht befriedigen zu können, was eine weitere Auseinandersetzung heraufbeschwor. Immerhin verließ sie ihn wenigstens nicht.

Wenn Sie Konflikte und Machtkämpfe hinter sich bringen wollen, müssen Sie schon Ihren Kontrollgriff etwas lockern. Zum Beispiel dadurch, daß Sie *aus der Reserve gehen.*

Übung: Aus der Reserve gehen

Erzählen Sie sich abwechselnd, auf welche Weise Sie einander am liebsten kontrollieren, etwa so: «Eine Art, wie ich dich unter Kontrolle zu bringen versuche, ist...» *Hören* Sie bei dieser Übung Ihrem Partner *gut zu,* ohne jedoch etwas zu erwidern. Sagen Sie beispielsweise: «Eine Art, wie ich dich unter meine Kontrolle zu bringen versuche, ist die, nett zu dir zu sein, damit du nicht an mir herummäkelst.» Und Ihr Partner sagt vielleicht: «Eine Art, wie ich dich unter Kontrolle zu bringen versuche, ist die, dich anzuschreien.» Spielen Sie das vier- bis fünfmal durch. Gehen Sie nun zur Übung «Aufmerksames Zuhören» über, nehmen Sie sich Ihre beliebtesten Kontrollversuche vor, und diskutieren Sie darüber, bis Sie beide den andern genau verstanden haben. Sie können auch erklären, wie Sie in Ihrer Familie solche Unterdrückungsmechanismen erlebt haben.

Zweck dieser Übung ist es, sich gegenseitig klarzumachen, was eigentlich geschieht, wenn Sie ärgerlich und enttäuscht voneinander sind. Auf diese Weise öffnen Sie sich dem Partner, so daß er oder sie bei Ihrem nächsten Kontrollversuch sagen kann: «Hör mal, ich glaube, das ist jetzt einer von deinen Kontrollversuchen. Ich hatte vor, dir einiges zu sagen, aber jetzt bist du ausgesprochen lieb, und du weißt ja, daß es nicht mehr geht, wenn du so nett bist. Ich habe dann das Gefühl, es sei eben alles meine Schuld und ich sollte wohl lieber den Mund halten.» Woraufhin Sie erwidern könnten: «Ich glaube, du schreist mich nur an, weil du nicht hören willst, was ich sage. Mir ist es jedoch wichtig. Ich möchte mit dir darüber sprechen, aber wenn du mich anbrüllst, fühle ich mich angegriffen. Also lasse ich es und denke im Stillen: Es hat ja doch keinen Zweck, ich geb's langsam auf mit uns beiden.»

Wenn Sie das in aller Freundschaft tun können, werden Sie Ihre Konflikte am ehesten lösen. Allerdings riskieren Sie dabei, nicht mehr auf Ihre bevorzugte Art Druck ausüben zu können, sondern sich Blöße zu geben. Das sollte Sie jedoch nicht weiter bekümmern – Sie kennen ungezählte Möglichkeiten des Druckausübens! Schon allein dadurch ist sichergestellt, daß Sie immer ein interessantes Gesprächsthema haben.

Aus der Reserve zu gehen kann ungeheuren Spaß machen und einen so zum Lachen bringen, daß die Rippen weh tun, wenn man auf einmal das Lächerliche seines Tuns erkennt. Manche Unterdrückungskniffe sind absolut kindisch, viele sind geradezu hinterhältig, und andere wieder sind vollkommen unwirksam. Sinn für Humor hilft einem durch viele Konflikte hindurch, ohne daß das Selbstwertgefühl einen Knacks bekommt.

Meiner oder keiner Nase nach

Im Konflikt- und Machtkampf-Stadium einer Beziehung ist jeder Partner fest davon überzeugt, daß er mit seiner Ansicht darüber Recht hat, warum das Verhältnis zerrüttet ist. Beide stellen sich auf den Standpunkt «meiner oder keiner Nase nach». «*Du* bist mein Unglück! Ich weiß, was mit *dir* nicht stimmt! Alles ist *deine* Schuld! Ich nehme *dich* mal mit zur Partnerberatung, damit *dir* der Kopf zurechtgerückt wird, und dann wirst du mir schon geben, was ich brauche, um glücklich zu sein.» Wenn Sie ähnlich empfinden, sollten Sie sich einmal diese Frage stellen: «Will ich darauf bestehen, daß ich Recht habe, oder glücklich sein?» Menschen, die immer Recht haben müssen, sind die ärmsten, einsamsten Leute der Welt. Es ist ein Kreuz, mit ihnen zusammenzuleben, denn Rechthaberei macht Beziehungen kaputt.

Beispiel

Jim und Judy waren auf dem besten Wege zu einer gleichberechtigten Partnerschaft. Sie hatten mit den Jahren viele ihrer Schwierigkeiten ausräumen können. Jim hatte sich allmählich mehr und mehr daran beteiligt, die Mahlzeiten zu planen und zuzubereiten. Er meinte, ein ganz guter Koch zu sein, und Judy gefiel es auch, daß er so leckere Essen auf den Tisch bringen konnte.

Wenn Jim kochte, machte er allerdings hinterher den Herd nie richtig sauber. Das wurmte Judy. Zuerst bat sie ihn, doch saubermachen; als das nichts half, begann sie, an ihm herumzunörgeln. Waren sie eingeladen, prahlte er gern mit seinen neuerlernten Kochkünsten, und dann pflegte Judy immer einen Seitenhieb anzubringen, der ihm peinlich war und ihn verletzte. Auf dem Heimweg stritten sie darüber. Jim schalt sie aus: «Warum machst du bloß so viel Wesens um eine solche Lappalie?»

So ging es etwa ein Jahr lang, bis schließlich eines Abends der schwelende Konflikt offen ausbrach. Judy verlor die Fassung. Sie beschuldigte ihn, überhaupt nicht an sie zu denken, und sie hasse ihn deshalb. Angesichts dieses ihres ersten Wutanfalls wurde Jim klar, daß er trotz ihrer Vorhaltungen, es doch bitte anders zu machen, einfach seinen Kopf durchgesetzt hatte. Er hatte keine Lust, den Herd gleich nach dem Kochen zu reinigen – dazu war auch in der nächsten Woche noch Zeit. Judy hingegen legte Wert darauf, nach jeder Mahlzeit einen sauberen Herd vorzufinden. Für sie hieß das, eine Sache richtig zu Ende zu bringen.

Jim entschied sich in diesem Fall dafür, lieber seinen Willen zu haben, als glücklich zu sein. Er versteifte sich bockig darauf, daß ihm seine Willensfreiheit wichtiger sei als die Liebe zu Judy. Nach der Aussprache verstand er, daß die Säuberung des Herdes nach jeder Mahlzeit eine Art und Weise war, Judy seine Liebe zu erklären, auch wenn er selbst das Säubern nicht so wichtig fand. Von Judys Standpunkt aus war das eben ein echter Liebesbeweis. Jim änderte seine Einstellung dahingehend, lieber mit Judy glücklich zu sein, als starrköpfig darauf zu pochen, es müsse seiner Nase nach gehen.

Zu erkennen und einzusehen, daß man nach dem Motto handelt, «meiner oder keiner Nase nach», ist ein erster Schritt, zum Kern der Machtkampfsituation vorzudringen. Sich in der Hitze des Gefechts zu fragen: «Ist es mir wichtiger, meinen Willen durchzusetzen, als diese Meinungsverschiedenheit aus der Welt zu schaffen?» öffnet einem die Augen für seine wahren Absichten. «Suche ich nach Mitteln und Wegen, dieses Problem zu lösen? Bin ich zum Verhandeln bereit? Wie kann dabei unsere Liebe und unser Vertrauen wachsen?» Das alles sind Fragen, die Aufschluß über die eigenen Absichten geben und einem den Standpunkt des anderen bewußt machen.

Wer stets darauf pocht, Recht zu haben, tut sich schwer mit Nachgeben. Aber wenn eine Beziehung wirklich so sein soll, daß beide Partner sich darin wohl fühlen, müssen beide Seiten zum Einlenken und Nachgeben bereit sein. Nachgeben heißt: dem Willen oder den Forderungen eines anderen entsprechen, auch wenn es einem schwerfällt. Wer um jeden Preis Recht behalten will, ist bestrebt, den anderen unter seiner Fuchtel zu halten und nie den umgekehrten Fall eintreten zu lassen. Bereitwilliges Nachgeben ist Ausdruck tiefer, echter Liebe.

Glückliche Menschen wissen, was für sie richtig ist. Sie haben ihre eigenen Normen. Und sie lassen auch die Werte, Auffassungen und Handlungsweisen anderer gelten, selbst wenn sie nicht mit den ihren übereinstimmen. Partner, die ihr gemeinsames Glück der Rechthaberei vorziehen, werden dafür mit Freude, Heiterkeit, gegenseitiger Achtung und innerem Frieden belohnt. Es bedarf lediglich einiger Übung und der Entschlossenheit, die unweigerlich in jeder Beziehung auftretenden Konflikte und Machtkämpfe beizulegen.

4. Resignation oder Realitätsanpassung

Wenn Sie bei Ihren Machtkämpfen zu keiner Lösung kommen, aber trotzdem an Ihrer Beziehung festhalten, werden Sie sich einfach an den Status quo Ihrer Partnerschaft gewöhnen. Der Resignation geht meist eine letzte Runde Zank und Streit im lauten Nahkampf oder auch in frostiger Stille voraus.

Dann sagen Sie sich: So geht es einfach nicht weiter. Beide Partner sind des Gerangels müde; stillschweigend wird ein Waffenstillstand geschlossen. Es herrscht eine Atmosphäre gespannten Friedens, wobei jeder aufpaßt, dem anderen nicht auf die Füße zu treten. Die Schwierigkeiten sind zwar nicht behoben, aber es ist eine gewisse Stabilität erreicht worden. Man geht betont freundlich miteinander um. Sex ist, falls überhaupt, eine so mechanische Angelegenheit wie das Herausstellen der Mülltonne am Freitag. Der Alltag mit seinen Pflichten läuft in reibungsloser Routine ab. Gelegentlich keimt wieder Hoffnung in beider Herzen auf und verursacht ein romantisches Zwischenspiel, bei dem man voller Wehmut der einstigen rosigen Zeiten gedenkt.

Doch Sie können sich nur begrenzte Zeit aufeinander einstellen. Ehe Sie sich's versehen, entbrennt ein neuer Zwist und stürzt Sie in die ungelösten Konflikte zurück. Sie streiten dauernd um dasselbe. Ständig fallen die gleichen Argumente, es ist todlangweilig. Auf Partys verdrehen Ihre Freunde gleich die Augen und sagen: «Seht nur, Romeo und Julia! Sie würden sich am liebsten an die Gurgel gehen!»

Manche Paare sind der wiederkehrenden Spannungen so müde, daß sie übereinkommen, über wesentliche Dinge einfach nicht mehr zu reden, um so Konflikte zu vermeiden. Sie bleiben zusammen, aber leben nur noch nebeneinander her, und jeder sucht sich seine eigene Freude: im Beruf, bei den Kindern, Freunden, Hobbys oder in politischen Aktivitäten. Der Abstand, auf den sie sich geeinigt haben, ermöglicht es ihnen, gut und reibungslos miteinander auszukommen. In einem solchen Arrangement leben viele aus der Generation unserer Eltern.

Ein Hauptmerkmal der Resignation ist das Klagelied, das jeder Partner vor Außenstehenden über seine Beziehung anstimmt. Aber jeder Versuch von Freunden, Familienangehörigen oder Beratern zu helfen oder zu vermitteln, wird schroff zurückgewiesen. Dahinter steckt eindeutig die Absicht, den Status quo zu erhalten. Erst durch eine Krise größeren Ausmaßes wird ein solches Paar manchmal aus dieser schicksalsergebenen, langweiligen Art des Umgangs miteinander herausgerissen. Typische Krisen sind Liebesaffären, ernste Erkrankungen, Auszug der Kinder aus dem Elternhaus, Arbeitslosigkeit des Mannes, finanzielle Katastrophen, Tod oder Geburt von Kindern oder Umzug von einer Stadt zur anderen.

Realitätsanpassung

Das Konflikt- und Machtkampfstadium hinter sich zu lassen heißt, sich der Realität anzupassen. Jedes Mal, wenn ein Konflikt gelöst ist, erblüht man zu einem ganz neuen Menschen. Dann findet einen der Partner wieder interessant. Mit nüchternem Sinn für die Realität sieht man sowohl die guten und schönen als auch die schlechten und häßlichen Seiten des Partners. Und wenn man seinen Partner so «durchschaut», fühlt man sich sicher. Er ist eben ein richtiger Mensch und keine Pappfigur oder Strohpuppe.

Die Realität hat ihre Tücken. In jedem von uns schlummert die Angst, zu viel von sich zu offenbaren. Diese Angst entspringt der Vermutung, der Partner würde einen nicht mehr mögen, wenn er wüßte, wie man wirklich ist. Aber wer dieses Risiko eingeht und vom andern akzeptiert wird, weiß endlich, daß der andere ihn liebt, weil er so und nicht anders ist. Dann kann er aufhören, herumzurennen und beweisen zu wollen, daß er liebenswert ist. Der Partner hat sich zu Beginn einmal aus ganz bestimmten Gründen, die ihm allerdings größtenteils selbst unbewußt waren, bis über beide Ohren in einen verliebt. Im jetzigen Stadium werden diese Reize zu einem realen Faktor. Beide Partner sind schließlich noch mehr voneinander angetan, sofern sie sich bloß trauen, offen zu sein und die Komplexität des anderen zu würdigen.

Kehren wir zu Pit und Alice zurück. Für Pit ist es eine Realität, daß er Angst davor hat, Alice oder sonst jemandem nahezukommen. Mit seiner Kritik stößt er Alice weg und fühlt sich dann wohler, ist aber allein. Diese Leere versucht er durch ein Mehr an Arbeit zu füllen. Alice hingegen muß sich mit der Realität abfinden, ein sehr starker Mensch zu sein – stärker, als sie sich eingestehen will. Indem sie Pit die Stirn bietet, gewinnt sie die Selbstachtung zurück, die sie in ihrer übermäßig kritischen Familie verloren hatte.

Pit kommt nicht umhin, sich einer unangenehmen Tatsache über sich selbst zu stellen: Er ist nämlich ein Feigling, wenn er sich einer starken Frau gegenübersieht. Er hat Angst, unumwunden zu verlangen, was er will. Er verbirgt sich hinter der Maske seiner angeblichen Unabhängigkeit und fühlt sich gleichzeitig durch Alice schikaniert. Zu Alices schlechten Seiten zählt, daß sie Pit als Sprachrohr zur Außenwelt benutzt. Sie traut sich nicht zu sagen, was sie wirklich denkt. Sie hält mit ihrem Urteil zurück, weil sie von jedermann akzeptiert werden will.

Angesichts dieser offengelegten Fakten beschließen Pit und Alice, fortan eine gleichberechtigte Partnerschaft zu führen. Nunmehr können sie einander helfen, ihre Vorzüge auszubauen und ihre Schwächen zu überwinden.

Wenn Sie sich vorbehaltlos zeigen und zurückgewiesen werden, wissen Sie wenigstens, warum. Ihr Partner stößt Sie höchstwahrscheinlich nicht etwa Ihres wahren Wesens wegen zurück. Er ist womöglich nur nicht bereit oder auch einfach nicht in der Lage, Ihnen das zu verzeihen, was im Konflikt- und Machtkampf-Stadium passiert ist, oder er weigert sich, die überholte Vorstellung aufzugeben, die er von Ihnen hat. Sie werden sich sagen müssen, daß das sein Problem ist, nicht Ihres, und werden zwar traurig, aber mit intaktem Selbstwertgefühl aus der Beziehung hervorgehen.

Beispiel

Sarah und Bill hatten den gemeinsamen Traum, ein eigenes Geschäft aufzumachen und ihr eigener Chef zu sein. Sie schufteten jahrelang und waren auch materiell erfolgreich. Sarah wollte sich nun der Verpflichtungen entledigen und das Leben genießen. Aber Bill war noch genauso arbeitssüchtig wie zu Beginn ihrer Unternehmung. Schließlich suchten sie eine Beratungsstelle auf, weil ihr Sexualleben nicht mehr stimmte. Im Verlauf der Beratung wurde deutlich, daß Bill nicht lockerlassen wollte; dazu hatte er zuviel Angst. Sarah sah sich vor die Tatsache gestellt, daß Bill sich nicht ändern würde. Wenn sie ihre Träume verwirklichen wollte, mußte sie das ohne Bill tun. Sie verließ ihn, und er zahlte sie aus. Fortan reiste sie in der Welt herum und genoß die schönste Zeit ihres Lebens. Bill wurde sechs Jahre später durch einen Schlaganfall an den Rollstuhl gefesselt.

Im Stadium der Realitätsanpassung muß man klar herausstellen, worauf man in seiner Beziehung Wert legt. Kaum jemand vermag ohne Schuldgefühle fröhlich und offen zu verlangen, was er gerne hätte. Schon als Kind lernt man, daß Bitten unfein und es höflicher ist, zu warten, bis man eingeladen oder aufgefordert wird. Millionen Leute warten immer noch darauf, endlich einmal eingeladen zu werden. Wer nie bittet, wird möglicherweise nie bekommen, was er ersehnt. Sein Leben wird letztlich aus dem bestehen, was ihm nach Umgehung alles Angsteinflößenden noch übriggeblieben ist. Da wir vor fast allem und jedem Angst haben, bleibt praktisch nichts übrig.

Wenn man es unfein findet, etwas zu erbitten, sich aber dazu gezwungen sieht, wird man seine Bitte unter Entschuldigungen vorbringen. Wenn man hingegen das Bitten zwar für unfein hält, jedoch ein gutes Recht auf die betreffende Sache zu haben meint, wird man unter Umständen rücksichtslos zugreifen und so den anderen vor den Kopf stoßen. Am ehesten kommt man zu einer gleichberechtigten und befriedigenden Partnerschaft, wenn man so um das Gewünschte bitten lernt, daß der Partner diese Bitte ebensogut freundlich abschlagen wie mit Freuden erfüllen kann.

Sie müssen lernen, auf die richtige Art Forderungen zu stellen. Im Stadium der Realitätsanpassung entsprechen Forderungen dem, was der Beziehung zur Vollkommenheit fehlt. Ihren Ursprung haben sie also in dem Verlangen, der Beziehung zu mehr Vollkommenheit zu verhelfen. Beim Austragen Ihrer Konflikte und Machtkämpfe haben Sie erkannt, daß Ihr Partner ein Mensch mit schwachen wie auch starken Seiten ist. Sie haben die eigene Individualität erlebt. Es ist Ihnen klar geworden, daß in einem liebevollen Verhältnis intensive Wechselbeziehungen inbegriffen sind – sowohl positive als auch negative. Der Kernpunkt ist die Bindung. Sich dem Partner verbunden zu fühlen heißt, Forderungen zu stellen, ihm die Stirn zu bieten und ohne Ärger, aber voller Überzeugung nein sagen zu können. Verbundenheit bedeutet aber auch, rückhaltlos ja sagen zu können. Gegenseitige Achtung erwächst nur durch die ehrliche Lösung von Konflikten und Machtkämpfen und ist eine unbedingte Notwendigkeit.

Dann stellt sich ganz von selbst ein Gefühl der Gleichheit bei den Partnern ein.

Liebe im Stadium der Realitätsanpassung ist nichts für Kleinmütige. Forderungen zu stellen und auch vom anderen zu akzeptieren ist gar nicht so einfach. Dazu muß man schon ein deutliches Empfinden für rechtmäßige Ansprüche haben. Man weiß und fühlt ganz klar, was einem zusteht und was nicht. Geduld, Durchblick und Stehvermögen sind nun vonnöten. Selbst mit einem Scheitern der Beziehung muß man sich abfinden können: Besser überhaupt keine als eine Beziehung, die nichts taugt oder lieblos ist. Und hier das Leitprinzip: Nur wenn Sie Ihre Bitten und Forderungen klar aussprechen, kann Ihr Partner kooperieren, reagieren und sich darauf einstellen. Unausgesprochene Bitten fruchten in einer lebendigen Beziehung nichts. Jedes Engagement sollte nach Möglichkeit positiv sein. Nur so wird ein starkes Liebesband geknüpft und die Beziehung auf eine solide Grundlage gestellt.

Allerdings müssen Sie sich darüber im klaren sein, was Sie von einer Beziehung erwarten, ehe Sie Forderungen stellen. Im allgemeinen will sich jeder als liebenswert und tüchtig empfinden. Gehen Sie davon aus, daß Ihr Partner das gleiche will, und berücksichtigen Sie es bei Ihren Bitten. Nehmen Sie nicht etwa Ihre Wünsche als Deckmantel, um Ihren Partner zu kontrollieren oder auszunutzen, so daß sein oder ihr Selbstwertgefühl einen Knacks bekommt.

Um geschickter Forderungen anbringen zu können, probieren Sie einmal die folgende Übung. Wenn Ihr Partner und Sie diese Übung durchgespielt und Sie einander Ihre Wünsche dargelegt haben, sind Sie reif für das nächste Stadium.

Übung: Erbitten, was man sich wünscht

Schreiben Sie zuoberst auf drei verschiedene Blätter Papier folgende Sätze:

1. Was ich mir von meinem Partner mehr wünsche, ist …

2. Was ich mir von meinem Partner weniger wünsche, ist...

3. Was in unserer Beziehung genau stimmt, ist...

Vervollständigen Sie diese Sätze, sooft Sie können. Bitten Sie Ihren Partner, das gleiche zu tun. Lassen Sie sich über mehrere Tage hinweg zwei bis drei Stunden Zeit, um die Übung zu beenden. Je konzentrierter Sie bei der Sache sind, um so mehr werden Sie auch aus der Übung herausholen. Nehmen Sie sich danach die nötige Zeit für ein Gespräch über das, was Sie beide geschrieben haben. Vergessen Sie nicht, einander aufmerksam zuzuhören.

---

5. Bindung und Verpflichtung

Eine wirklich liebevolle Beziehung ist verpflichtend. Dr. Peter Koestenbaum spricht in diesem Zusammenhang von der «Entscheidung, sich füreinander einzusetzen». Alle Partnerschaften machen schwere Zeiten durch – wirtschaftliche oder seelische Krisen, Krankheiten, große Enttäuschungen oder Seitensprünge. In diesem Fall verlangt die Liebe aufopfernde Hingabe und treue, uneigennützige Fürsorge auch in schlimmster Zeit. So ist die Liebe ethisch nun einmal geartet; sie gründet sich auf eine selbstgewählte Verpflichtung, die man eingeht und hält.

Paare, die sich in der ersten Verliebtheit bindend verpflichten, sind sicher nicht von vernünftigen Überlegungen ausgegangen. Das merkt man schon bei einem Blick auf die Scheidungsstatistiken, bei näherer Betrachtung der elterlichen Ehe und an der Unzufriedenheit, die bei Männern und Frauen in Zweierbeziehungen laut wird. Mit dem Heiraten ist es heute so ähnlich, als würde man trotz der Gewißheit, daß das Schiff sinken wird, aber im Ungewissen darüber, ob man unter den Überlebenden sein wird, eine Reise auf der Titanic buchen.

Nach unserer Ansicht ist das Heiraten ein reines Frauenritual. Der Mann wird im Grunde völlig ignoriert und von den Hochzeitsvorbereitungen ausgeschlossen. Er wird höchstens einmal zu Rate gezogen, aber ansonsten ist die Hochzeit letztlich die

Erfüllung eines Traums der Frau und nicht des Mannes. Das Problem ist nicht die Existenz dieses schönen Traums, sondern daß der Mann nicht an den aufwendigen Vorbereitungen beteiligt ist. So ist er vom Beginn der Beziehung an nur halb engagiert. Für diese Situation trägt er allerdings Mitverantwortung, weil er sich einfach in sein Schicksal ergibt, statt es mitzugestalten. Die Frau wiederum trägt dadurch zu dem vorgezeichneten Scheitern der Beziehung bei, daß sie nicht für ein hundertprozentiges Engagement des Mannes sorgt.

Eine standesgemäße Hochzeit kostet etwa 10 000–20 000 DM oder mehr. Die meisten Paare geben jedoch keinen Pfennig für einen Eheberatungskurs aus, der ihnen das Ausmaß ihrer Verpflichtungen deutlich machen würde. Demzufolge basieren ihre Bindungen vorwiegend auf leeren Versprechungen und unrealistischen Träumen.

Die Entscheidung, sich füreinander einzusetzen

Im Stadium der Bindung und Verpflichtung die Entscheidung zu treffen, sich für den anderen einzusetzen, ist eine Forderung der Vernunft. Sie beruht auf der gemeinsamen Vergangenheit, die durch die Höhen und Tiefen der vorausgegangenen vier Stadien ihr Gewicht erlangt hat. Wir haben Paare mit 20- bis 30jähriger Eheerfahrung gefragt, warum ihre Ehe ihrer Meinung nach wohl so lange gehalten hat. Meistens lautet die Antwort, das liege an der Bereitwilligkeit ihres Partners, der auch in schwierigen Zeiten zu ihnen stehe und sie liebe.

Beispiel

Am Donnerstag, den 14. April 1985, um 23.45 Uhr, erzählte Julia Michael von ihrer schon über ein Jahr währenden Affäre mit einem Kollegen. Michael erinnert sich noch lebhaft an den genauen Zeitpunkt und andere Einzelheiten, weil seine ganze Welt damit zusammenbrach. Er hatte keine Ahnung davon gehabt. Seines Erachtens war ihre Beziehung gut gewesen. Ihm war überhaupt nicht bewußt geworden, daß Julia unglücklich gewesen war. Sein ganzer Körper bebte und schmerzte, als wolle er bersten. Sein Kopf war auf einmal voller Watte, und eine schmerzhafte Benommenheit überkam ihn. Nach dem ersten Schock erfüllte ihn nur der eine Gedanke: sie zu verprügeln und auf die Straße zu werfen, wo Flittchen hingehören. Er tat's nicht. Er merkte, daß er noch immer an ihr hing. Für den Augenblick konnte er allerdings nicht behaupten, sie zu lieben. Obwohl er tief verwundet war, beschloß er, bei Julia zu bleiben, falls sie es wünschte, und mit ihr die gemeinsamen Schwierigkeiten aufzuarbeiten. Julia willigte ein, stellte jedoch klar, daß sie eine Menge ungelöster Probleme mit ihm habe; ihr gehe es jetzt lediglich um die Lösung dieser Konflikte und nicht um die Aufrechterhaltung der Beziehung. Nach diesen Abgrenzungen suchten Julia und Michael eine Beratungsstelle auf, um ihre schwelenden Konflikte und unausgefochtenen Machtkämpfe aufzuklären.

Das obige Beispiel zeigt zweierlei. Erstens, daß sich die beiden Partner in unterschiedlichen Stadien befinden können. Julia stand noch mitten in der Konflikt- und Machtkampf-Situation, wollte das aber nicht wahrhaben. Michael hingegen war bereits glücklich im Bindungsstadium und konnte oder wollte einfach nicht sehen, wie unzufrieden Julia war.

Die zweite Lehre ist die, daß Beziehungen elastisch sind und sich in kein theoretisches Schema pressen lassen. Bücherlesen löst keine Probleme, sondern zeigt höchstens die dazu notwendigen Schritte auf. Beziehungen müssen ausgelebt werden, darüber zu lesen hilft nichts.

In einer Beziehung man selbst bleiben

Wer sich bindet, ist romantisch veranlagt. Sich zu verlieben ist eine wunderschöne Sache, sie weitet einem das Herz und weckt die Leidenschaft. Was sonst ziemlich langweilig ist, bekommt auf einmal Farbe und Leuchtkraft. Aber man kann sich nicht jeden Tag verlieben oder davon ausgehen, daß dieses schöne Gefühl von Dauer ist, und darauf ein befriedigendes Leben aufbauen. Hingegen kann man sich durchaus darin üben, sich etwas von der alten Verliebtheit zu bewahren und den anderen mit den Augen eines Verliebten zu sehen. Das geschieht, wenn Sie und Ihr Partner sich binden und verpflichten. Dann wissen Sie, daß Ihr Partner für Sie dasein wird, obwohl er das Gute und Schlechte, Häßliche und Schöne an Ihnen kennt. Von daher können Sie eine reife Liebesbeziehung entwickeln, in der sich die Träume und Phantasien aus dem Stadium der Verliebtheit mit den nüchternen Vorstellungen aus dem Stadium der Realitätsanpassung verbinden: Die Kontrolle der Vernunft setzt ein und drückt sich in der Bindung und Verpflichtung aus, während gleichzeitig die Leidenschaftlichkeit der ersten Liebe im positiven Sinne erhalten bleibt.

Die Bindung schafft eine echte Partnerschaft, die sich in der Feststellung äußert: «Ich möchte mit dir zusammensein.» Wir nennen es: In einer Beziehung man selbst bleiben. Es bedeutet, zusammen an der Verwirklichung so widersprüchlicher Ziele wie Freiheit und Bindung, Selbständigkeit und Gemeinsamkeit, Fürsichsein und Füreinandersein zu arbeiten. Die Zusammenarbeit garantiert, daß die Beziehung liebevoll, frisch, lebendig, reizvoll und verläßlich bleibt.

Eine Bindung muß einen ganz konkreten Sinn oder Zweck haben. «In der Arbeit kommt die Liebe sichtbar zum Ausdruck», schreibt Khalil Gibran. Das ist die Aufgabe des nächsten Stadiums: die Liebe sichtbar zum Ausdruck zu bringen.

Gegenüberstellung des Stadiums der Bindung und Verpflichtung und des Konflikt- und Machtkampfstadiums

Bindungs- und Verpflichtungsstadium	*Konflikt- und Machtkampfstadium*
1. Was man vom Partner weiß, vertieft auf beiden Seiten das Vertrauensverhältnis.	1. Was man vom Partner weiß, wird als Druckmittel eingesetzt.

2. Man fühlt sich sicher, weil man in der Partnerschaft sich selbst bleiben kann.	2. Es fehlt das Gefühl der Sicherheit; statt dessen meint man, sich schützen zu müssen.
3. Autorität und Kontrolle werden abwechselnd ausgeübt, je nach den jeweiligen Gegebenheiten, Bedürfnissen und Fähigkeiten.	3. Autorität und Kontrolle werden rücksichtslos geltend gemacht, um Macht über den anderen zu gewinnen. Auseinandersetzungen gipfeln meist in der Frage, wer recht und wer unrecht hat.
4. Gleichwertigkeit: Beide Partner wissen den anderen zu würdigen.	4. Der dominante Partner hält sich infolge der Macht und Kontrolle, die der «Stärkere» innehat, für bedeutender.
5. Die Treue basiert auf einem starken Zusammengehörigkeitsgefühl.	5. Die Treue wird als Kontroll- und Machtinstrument betrachtet und deshalb vom anderen gefordert.
6. Die Kommunikation ist offen, klar und ehrlich; sie fördert die Eintracht und Anteilnahme.	6. Die Kommunikation ist von Vorsicht und Argwohn gekennzeichnet und dient dem Zweck, den anderen auszuhorchen und noch mehr Macht und Kontrolle zu erlangen.

7. Jeder Partner akzeptiert den anderen in seiner besonderen Eigenheit und ist von ihm fasziniert.

7. Der Partner wird als Mittel angesehen, um zu bekommen, was man will.

8. Gegebenenfalls ordnet sich einer bereitwillig dem anderen unter. Man begegnet einander mit Liebe, Zuneigung und Vertrauen und weiß diese Werte zu schätzen.

8. Die Partner kämpfen um Kontrolle und Macht. Liebe, Zuneigung und Vertrauen werden lediglich insgeheim ersehnt.

6. Die reife Liebesbeziehung

«Liebe besteht nicht darin, sich gegenseitig anzustaunen, sondern miteinander in die gleiche Richtung hinauszuschauen.» Saint-Exupérys Wort soll uns als Wegweiser für dieses Stadium dienen. Jetzt tragen Sie Ihre zunehmende Weisheit und Erfahrung in die Außenwelt hinein. Durch Ihr Berufsleben, die Erziehung Ihrer Kinder, durch Religion, Freizeitaktivitäten, kommunalpolitisches Engagement oder kulturelle Interessen gliedern Sie sich in die menschliche Gesellschaft ein. Ihr Partner und Sie sind nun in der Beziehung durch das Band echter Gleichwertigkeit und Gleichberechtigung miteinander verknüpft, das Sie in den vorausgegangenen Stadien durch Ihre Liebe geknüpft haben. Die Liebe, das steht fest, zieht Sie immer wieder leidenschaftlich in ihren Bann, aber sie ist jetzt gereift und hat sich durch das zunehmende Vertrauen zwischen Ihnen vertieft. Die Tatsache, daß Sie beide eigenständige Menschen mit ihren Besonderheiten sind, die sich für die Gemeinsamkeit entschieden haben, ist Ihnen eine stete Quelle der Lebensfreude und Kreativität.

In diesem Stadium, in dem Sie sich Ihren Platz in der Welt suchen, sich weiterhin der Liebe öffnen und mit Ihrem wahren Selbst in Berührung bleiben, wird die Geschicklichkeit auf die

Probe gestellt, die Sie sich in den vergangenen Stadien erworben haben. Es ist mindestens genauso schwierig wie die anderen.

Werte und Prioritäten

Ihre Wertvorstellungen und vorrangigen Ziele sind der Bezugspunkt, an den Sie sich halten können, wenn Sie von den Kämpfen, Enttäuschungen und Versuchungen des Lebens geschüttelt werden. Die Welt bietet Gelegenheiten und vielerlei Reizvolles in Hülle und Fülle, von dem Sie sich fesseln lassen können: berufliche Erfolge und Veränderungen, Macht und materielle Anreize, Schönheit und Wissen, die neuesten Moden und Trends. Sie brauchen es sich nur zu wünschen, und schon rückt das bunte Leben damit heraus. Wenn Sie Ihre Werte und Prioritäten kennen, können Sie wählen, was Ihnen wichtig ist, und Richtung, Tempo und Intensität Ihres Lebens selbst bestimmen. Die folgende Übung wird Ihnen dabei helfen, sich über die Werte klar zu werden, die Ihnen besonders am Herzen liegen.

Übung: Werte und Prioritäten bestimmen

Gehen Sie die nachstehend aufgeführten Werte durch und kreuzen Sie die zehn an, die Ihnen am wichtigsten sind. Diese Aufstellung ist nur als Anregung gedacht; fügen Sie getrost noch mehr Stichworte hinzu. Auch Ihr Partner sollte diese Übung durchführen.

1. *Treue:* wichtige Verbindungen aufrechterhalten und Verpflichtungen wahrnehmen.

2. *Macht:* Autorität und Einfluß ausüben.

3. *Unabhängigkeit:* in Freiheit denken und handeln können.

4. *Bildung:* sich wachsende Kenntnisse und Fertigkeiten aneignen.

5. *Anerkennung:* für Leistungen anerkannt werden.
6. *Emotionales Wohlbefinden:* emotionale Probleme lösen und die Selbstachtung erhalten.
7. *Seelisches Wohlbefinden:* nach den inneren Überzeugungen leben.
8. *Körperliches Wohlbefinden:* den Körper gesund erhalten.
9. *Sexuelle Erfüllung: sich sexuell wohl fühlen.*
10. *Ehe oder Beziehung:* eine Bindung eingehen, die Quelle der Liebe und Erfüllung ist.
11. *Liebe:* lieben und geliebt werden.
12. *Leistung und Erfolg:* etwas wirklich gut tun.
13. *Freude und Vergnügen:* die Freuden und angenehmen Seiten des Lebens genießen.
14. *Familie:* festhalten an den Familienbanden und -traditionen.
15. *Elternschaft:* Kinder haben und aufziehen und darin Erfüllung finden.
16. *Ästhetik:* seine Umgebung schön ausgestalten.
17. *Popularität:* von Leuten, die einem wichtig sind, akzeptiert werden.
18. *Eigenheit:* seine Eigenständigkeit und Eigenheit wahren.
19. *Sport und Hobbys:* interessanten Freizeitaktivitäten nachgehen.
20. *Offenheit:* offen und aufrichtig mit allen Nahestehenden umgehen.

21. *Beruf und Karriere:* einem Beruf nachgehen oder eine Karriere anstreben, die einen befriedigen.

22. *Finanzielle Sicherheit:* sich heute und für die Zukunft absichern.

23. *Moral:* nach sittlichen Normen leben.

24. *Prestige:* gesellschaftlichen Status erlangen.

25. ______________________________

26. ______________________________

27. ______________________________

Schreiben Sie nun Ihre Liste, indem Sie die angekreuzten Werte je nach ihrer Gewichtung von 1 bis 10 ordnen. Sie müssen sich also entscheiden, was Ihnen am wichtigsten ist, was am zweitwichtigsten und so weiter, bis Sie bei Nr. 10 angekommen sind.

Diese Übung, bei der Sie sich bewußt machen, was für Sie Vorrang besitzt, bringt auch Ihre gemeinsamen Interessen an den Tag. Wenn sie nach Ihren gemeinsamen Wertvorstellungen leben, nimmt Ihre Verbundenheit greifbare Gestalt an. Beschreiben Sie und Ihr Partner einander abwechselnd Ihre Werte und Prioritäten. Denken Sie daran, jeweils aufmerksam zuzuhören.

Diese Werteliste wird Ihnen eine Orientierungs- und Entscheidungshilfe sein, wie Sie Ihr Leben gestalten wollen. Sprechen Sie darüber, wie Sie sich gegenseitig helfen können, Ihren Wertvorstellungen gemäß zu leben. Die Unterschiedlichkeit Ihrer Wertbegriffe bringt Bewegung in Ihr Partnerschaftsverhältnis. Andererseits sind Unterschiede, die Sie nicht akzeptieren, eine Quelle für Spannungen und Konflikte. Ähnliche Wertvorstellungen fördern den Zusammenhalt; sehr krasse Unterschiede in den Wertvorstellungen sorgen für eine aufregende, spannungsreiche Beziehung. Dann werden Sie viel Zeit daran wenden, mit Ihren Schwierigkeiten und Machtkämpfen fertig zu werden. Sind Ihre Wertvorstellungen allzu ähnlich, vertragen Sie sich zwar mit großer Wahrscheinlichkeit, aber es besteht auch die Gefahr, daß Langeweile aufkommt und Sie Mittel und Wege ersinnen müssen, um den Reiz der Beziehung aufrechtzuerhalten.

Ein vertraulicher Vertrag

Das Bedürfnis, in diesem Stadium die Werte und Prioritäten festzusetzen, entspringt dem Bestreben der beiden Partner, einander zur Selbstverwirklichung zu verhelfen. Damit das gelingt, müssen Sie mit Ihrem Partner eine Abmachung treffen, durch die Ihrer Beziehung ein bestimmter Rahmen gegeben wird. Diese Abmachung basiert auf der Frage: «Wie können wir einander dazu ermutigen, auch in der Partnerbeziehung die eigene Individualität zu entfalten?» Ihr «Vertrag» sollte sowohl gewisse wünschenswerte als auch beiderseits unerwünschte Verhaltensweisen festlegen.

In einer solchen Partnerbeziehung ordnet man sich je nach den Gegebenheiten einander unter, nicht aus Hilflosigkeit, sondern freiwillig und aus dem eigenen Wertverständnis heraus, und läßt gleichzeitig auch die Wertvorstellungen des Partners gelten. Beide Seiten verlassen sich aufeinander in dem gegenseitigen Vertrauen, nach den jeweiligen Wertbegriffen leben zu können. Diese Vertrauensbasis bildet sich, weil jeder die persönlichen Möglichkeiten und Energien wahrnimmt, die er in die Beziehung einbringt.

Mit dem «Vertragsabschluß» erkennt zudem jeder die Unabhängigkeit des anderen an und verbürgt sich dafür, daß sie gewahrt bleibt. In der Dynamik von Unabhängigkeit und Abhängigkeit können beide Partner in bestimmten Situationen je nach Kompetenz die Führungsrolle übernehmen. Aufkommende Konflikte können entsprechend den jeweiligen Wertvorstellungen beider Partner gelöst werden.

Ein Anzeichen dafür, daß Sie in das Stadium einer reifen Liebesbeziehung eingetreten sind, ist die schöpferische Energie, mit der Sie sich entfalten, über sich selbst hinauswachsen und sogar auf Beziehungen in Ihrer Umgebung Einfluß nehmen können.

Außerdem wird Ihre eigene Beziehung zu einem Hort der Sicherheit, einem Platz, an den Sie sich zurückziehen, wo Sie sich entspannen und erholen können. Schon eine kurze Zeitspanne, die Sie gemeinsam zu Hause verbringen, steigert Ihre Lebenskräfte.

Zusammenfassung

Bei der Reise durch die sechs Stadien einer Beziehung geht es keineswegs immer schön ordentlich Schritt für Schritt voran, sondern manchmal auch in Sprüngen und Sätzen hin und her, vor und zurück. Aber mit Geduld und Ausdauer können zwei Menschen durchaus eine Beziehung aufbauen, die Bestand hat. Wenn Sie einmal glücklich durch alle Stadien hindurch sind, sollten Sie allerdings nicht meinen, nun ginge es mit Ihrer Beziehung nach dem Motto: «... und sie lebten glücklich und zufrieden bis an ihr Lebensende.» Sie werden noch öfters zu früheren Stadien zurückkehren, wenn neue Streitfragen auftauchen. Und noch interessanter wird die Sache, weil Partner manchmal zum gleichen Zeitpunkt gerade verschiedene Stadien durchlaufen. Bei jeder Runde durch die diversen Stadien nehmen Geschicklichkeit, Weisheit und Liebe zu, wächst der gemeinsame Erfahrungshintergrund.

Eine Beziehung ist wie ein Garten. Sie braucht Zuwendung. Manches, was ihr nicht guttut, muß ausgemerzt werden. Andere Pflänzchen müssen während ihres Heranwachsens sorgsam gepflegt und umhegt werden. Jede Jahreszeit stellt wieder neue Anforderungen. Nur tägliches Jäten, Stutzen und Wässern hält den Garten gesund, fruchtbar und lebensfähig. Setzt die Gartenpflege einmal ein oder zwei Jahre aus, sind Monate aufreibender Arbeit nötig, um alles wieder herzurichten. Manche Pflanzen erholen sich auch nie mehr davon. Und bleibt der Garten zu lange sich selbst überlassen, muß man von Grund auf neu beginnen.

Ein gut bestellter Garten hat heilsame Kräfte, wie jeder Besucher gleich bemerkt. Er ist voller Licht und Leben und erfüllt alle, die ihn mit Sorgfalt, Liebe – und manchmal auch unter großen Mühen – pflegen, mit Freude.

Ähnlich wie ein Garten will auch eine liebevolle, befriedigende Beziehung gepflegt sein, wozu Zeit, Zielstrebigkeit und Kenntnisse erforderlich sind. Da läßt sich nichts überstürzen. Das Leben selbst ist die Quelle, aus der sie entspringt, um sich in Raum und Zeit zu verwirklichen.

IV
Prüfung der Partnerschaft

In diesem Kapitel bekommen Sie die Gelegenheit festzustellen, wie gesund Ihre Beziehung augenblicklich ist; Sie werden merken, wie Sie durch rückhaltlose Offenheit sehr vertraut mit Ihrem Partner werden können und lernen, Ihre Fähigkeiten einzuschätzen sowie Feedback zu geben und zu empfangen, so daß Sie allmählich den Ursprung Ihrer Probleme und Konflikte erkennen und daran arbeiten können.

Mit gutem Willen, Intuition, reinem Glück oder gesundem Menschenverstand allein ist es nicht getan, wenn Sie an einer reifen, liebevollen Beziehung interessiert sind. Seltsamerweise geraten viele Leute in Harnisch oder in Verwirrung oder gehen in Abwehrstellung, sobald ihnen bewußt wird, daß sie an ihrer Beziehung etwas tun müssen. Manche Menschen finden die Sache zu bedrohlich, um sie direkt anzugehen, und rühren keinen Finger, in der Hoffnung, alles würde von selbst wieder ins Lot kommen. Andere versuchen, ihre Schwierigkeiten durch einen gemeinsamen Urlaub «ohne die Kinder und fern vom Alltag» auszuräumen. Es gibt auch Paare, die ihre Probleme durch ein Essen bei Kerzenschimmer, ein Baby oder ein gemeinsames neues Hobby lösen wollen. Diese Anstrengungen sind meist alle vergeblich; Erfolg oder Scheitern einer wirklichen Liebesbeziehung hängen selten von solchen Dingen ab.

Sie können lernen, sich bewußtzumachen, was Sie von Ihrem Partner wünschen und brauchen, und Ihr Partner kann das ebenfalls. Dazu müssen Sie allerdings wissen, wie es augenblicklich um Ihre Beziehung bestellt ist. Sie können lernen, die guten Seiten zu pflegen und die Schwachstellen geschickter anzugehen. Oft stellt die Einstellung zum Partner das Haupthindernis dar und blockiert die Vertrauensbildung. Wenn Sie sich Ihrer Einstellungen bewußt werden, sind Sie auch besser in der Lage, sie zu verändern oder davon abzulassen.

Es erfordert Zeit und Mühe, eine Atmosphäre des Wohlwollens zu schaffen, in der Sie mit den unvermeidlich in jeder Beziehung auftretenden Konflikten und Spannungen fertig werden können. Vielleicht müssen Sie sich einen Ruck geben und neue, Ihnen fremde Wege beschreiten, aber es lohnt sich. Eine gute, herzliche Liebesbeziehung ist einer der Schlüssel zu einem gesunden, glücklichen Leben.

Der Partnerschaftstest

Wenn Sie Ihre partnerschaftliche Beziehung aktivieren wollen, müssen Sie zuerst einmal deren augenblicklichen Zustand in Augenschein nehmen. Dabei hilft Ihnen der Partnerschaftstest.

Die nachstehende Übung soll Ihnen eine Vorstellung vom Allgemeinzustand Ihrer Beziehung vermitteln. Ihr Partner und Sie sollten den Test jeder für sich durchführen und dann erst die beiden nächsten Abschnitte lesen, ehe Sie miteinander über Ihre jeweiligen Testergebnisse reden. Ziehen Sie einen Kreis um die Zahl in jeder Reihe von 1 bis 5, die *Ihrer Ansicht nach* auf Ihre Beziehung zutrifft.

Übung: Partnerschaftstest

	nicht zutreffend				*völlig zutreffend*
1. Ich schöpfe nur wenig Energie und Lebensfreude aus der Beziehung.	1	2	3	4	5

2. Zwischen mir und meinem Partner bestehen ungelöste Konflikte.	1	2	3	4	5
3. Die Beziehung ist von Gleichgültigkeit, genereller Interesselosigkeit und Gefühlskälte gekennzeichnet.	1	2	3	4	5
4. Bei Problemen und Meinungsverschiedenheiten kommt es nicht zu klaren Beschlüssen; die Gespräche «drehen sich im Kreis».	1	2	3	4	5
5. Die Kommunikation ist schlecht; wir rücken nicht mit der Sprache heraus, hören einander nicht zu oder sprechen nicht miteinander.	1	2	3	4	5
6. Ich bin unzufrieden damit, wie viel der Partner in die Beziehung einbringt oder in welchem Maße er sich an der Hausarbeit beteiligt.	1	2	3	4	5
7. Die Beziehung hat sexuell ihren Reiz verloren und ist unbefriedigend geworden.	1	2	3	4	5
8. Ich habe das Gefühl, eingeengt zu sein und mich in Gegenwart des Partners nicht so geben zu können, wie ich bin.	1	2	3	4	5
9. Bei Freunden werde ich meinem Empfinden nach vom Partner schlechtgemacht.	1	2	3	4	5

10.	Die Abwesenheit des Partners empfinde ich als Erleichterung.	1	2	3	4	5
11.	Ich denke oft daran, mich vom Partner zu trennen.	1	2	3	4	5

Zählen Sie nun Ihre Punkte zusammen.

Was die Punktzahl bedeutet

Wenn Ihre Punktzahl zwischen 11 und 22 liegt, kommen Sie und Ihr Partner nach Ihrer Auffassung gut mit dem gemeinsamen Lebensalltag zurecht. Liegt auch die Punktsumme Ihres Partners in diesem Bereich, finden Sie wahrscheinlich beide Ihre Beziehung ganz o. k. Machen Sie so weiter! Sollte Ihr Partner jedoch eine höhere Punktzahl erreicht haben als Sie, sind Sie verschiedener Meinung über den gegenwärtigen Zustand Ihres Verhältnisses. Dann müssen Sie miteinander über die Unterschiede reden, denn sie sind mögliche Ursachen für Enttäuschungen, Konflikte und Ärgernisse.

Haben Sie eine Punktzahl zwischen 23 und 33, liegt die Vermutung nahe, daß einiges an Ihrer Partnerbeziehung nicht stimmt. In diesem Fall müssen Sie herausfinden, wo genau der Haken sitzt, damit Sie gemeinsam mit Ihrem Partner etwas daran tun können, ehe eine echte Spannungsquelle daraus geworden ist. *Die Aussagen, die Sie oder Ihr Partner als «völlig zutreffend« vermerkt haben, sind die neuralgischen Punkte.* Sie müssen sofort geklärt werden, denn andernfalls werden dadurch auch alle Pluspunkte zunichte gemacht. Wenn Sie dieses Buch mit Ihrem Partner zusammen gründlich bis zum Ende lesen und die vorgeschlagenen Übungen machen, werden Sie höchstwahrscheinlich Ihre Schwierigkeiten ausräumen können.

Liegt Ihre Punktzahl zwischen 34 und 43, muß Ihnen längst klar geworden sein, daß Ihre Beziehung zu wünschen übrigläßt. Das heißt, Sie müssen sich mit Ihrem Partner zusammensetzen und ein ernstes Gespräch über die Probleme führen. Gehen Sie jede Aussage im Test durch, und sprechen Sie insbesondere darüber, wie Sie jeweils zu Ihrer Antwort gekommen sind. Halten Sie sich dabei an die im nächsten Abschnitt aufgeführten Richtlinien, denn sonst wird Ihr Gespräch vermutlich in einen Streit ausarten. Sollte es trotzdem Zank und Streit geben, dann vereinbaren sie noch heute einen Termin bei einer Beratungsstelle und lesen Sie dieses Buch weiter. Wenn Sie die Sache einfach laufen lassen, werden Sie wohl bald in einer Krise stecken. Lesen Sie in Kapitel IX nach, wie Sie eine Partnerberatungsstelle auswählen können.

Liegt eine der beiden Punktzahlen über 43, ist Ihre Beziehung ziemlich kaputt. Dieses Buch kann Ihnen zwar das richtige Funktionieren einer Beziehung verständlich machen, aber darüber hinaus brauchen Sie Hilfe von außen. Erreicht auch die andere Punktsumme 34 oder mehr, müssen Sie mit einer langfristigen Beratung rechnen. Aber verzweifeln Sie nicht. Sofern Sie *beide* merken, daß Hilfe not tut, und gewillt sind, Zeit und Mühe aufzuwenden, um Ihre Probleme aufzuarbeiten, können Sie Ihr Verhältnis durchaus wieder beleben, wie hoffnungslos es auch scheinen mag.

Wir vertreten keineswegs die Theorie, es gäbe Menschen, die «einfach nicht füreinander geschaffen sind». Wir hatten selber Schwierigkeiten in unserer Beziehung und haben uns ein Jahr getrennt. Als wir uns zu einer Eheberatung entschlossen, meinte ein Freund: «Wenn *Ihr* damit etwas erreicht, kann es jeder.» Wir haben es geschafft, aber es war harte Arbeit. Jahre intensiver, teurer Sitzungen plus eine Menge Arbeit und Einsatz von unserer Seite waren nötig. Jetzt empfinden wir unser Verhältnis als wirkliche Liebesbeziehung.

Ebensowenig meinen wir, man müsse unter allen Umständen zusammenbleiben. Manchmal ist die Einsicht besser, daß die Beziehung nicht mehr zu retten ist, und einen Schlußstrich zu ziehen. Auf jeden Fall ist eine Partnerberatung, auch wenn Ihr Partner nicht mitgehen will, von Vorteil, und sei es nur, um mit einem objektiven Menschen zu reden und seinen inneren Frieden wiederzufinden. Vergessen Sie nicht: Kapitel IX enthält Tips für die Suche nach einer Beratungsstelle.

Richtlinien für ein effektives Gespräch

Ehe Sie mit Ihrem Partner über die jeweiligen Testergebnisse reden, sollten Sie die folgenden Richtlinien durchlesen.

1. Hören Sie konzentriert zu. Es sollte immer nur einer reden. Wenn Sie anderer Meinung sind als Ihr Partner, hören Sie mit gesammelter Aufmerksamkeit zu und versuchen Sie, seine Ansicht zu verstehen. Wichtig ist, daß Sie auch wirklich hören, was der andere gerade sagt. Wenn Sie schon lange zusammenleben, kennen Sie einander in mancher Hinsicht wahrscheinlich recht gut; dann können Sie beispielsweise unter Umständen voraussagen, was Ihr Partner in bestimmten Situationen sagen oder tun wird. Nur verstehen Sie womöglich gar nicht, aus welchen Gründen er oder sie sich so verhält, obwohl Sie es zu wissen glauben. Durch aufmerksames Zuhören werden Sie Ihren Partner allmählich besser begreifen können.

Beispiel

Hanna und Kai haben eben ihren Test beendet und sprechen über das Ergebnis.

Hanna: Ich habe ein ungelöstes Problem, was dich betrifft, Kai, und deshalb an der betreffenden Stelle die Vier eingekreist. Es handelt sich um die Hausarbeit, die du meines Erachtens meistens mir überläßt.

Kai: Das hatte ich befürchtet. Du hast ein ungelöstes Problem, was mich und meine Beteiligung an der Hausarbeit betrifft.

Hanna: Ja, ich möchte, daß du mehr Verantwortung für die täglich anfallenden Hausarbeiten wie Saubermachen und Staubsaugen übernimmst.

Kai: Du willst also, daß ich mehr Verantwortung für die täglichen Hausarbeiten wie Saubermachen und Staubsaugen übernehme.

Hanna: Na schön, belassen wir es erstmal dabei, bis wir mehr in dem Buch gelesen haben.

---

2. Denken Sie daran, daß alles, was Sie hören, die Ansicht Ihres Partners ist. Sie haben jeder für sich zu Recht ganz eigene Gedanken, Gefühle und Überzeugungen. Einer der Gründe, warum viele Paare in solche Schwierigkeiten geraten, ist der, daß sie sich nicht gegenseitig ihren Standpunkt verständlich machen können, weil sie einander nicht zuhören. Deshalb drehen sie sich beim Streiten im Kreis. Um Ihre Meinungsverschiedenheiten zu beheben, müssen Sie erst einmal zugeben können, daß sie existieren. Wenn Sie glauben, in Ihrer Beziehung sei alles prima, und Ihr Partner erzählt Ihnen, er (oder sie) sei unglücklich, dann stehen Sie plötzlich vor einem Problem. Die Unzufriedenheit Ihres Partners wird Ihr Verhältnis früher oder später beeinflussen. Am besten hören Sie aufmerksam zu, welche Ursache sein (oder ihr) Unbehagen hat, und suchen gemeinsam nach Mitteln und Wegen, das Problem zu lösen.

3. Wenn Sie Ihren Partner nicht verstehen, sollten Sie sich mit folgendem Satz Klarheit verschaffen: «Das verstehe ich nicht, würdest du es mir bitte erklären?» Dieser Satz hat seinen Sinn, denn viele Partner sagen, wenn sie nicht verstanden haben, einfach: «Du redest Unsinn» oder: «Das stimmt nicht.» Solch ein Satz ist Zündstoff, der meist eine wütende Verteidigungsreaktion hervorruft, und gleich geht das Gespräch in einen unproduktiven Streit über. Wenn Sie sagen: «Das verstehe ich nicht», tragen Sie selbst die Verantwortung für diesen Tatbestand. Mit der Frage: «Würdest du es mir bitte erklären?» zeigen Sie, daß Sie bereit sind, sich Ihrem Partner gegenüber an die Regeln der Höflichkeit zu halten, was natürlich Anklang findet. Solche Kleinigkeiten halten in Konfliktsituationen oft den Kommunikationsfluß in Gang.

Jetzt haben Sie sich ein gewisses Bild vom Zustand Ihrer Beziehung gemacht; als nächstes müssen Sie sich überlegen, ob Sie diesen Zustand verändern wollen. Sind Ihr Partner und Sie willens, wieder mehr Liebe, Vertrauen und Verständnis füreinander zu entwickeln, fangen Sie am besten an, indem Sie so aufeinander zugehen, wie als Sie sich kennenlernten – offen für den anderen und bereit, sich preiszugeben.

In Kapitel VII lernen Sie, mit Konflikten und Ärgernissen fertig zu werden. Für den Augenblick jedoch konzentrieren Sie sich voll und ganz darauf, Ihre Probleme unter die Lupe zu nehmen und zu verstehen, ohne sie gleich lösen zu wollen. Wenn Sie auf Sofortlösungen aus sind, die keinen Einsatz erfordern, werden Sie lediglich Enttäuschungen erleben.

Zwischendurch möchten wir Ihnen nun gern eine unserer Lieblingsgeschichten erzählen. Für uns sind unglückliche oder gestörte Beziehungen so ähnlich wie der Riesen-Bindfadenknäuel, der sich in einer Kramschublade angesammelt hat. Meist ist man gerade sehr in Eile, wenn man ein Stück Kordel braucht, und versucht unter leisem Fluchen, ein Stück von genügender Länge herauszuziehen. Das geht natürlich nicht – je stärker man zieht, um so mehr zieht sich das Knäuel zusammen. Ein ausreichend langes Stück Bindfaden läßt sich nur dann herauszupfen, wenn man geduldig einen Knoten nach dem andern entwirrt, bis langsam aber sicher ein brauchbares Stück Kordel da ist.

Das gleiche gilt für gestörte Partnerverhältnisse. Sie müssen geduldig die Knoten auflösen, die sich mit den Jahren gebildet haben. Allerdings besteht ein wesentlicher Unterschied zwischen dem Kordelknäuel und Ihrer Beziehung: allein können Sie nichts ausrichten – Sie müssen zu zweit die Knoten entwirren.

Sich öffnen

Wesentlich für ein gutes Partnerverhältnis ist, daß Sie unmittelbar und mit vollem Bewußtsein dem anderen Ihre tiefinnersten Gedanken und Gefühle enthüllen können. Dazu gehören wichtige Ereignisse aus Ihrem Leben und besonders Vorkommnisse, die Ihr heutiges Verhalten geprägt haben und noch beeinflussen. Ob Sie andern gegenüber offen von sich selbst sprechen wollen oder nicht, ist eine Entscheidung, die Sie im Alltagsleben dauernd treffen müssen. Sollen Sie Ihre Gedanken und Gefühle oder etwas aus Ihrer Vergangenheit dem anderen Menschen mitteilen? Wie vertraulich dürfen Sie bei Ihren Enthüllungen sein? Welches ist der richtige Ort und der richtige Zeitpunkt, um über sich selbst zu reden? Wem sollen Sie sich offenbaren?

Was Sie über Ihr Innen- und Privatleben mitzuteilen bereit sind, hat Auswirkungen auf Ihr Leben. Beispielsweise richtet sich die Zahl Ihrer Freunde danach und wie gut diese Sie kennen. Glück und Erfüllung, die Sie im Leben finden, werden davon mitbestimmt. Von Ihrer Entscheidung über das Maß, die Art und den Zeitpunkt Ihrer Selbstenthüllung hängen sowohl Ihre Selbstfindung als auch Ihr Selbstverständnis ab.

Die Selbstoffenbarung ist notwendig, wenn man eine wirkliche Liebesbeziehung von Dauer anbahnen und aufrechterhalten will. Vertrauen entsteht in einer Beziehung nur dann, wenn man sich vollkommen preisgeben kann und darf. Ein Vertrauter ist ein Mitwisser und Freund – jemand, mit dem man Freud und Leid teilen kann. Die Bereitschaft, sich vorbehaltlos dem andern anzuvertrauen, ist ein Zeichen dafür, wie nahe zwei Menschen sich stehen. Der Mut, sehr Persönliches und manchmal sogar Peinliches auszusprechen, beweist, daß beide sich in ihrer Beziehung völlig sicher fühlen.

In unserer eigenen Beziehung haben wir es uns zur Regel gemacht, jeden hartnäckig wiederkehrenden Gedanken oder entsprechende Empfindungen mitzuteilen, auch wenn sie noch so unerheblich oder peinlich zu sein scheinen oder man aus Angst nicht darüber reden mag. Damit hinter dem Berg zu halten führt zu Entfremdung und Mißverständnissen zwischen den Partnern. Mit der Zeit vergiftet solches Verdrängen womöglich die gesamte Beziehung, so daß bereits kleinste Meinungsverschiedenheiten in einen regelrechten Krieg eskalieren.

Beispiele

1. Heinz und Susanne haben sich über ein Jahr lang getroffen. Seit vier Monaten hat Heinz nun das Gefühl, daß Susanne sich von ihm zurückzieht. Er glaubt, sie habe kein Interesse mehr an ihm. Eines Abends spricht er von seinem Empfinden. Susanne bricht in Tränen aus und erzählt ihm von ihren Schwierigkeiten mit ihrem Vater, einem Alkoholiker. Sie wollte Heinz nichts davon erzählen, aus Angst, er würde dann nichts mehr von ihr wissen wollen. Er versichert ihr, daß er sie trotzdem liebt. Daraufhin erneuert und vertieft sich ihre Beziehung.
2. Karin spielt mit dem Gedanken, Bert zu verlassen. Ihr ist auf einmal zu Bewußtsein gekommen, daß sie ihn gar nicht richtig kennt. Sechs Jahre lang hat sie mit ihm zusammengelebt, für ihn gekocht und saubergemacht und mit ihm geschlafen. Und die ganze Zeit über haben sie nur über Alltäglichkeiten geredet – über das Essen, wie sie ihre Ferien gestalten oder welches Auto sie sich als nächstes kaufen wollten. Bert hat nie mit Susanne über seine Hoffnungen, Träume und Gefühle gesprochen, obgleich sie ihn bei vielen Gelegenheiten dazu anregte. Sie fühlt sich entsetzlich einsam und will noch etwas aus ihrem Leben machen. Hier ist keine Beziehung besser als eine, in der sie sich so alleingelassen fühlt.
3. Charlotte und Jan sind acht Jahre verheiratet. Sie haben zwei Kinder und ein gemütliches Heim. Jan ist ein guter Vater und sorgt auch gut für die Familie. Charlotte betreibt außer Haus ein eigenes Geschäft. In den Augen ihrer Freunde ist die Beziehung der beiden einfach mustergültig. Vor kurzem hat Jan eine schon sechs Monate währende Affäre mit einer gemeinsamen Freundin eingestanden. Charlotte ist schockiert; sie hatte ihre Ehe für gut gehalten. Jan hatte sich nie über irgend etwas beschwert. Und nun sagt er auf einmal, ihr Sexualleben habe ihn bereits ein paar Jahre lang nicht mehr befriedigt, aber er habe ihr nichts davon sagen wollen, um ihre Gefühle nicht zu verletzen. Diese Krise hätte vermieden werden können, wenn Jan sich früher offenbart hätte.
4. Stefan und Julia haben vor drei Jahren geheiratet. Julia hatte fünf Jahre alleine gelebt, bevor sie Stefan kennenlernte. Beide

haben eine leitende Stellung in einem Unternehmen. Nach der Hochzeit übernahm Stefan einfach die Verwaltung der Finanzen einschließlich Julias Einkommen. Jetzt hat Julia das Gefühl, um ihr eigenes Geld betteln zu müssen, wenn sie etwas kaufen will, und ist deshalb sauer auf Stefan. Vor achtzehn Monaten bekamen sie ein Kind. Seit drei Monaten arbeitet Julia wieder. Ihrem Empfinden nach lasten nun 95 % der Pflichten auf ihr – die Sorge für den Sohn, die Einkäufe und die Hausarbeiten. Vorige Woche hat sie die Betriebspsychologin aufgesucht, weil sie nicht verstehen konnte, warum sie so geladen war und sich über ihre Kollegen, ihr Kind und ihren Mann ärgerte. Bei diesem Besuch ist ihr klargeworden, daß sie versuchte, die Superfrau zu sein, und daß sie sich eine Menge von der Seele reden mußte. Danach fühlte sie sich besser. Ihre nächste Aufgabe besteht darin, den angestauten Groll ihrem Ehemann gegenüber loszuwerden.

Viele Leute sind in ihrer Beziehung allein und isoliert, obwohl sie mit einem anderen Menschen unter einem Dach leben. Einer oder beide Partner können dieses Gefühl der Entfremdung spüren. Wer die Entfremdung zwischen sich und seinem Partner wahrnimmt, fühlt sich meist auch von allem übrigen abgeschnitten, was das Leben lebenswert macht – Arbeit, Freunde und sich selbst. Er meint, nicht in der Lage zu sein, sein Leben selbst zu gestalten. Deprimiert, verwirrt und unsicher zieht er sich mehr und mehr von seinem Partner und vielleicht auch von den Freunden zurück. Im Extremfall kann Entfremdung zum Nervenzusammenbruch, zu Kaufwut, Seitensprüngen oder sogar zum Selbstmord führen. Dabei ist das Gefühl der Verlassenheit ein Signal aus dem Unbewußten, das uns darauf aufmerksam macht, daß die gegenwärtige Lage verändert werden sollte; daß man aus sich herausgehen und sagen soll, was man auf dem Herzen hat. Unser Unbewußtsein ist unser bester, weisester Freund, dem an unserem Wohlergehen gelegen ist. Hören wir darauf!

Beispiel

Jim: Ich weiß noch, wie ich eines Nachts nach einem schweigsamen Abend mit Judy, an dem viel Ungesagtes in der Luft hing, ins Bett ging. Judy kroch auf die eine Seite des Bettes, ich auf die andere. Sie lag mit dem Gesicht zu der einen Wand, ich zur anderen. Wir sagten einander nicht einmal gute Nacht. Im Nebenzimmer schlief unsere kleine Tochter unschuldig in ihrem Bettchen. In dem Augenblick tat mir das Herz weh, als ich so über uns nachdachte. Da waren wir, zwei nette Leute, die sich füreinander entschieden hatten, weil sie sich liebten. Jetzt lagen Welten zwischen uns in unserer Schweigsamkeit. Ich fühlte mich total isoliert und allein, obwohl Judy nur eine Spanne von mir entfernt lag. Ich konnte die ganze Nacht nicht schlafen. Am nächsten Morgen erzählte ich ihr von meinen Empfindungen. Wir fingen an, uns über all das zu unterhalten, was wir so lange zurückgehalten hatten. Es tat zwar weh, aber wir haben es nicht bereut, und dieses Verlassenheitsgefühl hatte ich danach auch nicht mehr.

Das Gute an der Selbstoffenbarung ist unter anderem, daß sie zur Selbsterkenntnis verhilft. Wenn Sie sich vor anderen verstekken, können diese Menschen weder auf Ihre Probleme oder Ihre gute Laune eingehen noch Ihnen helfen, Ihre eigenen, unausgedrückten Gefühle und Gedanken zu begreifen. Vielleicht verbergen Sie Ihr wahres Wesen aus Angst, der einzige Mensch zu sein, der so denkt und empfindet. Dadurch entsteht jedoch lediglich eine Patt-Situation. Ebensowenig, wie andere denjenigen näher kennenlernen können, der nichts von sich gibt, lockt ein verschlossener Mensch seine Mitmenschen aus der Reserve. Niemand vertraut sich rückhaltlos jemandem an, der sich selbst lieber in Stillschweigen hüllt. Offenheit ist keine Einbahnstraße.

Wenn Sie ein verschlossener Mensch sind, werden Sie die komplexen Motive und Emotionen nicht verstehen können, die jeden Menschen kennzeichnen, weil Ihre Erfahrungen mit anderen auf oberflächliche Kontakte beschränkt bleiben. Verschlossene Menschen verlangen sogar meist von ihren Partnern, «nicht so viel von sich selbst zu reden» oder «mit der Nabelschau aufzuhören». Fügt sich der Partner ihrer Forderung, gerät auch er in Gefahr, sich vor sich selbst und anderen zu verschließen.

Wenn Sie hingegen etwas von sich preisgeben, werden die Leute in Ihrem Umkreis in der einen oder anderen Weise darauf reagieren. Und nur in diesem Wechselspiel bringen Sie mehr über sich selbst und die anderen in Erfahrung. Manches von dem, was Sie neu hinzulernen, mag schwer zu schlucken sein, aber es ist allemal besser, im hellen Licht der Erkenntnis einherzuspazieren, als im dichten Nebel der Unwissenheit herumzutappen.

Beispiel

Georg: Eines Nachts schickten Angelika und ich uns an, wie gewohnt miteinander zu schlafen. Nach 15 Jahren ging das wie am Schnürchen. Seit etwa zehn Jahren langweilte mich unser Liebesleben, aber ich dachte weiterhin, es würde Angelika Spaß machen. Gut und schön. In dieser Nacht sagte ich jedoch: «Hör mal, Angelika, was wir im Bett tun, langweilt mich grenzenlos. Ich finde kein Vergnügen mehr daran und ertappe mich bereits zu Beginn bei dem Stoßseufzer, es möge doch schon vorüber sein.»
Angelika: Ich war schockiert und wütend, und ich hatte Angst. Aber dann mußte ich laut loslachen, weil ich schon lange genauso dachte und nur nichts gesagt hatte, um Georgs Gefühle nicht zu verletzen. Schließlich unterhielten wir uns bis zum Morgengrauen über unsere Vorstellungen von Sex und wie wir dazu erzogen worden waren, die Sexualität als etwas Schlechtes anzusehen. Wir sprachen sogar über unsere Hochzeitsnacht, die eine reine Katastrophe gewesen war. So gut hat unserer Beziehung noch nie etwas getan.

Viele Paare berichten, daß sie nicht mit der Sprache herausrükken, weil sie ihrem Partner nicht vertrauen. In Eheratgebern steht meist, man müsse einander vertrauen, um sein Herz ausschütten zu können. Damit stimmen wir nicht überein. Nach unserer Ansicht stellt sich das Vertrauen ein, *nachdem* man sich dem anderen geöffnet hat. Noch wichtiger jedoch ist die Tatsache, daß man sich selbst Mut beweist, wenn man aller Angst zum Trotz so handelt. Sich ein Herz zu fassen stärkt das Vertrauen in die eigene Kraft. Diese Erkenntnis hilft einem durch alles und jedes hindurch und stärkt die Selbstachtung.

Was aber, wenn Sie offen von sich sprechen und Ihr Partner Sie dafür straft, Sie lächerlich macht oder Ihre Enthüllungen eines Tages gegen Sie verwendet? Wir meinen, daß Sie dieses Risiko eingehen sollten. Unseres Erachtens ist es nur von Vorteil, zu wissen, mit welcher Art Mensch man zusammenlebt, so daß man eine ganz klare Entscheidung für oder gegen die Zweisamkeit mit dem oder der Betreffenden fällen kann. Wenn Sie Ihrem Partner Ihr Herz ausschütten und er macht sich darüber lustig oder sagt Ihnen, daß Sie verrückt sind, hat er Ihnen seine Einstellung offen gezeigt. Das ist eine schmerzliche Wahrheit, die jedoch, auf die Dauer gesehen, weiterhilft. Endlich wissen Sie, mit was für einem Menschen Sie es zu tun haben und können sich entscheiden, ob Sie bleiben und Ihrem Partner die Stirn bieten oder ob Sie dieses möglicherweise unhaltbare Verhältnis lösen wollen. Haben Sie hingegen Ihrem Partner etwas von sich erzählt, das Ihnen peinlich ist, und er achtet Ihre Gefühle, zeigt Anteilnahme und äußert sich ebenfalls rückhaltlos, wissen Sie, daß Ihr Partner ein Mensch ist, vor dem Sie sich so geben können, wie Sie sind.

Um einen anderen Menschen persönlich und innig lieben zu können, muß man ihn richtig kennen. Darum vertieft sich die gegenseitige Liebe mit der Zeit, wenn beide mehr voneinander offenbaren. Sobald sich jedoch ein Partner vor dem anderen verschließt, kann er auch nicht mehr wegen seiner eigenen Wesensart geliebt werden. Dann kann ihn sein Partner nur so lieben, wie er einen beliebigen Menschen lieben würde, ohne die speziellen Empfindungen zu haben, die dem Wesen des anderen gelten und die eine wirkliche Liebesbeziehung ausmachen. Wer sich dem anderen verschließt, ist überdies selbst auch nicht in der Lage zu lieben, weil er nicht nur sich selbst zurückhält, sondern darüber hinaus auch verhindert, daß er seinen Partner genau kennenlernt.

Die nachstehende Übung soll Ihnen helfen, mehr über sich selbst in Erfahrung zu bringen und es einander mitzuteilen.

Übung: Die Beziehung verbessern – eine Checkliste zur Selbstkontrolle

Schritt 1
Im folgenden sind 10 Eigenschaften oder Fertigkeiten aufgeführt, die Sie brauchen, um eine gute Liebesbeziehung aufzubauen und aufrechtzuerhalten. Lesen Sie jeden Punkt sorgfältig durch, ehe Sie sich selbst bewerten.

Schritt 2
Bewerten Sie nun jeder für sich, inwieweit Sie die jeweilige Eigenschaft oder Fertigkeit besitzen. Gehen Sie die ganze Liste durch, und kreisen Sie die Zahl bei jedem Punkt ein, *die Ihrer Ansicht nach zutrifft.*

Schritt 3
Wenn Sie damit fertig sind, sollten Sie mit Ihrem Partner über die Gedanken und Gefühle sprechen, die Ihnen bei dieser Arbeit gekommen sind. In welchem Punkt haben Sie bereits Fertigkeiten entwickelt? In welchem müssen Sie sich verbessern? Was können Sie in Ihrer Beziehung heute dafür tun? Bitte denken Sie daran, sich an die zuvor in diesem Kapitel erwähnten *Gesprächsrichtlinien* zu halten.

1. Hinwendung
Wenn wir miteinander reden, wende ich mich dir ganz zu und konzentriere mich auf das, was du sagst. Ich lasse mich durch nichts ablenken und nehme mir Zeit, dir zuzuhören.

selten			manchmal			oft
1	2	3	4	5	6	7

2. Eigenverantwortlichkeit
Ich habe meine eigenen Gedanken, Gefühle und Überzeugungen, aber keineswegs den Anspruch auf Unfehlbarkeit. Ich zeige dies, indem ich meine Äußerungen mit «ich» anfange. Ich sage beispielsweise: «Ich glaube...», «ich habe das Gefühl...», «ich möchte gerne...» und nicht etwa: «Du solltest...», «du vermittelst mir das Gefühl...», «du gibst mir nie...»

selten			manchmal			oft
1	2	3	4	5	6	7

3. Direktheit
Ich lasse dich unmißverständlich wissen, was ich denke und fühle, auch wenn es zu Spannungen führt. Ich bitte um das, was ich will. Ich vermeide Sarkasmus, Spott, Moralaposteltum und künstliche Aufregung.

selten			manchmal			oft
1	2	3	4	5	6	7

4. Ganz Ohr sein
Ich höre aufmerksam zu, wenn du redest. Ich lausche auf deine Worte und Gefühlsregungen. Ich bitte um Klarstellung, falls ich etwas nicht verstehe. Ich fälle kein vorschnelles Urteil. Ich unterbreche dich selten.

selten			manchmal			oft
1	2	3	4	5	6	7

5. Verständnis
Ich lasse dich wissen, was du meines Erachtens sagst und empfindest. Ich achte deine Gedanken und Gefühle. Ich maße mir nicht an, im voraus zu wissen, was du denkst oder fühlst.

selten			manchmal			oft
1	2	3	4	5	6	7

6. Anteilnahme
Ich respektiere dich als eigenständigen Menschen und zeige dir das auch. Ich anerkenne deine Ideen, Gefühle und Erfahrungen. Ich mache dir deutlich, daß du dich voll und ganz entfalten sollst.

selten			manchmal			oft
1	2	3	4	5	6	7

7. Offenheit
Ich bringe offen zum Ausdruck, was ich denke, fühle und will. Ich erzähle dir von meinen Träumen und Phantasien. Ich kann über meine Stärken und Schwächen sprechen, selbst über Dinge, die mir peinlich sind. Ich gewähre dir Einblick in das, was wirklich in mir vorgeht.

selten			manchmal			oft
1	2	3	4	5	6	7

8. Unmittelbarkeit
Ich erzähle dir jeden Tag aufs neue, was ich über die Art und Weise denke und fühle, in der wir miteinander umgehen. Ich sage dir, was ich daran gut finde und was nicht. Ich möchte, daß du es genauso machst.

selten			manchmal			oft
1	2	3	4	5	6	7

9. Realismus
Ich weiß, daß du eigene Gedanken, Empfindungen und Überzeugungen hast. Ich kann anderer Meinung sein, ohne darum deine Auffassung ändern zu wollen. Ich akzeptiere unsere Verschiedenheit.

selten			manchmal			oft
1	2	3	4	5	6	7

10. Achtung und Wertschätzung
Ich sage, was ich denke, fühle und will, ohne dich einschüchtern oder manipulieren zu wollen. Ich nehme dich und das, was dir am Herzen liegt, ebenso ernst wie mich selbst. Ich möchte, daß du dich selbstbewußt äußerst, auch wenn ich anderer Ansicht bin.

selten			manchmal			oft
1	2	3	4	5	6	7

---

3. Feedback geben und empfangen

Indem man sich öffnet, schafft man die Voraussetzung für eine intime Beziehung. Indem man Feedback gibt, erbittet und erhält, lädt man den anderen in seine Privatsphäre ein und erfährt, was er von einem denkt. Das ist eine riskante Sache, denn wie man selber sich und seine Welt wahrnimmt, unterscheidet sich unter Umständen erheblich von der Sichtweise auch des engsten Freundes. Feedback zu vermitteln, zu verlangen und zu erhalten bedeutet, für die Betrachtungsweise des anderen offen zu sein, wenngleich sie sich von der eigenen Sicht unterscheidet. Möglicherweise wird dadurch alles, was man geglaubt hat, auf den Kopf gestellt, oder man wird in seiner Anschauung bestätigt.

Beispiele

1. Alexander hatte Streit mit Barbara. Die Auseinandersetzung ging in gegenseitiges Anschreien über und endete damit, daß beide verärgert unter Türknallen davongingen. Karl, ein enger Vertrauter Alexanders, war Zeuge der ganzen Szene.

Alexander: Barbara ist eine dickköpfige, sture Gans. Sie hört einfach nicht zu. Findest du nicht auch?
Karl: Willst du wirklich hören, was ich dazu meine, auch wenn ich es ganz anders sehe?
Alexander: (zähneknirschend) Ja.
Karl: Meiner Ansicht nach warst du arrogant und dickköpfig. Ich hatte das Gefühl, daß du Barbara überhaupt nicht zuhörst. Wie ich meine, hast du sie angeschrien, sobald sie anderer Auffassung war als du. Mir kam es so vor, als hätte sie keine Chance, sich zu erklären.

Alexander hat um Feedback gebeten und kommt nun nicht darum herum, über das nachzudenken, was Karl gesagt hat. Er kann es ablehnen, akzeptieren oder so abwandeln, daß es seiner innersten Überzeugung entspricht. Das Beste wäre natürlich, wenn er noch einmal mit Barbara redete, ihr erzählte, was Karl gesagt hat und versuchte, das Mißverständnis aufzuklären. Auf jeden Fall wird er etwas über sich selbst lernen.

2. Natalie begann vor ein paar Jahren zu malen und hatte sich immerhin so vervollkommnet, daß eine örtliche Galerie einige ihrer Werke ausstellen wollte. Rolf brachte ihr eine Tasse Tee ins Atelier.

Rolf: Hm, das ist wirklich gut. Finde ich toll, wie du die Farben abgestimmt und Akzente gesetzt hast.
Natalie: Ich finde es bis jetzt überhaupt nicht gut. Ich glaube, mir fehlt die persönliche Note. Wahrscheinlich schmeiße ich es weg.
Rolf: Aha, ich merke schon; du willst nicht hören, was ich sage. Stimmt's?
Natalie: Ach ja, ich bin ganz deprimiert, mir will einfach nichts einfallen. Erzähl mir doch bitte nochmal, was du gesagt hast, ich habe eben nicht zugehört. Vielleicht reißt es mich endlich aus meinem Tief heraus.

Als Natalie schließlich für Rolfs Feedback offen war, konnte sie ihre Arbeit unter anderen Gesichtspunkten betrachten und mit neuem Elan weitermachen.

Bittet, so wird euch gegeben

Für eine wirkliche Liebesbeziehung ist es von ausschlaggebender Bedeutung, Feedback zu geben, zu erbitten und zu erhalten. Nur durch Feedback lernt man, sich selbst mit den Augen anderer zu sehen. Wechselseitiges Feedback schafft eine Atmosphäre von Liebe und Vertrauen, Geborgenheit und Offenheit; es schärft den Blick für die Bedürfnisse dessen, den man liebt. Feedback zu geben und zu erhalten ist etwas, das man lernen und verbessern kann, und dafür gibt es gewisse nützliche Regeln.

Das Wort «Feeback», zu deutsch «Rückmeldung», stammt aus der Sprache der Technik und bezeichnet die zielgerichtete Steuerung eines technischen Systems, in die Rückmeldungen über die schon erreichte Wirkung fortlaufend einbezogen werden. Ein gutes Beispiel für den Feedback-Mechanismus ist ein Thermostat. Er mißt fortlaufend die Raumtemperatur und reguliert die Heizungsfunktion so, daß die gewünschte Temperatur erhalten bleibt.

Auch eine Beziehung ist so etwas wie ein Feedback-System, wobei jeder Partner vereinbarte Signale aussendet, die dem anderen anzeigen, wann das partnerschaftliche Wechselspiel «zu heiß», «zu kalt» oder «genau richtig» ist. Nehmen wir einmal an, Ihr Ziel wäre es, herauszufinden, wie Ihr Verhalten auf Ihren Partner wirkt. Die Informationen, die Ihr Partner liefert, zeigen Ihnen an, ob Sie sich Ihrem Ziel nähern. Wenn Sie auf negatives Feedback bezüglich Ihres Verhaltens mit Wut und Türenknallen reagieren, werden Sie nichts ausrichten. Eher kühlt sich das Verhältnis unangenehm ab. Ihr Partner könnte Ihnen beizustehen versuchen und sagen: «Du hast mich gebeten, es dir zu sagen, wenn mich dein Benehmen nervt, aber sobald ich dir Feedback gebe, wirst du ärgerlich und schreist mich an. Unter diesen Umständen habe ich keine Lust mehr, mit dir zu reden. Auf diese Weise wirst du dein Ziel nicht erreichen.»

Wenn Sie beim nächsten Mal auf das Feedback so reagieren, daß Sie sich mehr öffnen, sind Sie auf dem richtigen Weg. Dann werden Sie sich in Ihrer Haut wohler fühlen, und Ihr Partner wird Ihnen näherkommen. Feedback ist also ein Mittel, in einer Beziehung das zu erreichen, was man ersehnt. Außerdem können Sie dadurch vergleichen, wie Sie selbst Ihr Verhalten einstufen und wie Ihr Partner es sieht.

Die Vermittlung von Feedback ist ein verbaler oder nichtverbaler Prozeß, durch den man andere absichtlich wissen läßt, wie man ihr Verhalten auffaßt oder empfindet. Feedback-Regel Nr. 1 lautet: *Geben Sie niemals ungefragt Feedback, sondern nur dann, wenn der oder die Betreffende selbst darum bittet oder ausdrücklich damit einverstanden ist.* Unerwünschtes Feedback trifft lediglich auf taube Ohren. Die folgende Formulierung dürfte hilfreich sein: «Ich habe dir etwas zu sagen. Willst du es hören?»

Sinnvolles Feedback kann man unseres Erachtens nur *absichtlich* geben, denn nur wenn man sich bewußt dazu entschließt, wird man auch die Verantwortung für die möglichen Konsequenzen übernehmen. *Unabsichtliches* Feedback entschlüpft einem, statt bewußt angeboten zu werden, und wird meist als Tadeln, Meckern oder Nörgeln empfunden. Für das, was da übermittelt wird, übernimmt man auch selten die Verantwortung und wundert sich dann, wie die Leute darauf reagieren.

Wenn Sie sich Feedback holen, oder wenn Sie einverstanden sind, daß man Ihnen Feedback gibt, wollen Sie wissen, wie andere *Ihr* Verhalten aufnehmen und empfinden; Sie sollten dann auch bereit sein, ernsthaft in Betracht zu ziehen, was Ihre Mitmenschen äußern. Oder, wie Virginia Satir, die bekannte Familientherapeutin, sagt: «Sie erklären sich bereit, es so lange in Ihrem Mund zu behalten, bis Sie es genau schmecken können, um es dann auszuspucken oder bedenkenlos hinunterzuschlukken.»

Absicht und Verhalten

Wenn Sie Feedback geben, müssen Sie sich über Ihre Intentionen im klaren sein. Wollen Sie informieren, oder wollen Sie verletzen und manipulieren? Erhalten Sie selbst Feedback, wissen Sie natürlich nicht, welche Absichten der betreffende Mensch damit verbindet. Sie sehen nur, wie er sich verhält. Sollten Sie im Ungewissen über die Intentionen sein, fragen Sie lieber. Allerdings müssen Sie dann davon ausgehen können, daß der oder die Betreffende aufrichtig ist. Vermuten Sie etwas anderes, hat der Austausch keinen Sinn.

Die Kommunikation zwischen Partnern ist oft deshalb so schwierig, weil sie dem andern über seine vermutlichen Intentionen Feedback geben statt sich an seinem Verhalten zu orientieren. Ein Beispiel: Jim kommt nach einer Auseinandersetzung mit seinem Chef völlig verärgert von der Arbeit nach Hause. Er knallt die Türen zu. Judy schreit ihn an: «Weil ich gestern Nacht keine Lust auf Sex hatte, brauchst du nicht heute so flegelhaft zu sein!» Das ist natürlich Öl aufs Feuer, und schon kommt es zum Knall. Statt sich nur am Verhalten von Jim zu orientieren, mißinterpretiert Judy die *Gründe* dafür. Es wäre mehr dabei herausgekommen, wenn sie gesagt hätte. «Du scheinst sauer zu sein, was ist denn los?» Dann hätte er es ihr erklären können. Und falls er ärgerlich auf ihre Frage reagiert hätte, hätte sie sagen können: «Ich weiß nicht, worüber du dich ärgerst. Ich werde erst mit dir reden, wenn du nicht mehr so aufgebracht bist.»

Viele Mißverständnisse entstehen, weil hinter dem Verhalten des anderen zu Unrecht negative Intentionen vermutet werden. Häufig fällt die Einsicht schwer, daß der Partner andere Gründe für sein Verhalten hat, als man ihm unterstellt. *Im Zweifelsfall sollten Sie Ihren Partner fragen.* Sie könnten zum Beispiel sagen: «Als du mir gesagt hast, ich hätte den Kontostand überprüfen sollen, wolltest du mir da andeuten, ich sei blöd?» Woraufhin der Partner entgegnen könnte: «Nein, ich wollte nur darauf hinweisen, wie der Fehler hätte vermieden werden können.»

Wer trägt die Verantwortung für was?

Beim gegenseitigen Feedback erhebt sich oft die Frage der Verantwortung. Wieviel Verantwortung muß der Feedbackgebende für sein Verhalten übernehmen und wieviel der andere für seine Reaktion? Wenn Frank sich so benimmt, daß Sabine unweigerlich negativ darauf anspricht, wieviel Anteil hat dann jeder an diesem Hin und Her? Manche Leute übernehmen freiwillig auch die Verantwortung für die Reaktion ihres Partners. Andere wiederum weisen jegliche Verantwortung für dessen Benehmen weit von sich.

Nehmen wir einmal an, Frank sei letzten Monat an drei von fünf Abenden spät nach Hause gekommen. Sabine hält ihm nun sein spätes Erscheinen vor. Er reagiert darauf mit der Bemerkung, sie sei eine Nörgeltante. Er sagt, er brauche seine Freiheit, er fühle sich eingezwängt, und Sabine verlange zuviel von ihm. Er verstehe nicht, warum er immerfort pünktlich sein solle, schließlich sei er kein kleiner Junge mehr.

Jetzt steckt Sabine in der Klemme. Ihre Beobachtungen sind zwar richtig, aber er reagiert gereizt. Ein Ausweg aus diesem Dilemma wäre, ihm klarzumachen, daß er natürlich ein freier Mensch sei, hingegen die Art und Weise, wie er von seiner Freiheit Gebrauch mache, auf die Dauer ihre Beziehung gefährde. In dem Maße, wie er an ihr und an dem gemeinsamen Verhältnis interessiert ist, muß er sich jetzt Gedanken über das Feedback machen, das er von ihr erhalten hat.

Ein wesentliches Element beim gegenseitigen Feedbackgeben besteht darin, sowohl die eigenen Bedürfnisse und Interessen als auch die der anderen Seite wahrzunehmen. In einer Beziehung muß man nicht nicht nur die Verantwortung für sein eigenes Benehmen zu tragen bereit sein, sondern sich darüber hinaus auch vor Augen halten, welche Reaktionen dieses Verhalten bewirken kann.

Feedback-Richtlinien

Ganz unabhängig davon, wie korrekt ein Feedback sein mag, ist es sinnlos, falls der Partner sich der Information aus irgendeinem Grund verschließt. Feedback muß man so geben, daß der Mensch, für den es bestimmt ist, es nach Möglichkeit nicht falsch auffassen und als Affront empfinden kann; er muß es verstehen und sich seinem Belieben entsprechend verhalten können.

Beispiel

Kirsten kommt nach einem harten Arbeitstag vom Büro nach Hause und findet Volker zeitunglesend vor. Ohne böse Absicht sagt sie scherzhaft: «Ach Volker, ich wollte, ich könnte auch mal so faul sein wie du!» Daraufhin Volker: «Willst du mich anmachen, oder was? Ich kann nicht mal eine Minute lang stillsitzen und mich ausruhen, ohne daß du auf mir herumhackst.» Jetzt wird Kirsten ärgerlich und schlägt zurück, und schon ist der schönste Streit im Gange.

Statt dessen hätte Volker Kirsten Feedback geben und anders reagieren können. Er hätte beispielsweise sagen können: «Ich hatte einen schweren Tag heute und bin schlecht gelaunt. Was du gerade gesagt hast, klang wie ein Vorwurf. Hast du mich kritisieren wollen, oder war das nur ein Scherz?» Dieser Austausch würde wahrscheinlich besser ausgehen als der erste.

Im folgenden ein paar Feedback-Regeln, die sich als nützlich erwiesen haben.

Direkter statt indirekter Gedanken- und Gefühlsausdruck

Wenn Ursula zu Andreas sagt: «Ich liebe dich», drückt sie ihre Gefühle ohne Umschweife aus und geht das Wagnis ein, entweder zurückgewiesen zu werden oder eine engere Bindung zu schaffen. Sagt sie hingegen durch die Blume: «Du bist ein so liebenswerter Mensch», wird zwar das Risiko geringer, abzublitzen, aber auch die Möglichkeit, daß Andreas ihre Liebe erwidert.

Es ist natürlich sicherer, Gedanken und Gefühle indirekt und damit mehrdeutig zu äußern. Auch wenn Andreas vermutet, daß Ursula ihn liebt, kann sie immer noch einen Rückzieher machen. Und falls Andreas Ursula mit der Bemerkung zurückweist: «Nett zu hören, daß ich in deinen Augen ein liebenswerter Mensch bin, aber *ich* liebe dich nicht», kann sie einfach entgegnen: «Du bist zwar wirklich ein liebenswerter Mensch, aber von Liebe war ja auch nicht die Rede.» Wer seine Gedanken und Gefühle indirekt zum Ausdruck bringt, scheut die Verbindlichkeit. Ein offenes Wort ist verbindlich, und darauf kann der Partner unmittelbar und klar reagieren. Dann wissen beide genau, woran sie sind.

«Warum fährst du bloß immer so schnell?» Diese Frage drückt indirekt eine Empfindung und einen Gedanken aus, die in direkter Formulierung so lauten würden: «Ich bekomme es mit der Angst zu tun, wenn du so schnell fährst (Empfindung). Ich fände es wirklich gut, wenn du langsamer fahren würdest (Gedanke).» Die indirekte Aussage beginnt oft mit den Worten. «ich habe das Gefühl ...», «du bist ...», «warum machst du ...» und endet meist mit einer persönlichen Stellungnahme. «Ich habe das Gefühl, du langweilst dich» oder «du bist wohl ärgerlich» sind Unterstellungen, keine Gefühlsbeschreibungen. Sie sagen nicht aus, was der Sprecher persönlich empfindet. Hingegen machen die folgenden Bemerkungen das eigene Gefühl des Sprechenden unmittelbar deutlich: «Ich mache mir Sorgen (Empfindung), weil ich glaube, daß du dich langweilst und mich für einen langweiligen Menschen hältst» oder: «Ich habe ein bißchen Angst (Empfindung), weil ich glaube, daß du böse auf mich bist.»

Eine Faustregel lautet, daß eine Frage in neun von zehn Fällen indirekt einen Gedanken oder ein Gefühl ausdrückt. Wenn Sie sich dabei ertappen, wie Sie gerade eine Frage stellen wollen, dann machen Sie lieber einen Satz mit eindeutiger Aussage daraus, der Ihre Gedanken und Gefühle unmittelbar zum Ausdruck bringt.

Beschreiben, nicht interpretieren

Oft verstehen Partner eine bestimmte Verhaltensweise des anderen nicht und unterstellen ihr einfach ein Motiv, damit sie einen Sinn bekommt. Wenn Sie dem Verhalten eines Menschen ein Motiv unterlegen, interpretieren Sie seine Intentionen nach Ihrer Fasson. Da aber die Gründe für sein Benehmen nur ihm allein bekannt sind, müssen Sie herausfinden, ob Ihre Auslegung zutrifft oder nicht. Das ist besonders in einer Beziehung wichtig, weil die Einstellung, aus der heraus der eine Partner seine Interpretation vornimmt, nicht unbedingt vom anderen geteilt wird.

Beispiel

Gerd und Maren sind eigentlich auch im Bett recht glücklich zusammen. Eines Nachts aber schlief Maren mitten im Liebesspiel ein. Gerd wälzte sich verärgert auf die andere Bettseite und schimpfte laut: «Du weißt aber auch wirklich, wie du einen fertigmachen kannst!», wovon die ein wenig schuldbewußte Maren aufwachte.

Gerd interpretiert Marens Verhalten auf seine Weise. Seiner Meinung nach sollte eine Frau immer an Sex interessiert sein, wie müde sie auch sei. Und außerdem macht sie einen Mann fertig, wenn sie ihn erst in Fahrt bringt und dann links liegen läßt. Durch Gerds Einstellung kann sowohl eine Kluft zwischen ihnen beiden entstehen als auch ein tieferes Verständnis füreinander wachsen. Er hätte nämlich auch Maren sanft wecken und sagen können: «Du bist mitten im Liebesspiel eingeschlafen (Verhaltensbeschreibung), das verstehe ich nicht (Offenheit), würdest du mir bitte sagen, was los ist (direkte Aufforderung)?» Maren erklärt dann vielleicht ihr Verhalten so: «Ich war zwar müde, aber mir war nicht bewußt, wie erschöpft ich war. Als du zärtlich geworden bist, habe ich mich vollkommen entspannt und bin fest eingeschlafen. Ich schlafe gerne mit dir, nur bin ich wohl heute zu müde dazu.» Am nächsten Morgen könnte Gerd mit Maren darüber sprechen, wie die geschilderte Auffassung entstanden ist und wie sie seine Gefühle manchmal beeinflußt.

Wenn man das Verhalten eines anderen Menschen interpretiert oder ihm ein bestimmtes Motiv unterstellt, geht der oder die Betreffende meist in Abwehrstellung. Er wird sich genötigt fühlen, sich zu erklären, oder ärgerlich werden und sich verteidigen. Wenn man das Verhalten seines Partners lediglich beschreibt, hat dieser die Möglichkeit, vom Feedback Gebrauch zu machen und sein Verhalten darzulegen oder zu begründen. In der Regel fühlt man sich dann enger miteinander verbunden, denn man hat ein Gespräch geführt statt sich zu zanken.

Objektives statt verurteilendes Feedback

Das beste Feedback ist das objektive. Wenn Sie Feedback geben, müssen Sie sich am Verhalten der oder des Betreffenden orientieren, statt eine persönliche Wertung vorzunehmen. Bezeichnen Sie Ihren Geliebten als Grobian oder Ihre Partnerin als blöde Ziege, werden Sie wohl kaum zu einem fruchtbaren Gespräch kommen. Vielleicht benimmt er sich wirklich manchmal wie ein Neandertaler oder sie wie eine Xanthippe, aber das heißt noch längst nicht, daß sie tatsächlich vollkommen blöd oder unsensibel sind. Wer seinen Partner bewertet, schlüpft in die Rolle des Richters und macht seinen Partner zum Angeklagten. Jedem Menschen fällt es schwer, auf urteilendes Feedback zu reagieren, weil dadurch sein Selbstwertgefühl verletzt wird. Oft besteht auch gar keine Möglichkeit mehr für eine Reaktion, wenn man erst einmal «abgeurteilt und für schuldig befunden» ist.

Direktes, objektives Feedback könnte bei Grobheit des Partners so aussehen: «Wenn du mich so grob anfaßt (Verhaltensbeschreibung), bekomme ich Angst (Empfindung) und möchte am liebsten wegrennen (Offenheit). Ich möchte gerne, daß du mich sanfter und zärtlicher berührst, etwa so (sie zeigt ihm genau, wie sie berührt werden möchte).» Die «blöde Ziege» könnte ohne gleichzeitige Wertung folgendermaßen angeredet werden: «Ich fühle mich schrecklich, wenn du mich sexuell auf diese Art zurückweist, ich empfinde das als Ablehnung (Verhaltensbeschreibung und Empfindung). Ich weiß nicht, was ich machen soll oder was du eigentlich willst (Offenheit). Ich fände es gut, wenn du es mir sagen würdest (direkte, höfliche Aufforderung).

Gezieltes statt unbestimmtes Feedback

Unbestimmtes Feedback sorgt meist für Mißverständnisse, weil das Gesagte in verschiedenster Weise ausgelegt werden kann. Wenn Sie gezielt Feedback geben, nehmen Sie klar Stellung zu der betreffenden Person und sagen, welche bestimmten Verhaltensweisen Sie mögen oder nicht und wie diese sich auf Sie auswirken. Bei gezieltem Feedback ist die Möglichkeit einer Mißinterpretation gering.

Beispiel

Rüdiger kommt von der Arbeit nach Hause, findet das Wohnzimmer total durcheinander vor, wie es meistens gegen Abend der Fall ist, und fängt an, die Kinder auszuschimpfen. Karin ruft aus der Küche: «Meine Güte, bist du schlecht drauf!» Ihr Feedback ist unbestimmt gehalten, so daß Rüdiger wahrscheinlich nicht genau weiß, worauf es sich bezieht. Das Wort «schlecht drauf» bezeichnet nicht näher, was eigentlich Karins Reaktion hervorgerufen hat. Es wäre besser gewesen, wenn sie folgendes gesagt hätte: «Wie ich höre, schreist du die Kinder ohne Grund an. Ich glaube, du bist über irgend etwas verärgert. Laß uns darüber reden.» Sagt er ja, ist es gut. Sagt er nein, muß Karin neu ausführen, warum sie auf einer Verhaltensänderung seinerseits besteht. Sie könnte beispielsweise sagen: «Ich glaube, du bist verärgert. Mir scheint, daß du deinen Groll an den Kindern ausläßt, und das finde ich nicht gut, denn dann fühlen sie sich gekränkt und sind böse auf dich. Und später wunderst du dich, wenn sie dich meiden.» Das ist gezieltes Feedback. Jetzt weiß Rüdiger genau, auf welche Verhaltensweise sie abzielt, so daß er daran etwas ändern kann.

Freiwillige statt unfreiwillige Verhaltensänderungen

Als Karin Rüdiger auf sein Benehmen und dessen Wirkung auf sein Verhältnis zu den Kindern aufmerksam machte, sagte sie ihm nicht etwa, er müsse sich ändern. Aber wenn ihm seine Beziehung zu den Kindern und Karin wichtig ist, denkt er über das Feedback nach und ändert etwas. Sind sie ihm nicht so wichtig, wird er auch nichts ändern.

Wesentlich ist, daß sich jeder in einer Partnerbeziehung *die Freiheit nehmen kann,* von dem Feedback nützlichen Gebrauch zu machen, ohne sich zu einer Verhaltensänderung gezwungen zu sehen. Wenn der Feedbackgebende sagt oder andeutet, der Partner müsse sich ändern, tut er so, als hätte er den richtigen Maßstab für Recht und Unrecht oder Gut und Böse. Zwischen Partnern, die dem anderen jeweils ihren eigenen Maßstab aufzwingen wollen, wachsen Widerspruchsgeist und Ressentiments. Die Folge davon ist, daß die Beziehung zu einem Gefängnis wird, in dem jeder den anderen als Wärter ansieht. Keiner fühlt sich mehr persönlich verantwortlich, und jeder weist dem anderen die Schuld an allem zu.

Was aber, wenn Sie Ihrem Partner immer wieder etwas vorhalten, das Ihnen mißfällt, und er bleibt einfach bei seinem Benehmen? Vielleicht seufzen Sie: «Was mache ich bloß? Er will sich partout nicht ändern!» In diesem Fall können Sie Ihren Partner auf die Folgen aufmerksam machen. Ihr Partner kann nicht erwarten, daß Sie ihn (oder sie) gut finden, und Sie gleichzeitig mit seinem Benehmen verärgern.

Beispiel

Vor einem Theaterbesuch braucht Lore immer lange, um sich zurechtzumachen. Kai ist gerne pünktlich, wartet aber stets auf sie und kocht dabei innerlich. Normalerweise streiten sie sich auf dem Weg, weil er ihr hart zusetzt, um sie zu einer Verhaltensänderung zu bewegen, wodurch sie sich natürlich absolut nicht erweichen läßt. Aus dieser festgefahrenen Situation kommen sie nur heraus, wenn Kai aufhört, Lore ändern zu wollen, und ihr lieber klarmacht, welche Konsequenzen ihr Verhalten hat. Er könnte beispielsweise sagen: «Ich gehe Punkt 19.30 Uhr zum Schauspiel. Ich wäre gern mit dir zusammen da, aber ich habe keine Lust, länger auf dich zu warten.»

Niemand kann Sie zwingen, sich gegen Ihren Willen zu ändern; das können nur Sie selbst aus freien Stücken tun. Womöglich haben Sie sonst das Gefühl, sich nur um des lieben Friedens willen geändert zu haben, und machen Ihren Partner dafür verantwortlich. Dabei sind einzig und allein Sie selbst für Ihr Tun und Lassen verantwortlich, auch wenn Sie es anders empfinden.

Sollen Veränderungen von Dauer sein, muß die Motivation dazu von innen kommen. Wer sich seinem Empfinden nach nur auf Druck von seiten seines Partners gewandelt hat, der hegt mit Sicherheit insgeheim Groll gegen ihn. Am schönsten bringt man seine Liebe dadurch zum Ausdruck, daß man sein Verhalten auf die Bitten seines Partners hin freiwillig und gern ändert, *aber auch die volle Verantwortung für diese Entscheidung übernimmt.* Einen derartigen Wandel muß man von ganzem Herzen und rückhaltlos vollziehen, ohne Einschränkungen und ohne die Erwartung, sich damit irgend etwas zu erwirken. Eine überraschende Nebenwirkung solch freiwilliger Umstellungen ist, daß sich der Partner meist ebenfalls entsprechend wandelt.

Feedback jetzt, nicht später

Das Feedback ist dann am wirkungsvollsten, wenn es möglichst sofort nach dem auslösenden Ereignis gegeben wird. Wartet man zu lange damit, weiß der Empfänger oft gar nicht mehr, worum es geht, oder man selbst erinnert sich nur noch dumpf an die Angelegenheit. Unter Umständen streitet man sich dann über die Einzelheiten, und der eigentliche Zweck des Feedbacks ist verfehlt. Das heißt allerdings nicht, daß man sich etwa vor Gästen Vorhaltungen machen sollte; aber sobald diese gegangen sind, ist der richtige Zeitpunkt gekommen.

Wir selbst beenden jeden Tag mit dem, was wir «Aufräumen» nennen. Wir nehmen uns eine Viertelstunde Zeit, um uns Angenehmes – das, was uns an diesem Tag und aneinander gefallen hat – und Unangenehmes – was wir diesen Tag nicht leiden konnten oder womit einer von uns beim anderen Mißfallen erregt hat, mitzuteilen. Wir sprechen uns auch, ehe wir zu Bett gehen, über alles aus, was wir auf dem Herzen haben, sei es gut oder schlecht. Wir schaffen jeden Tag Klarheit und halten so unsere Beziehung frisch, interessant und lebendig.

Allen Paaren ist zu empfehlen, regelmäßig zweimal in der Woche eine offene Feedback-Stunde abzuhalten. In dieser Zeit sollen Sie mit beider Einverständnis einander darüber Aufschluß geben, wie es nach Ihrer Ansicht um Ihre Beziehung bestellt ist. Dabei ergibt sich auch für jeden die Gelegenheit, ganz unabhängig von der Partnerschaft einmal von seinem Selbstgefühl zu sprechen. Sie können über Ihre Hoffnungen, Träume, Ängste sowie über die angenehmen Seiten Ihres Lebens reden. Vielleicht bitten Sie auch Ihren Partner, Ihnen den Eindruck zu schildern, den er in jüngster Zeit von Ihnen hatte. Zu Anfang ist diese Übung den meisten Partnern ein Greuel, aber je öfter sie durchgeführt wird, desto wichtiger und spannender wird sie für die Beziehung.

Im Abschnitt über «sich öffnen» hatten Sie die Möglichkeit, Ihre eigenen Fähigkeiten in Sachen Beziehung zu prüfen. Mit der folgenden Übung können Sie die Fähigkeiten Ihres Partners bewerten und lernen, wie Sie einander mit besserer Wirkung Feedback geben können.

Übung: Die Beziehung verbessern – Feedback für den Partner

Schritt 1
Gehen Sie jeder für sich die nachstehende Liste durch und kreisen Sie bei jedem Punkt die Zahl ein, die Ihrer Meinung nach für Ihren Partner zutrifft.

Schritt 2
Wenn Sie fertig sind, sprechen Sie mit Ihrem Partner über Ihre Bewertung; halten Sie sich dabei an die Feedback-Richtlinien. Sie brauchen hierfür mindestens eine Stunde ohne Unterbrechungen.

1. *Hinwendung*
Wenn wir miteinander reden, wendest du dich ganz mir zu und konzentrierst dich auf das, was ich sage. Du läßt dich durch nichts ablenken und nimmst dir Zeit, mir zuzuhören.

selten			manchmal			oft
1	2	3	4	5	6	7

2. *Eigenverantwortlichkeit*
Du hast deine eigenen Gedanken, Gefühle und Überzeugungen, aber keineswegs den Anspruch auf Unfehlbarkeit. Du zeigst dies, indem du deine Äußerungen mit «ich» anfängst. Du sagst beispielsweise: «Ich glaube ...», «ich habe das Gefühl ...», «ich möchte gerne ...» und nicht etwa: «Du solltest ...», «du vermittelst mir das Gefühl ...», «du gibst mir nie ...»

selten			manchmal			oft
1	2	3	4	5	6	7

3. *Direktheit*
Du läßt mich unmißverständlich wissen, was du denkst und fühlst, auch wenn es zu Spannungen führt. Ich glaube, du sagst, was du haben willst. Du vermeidest es, sarkastisch zu sein, verletzend zu spotten, mir Predigten zu halten oder dich künstlich aufzuregen.

selten			manchmal			oft
1	2	3	4	5	6	7

4. Ganz Ohr sein
Du hörst aufmerksam zu, wenn ich rede. Du lauschst auf meine Worte und Gefühlsregungen. Du bittest um Klarstellung, falls du etwas nicht verstehst. Du bist mit deinem Urteil vorsichtig. Du unterbrichst mich selten, wenn ich mit dir spreche.

selten			manchmal			oft
1	2	3	4	5	6	7

5. Verständnis
Du läßt mich wissen, was ich deines Erachtens sage und empfinde. Du achtest meine Gedanken und Gefühle. Du maßt dir nicht an, im voraus zu wissen, was ich denke oder fühle. Ich glaube, du verstehst mich.

selten			manchmal			oft
1	2	3	4	5	6	7

6. Anteilnahme
Ich habe das Gefühl, daß du mich als eigenständigen Menschen respektierst und mir das auch zeigst. Ich glaube, du anerkennst das Besondere an meinen Ideen, Gefühlen und Erfahrungen. Du machst mir deutlich, daß ich mich voll und ganz entfalten soll.

selten			manchmal			oft
1	2	3	4	5	6	7

7. Offenheit
Du bringst offen zum Ausdruck, was du denkst, fühlst und willst. Du erzählst mir von deinen Hoffnungen und Träumen. Ich sehe, daß du bereitwillig von deinen Stärken und Schwächen sprichst, selbst über Dinge, die dir vielleicht peinlich sind. Meinem Gefühl nach gewährst du mir Einblick in das, was wirklich in dir vorgeht.

selten			manchmal			oft
1	2	3	4	5	6	7

8. Unmittelbarkeit
Du erzählst mir, was du über die Art und Weise denkst und fühlst, in der wir miteinander umgehen. Du sagst mir, wie du uns gegenwärtig siehst. Ich denke, du sagst mir auch, was du an unserer Beziehung gut findest und was nicht.

selten			manchmal			oft
1	2	3	4	5	6	7

9. *Realismus*
Ich glaube, du achtest meine Gedanken, Empfindungen und Überzeugungen. Du kannst anderer Meinung sein, ohne darum meine Auffassung ändern zu wollen. Ich nehme an, du akzeptierst unsere Verschiedenheit.

selten			manchmal			oft
1	2	3	4	5	6	7

10. *Achtung und Wertschätzung*
Du sagst, was du denkst, fühlst und willst, ohne mich einzuschüchtern oder manipulieren zu wollen. Ich denke, du nimmst mich und das, was mir am Herzen liegt, ebenso ernst wie dich selbst. Ich glaube, du willst, daß ich mich selbstbewußt äußere, auch wenn wir verschiedener Meinung sind.

selten			manchmal			oft
1	2	3	4	5	6	7

V
Bitte hör mir einmal zu

Wenn zwei Menschen zusammenleben, ihre Mahlzeiten miteinander einnehmen, Heim und Beruf unter einen Hut zu bringen versuchen, sich lieben, Kinder aufziehen, die Schwiegereltern besuchen, jeder ihre Hochs und Tiefs durchleben und ein gemeinsames Bankkonto führen, wird ihre Lebensqualität weitgehend davon bestimmt, wie gut sie miteinander kommunizieren und Konflikte bewältigen können.

In den vorigen Kapiteln haben Sie bereits einige Kommunikationstechniken gelernt: das Zuhören, das Sichöffnen sowie das Feedbackgeben und -erhalten. In diesem Kapitel haben Sie nun die Gelegenheit, zu lernen, wie Sie Ihre Kommunikation verbessern können, so daß die in jeder Beziehung auftretenden Alltagskonflikte letztendlich Sie und Ihren Partner nicht trennen, sondern fester zusammenschweißen. Außerdem wollen wir eingehend untersuchen, wie Partner eigentlich miteinander kommunizieren, was sie richtig machen und welche Verhaltensweisen den Kommunikationsprozeß stören.

Beispiel

Gisela kam eines Abends spät von der Arbeit heim, stapfte mit einem Gruß, der mehr ein Knurren war, ins Haus, schnauzte ihre

Kinder an, weil sie vor dem Fernseher hockten, und schoß ein paar Giftpfeile auf ihren Ehemann Günter ab. Statt nun ärgerlich auf ihre schlechte Laune zu reagieren, sah Günter sie mitfühlend an, ging zu ihr und fragte sie sanft, was denn los sei. Nach einigen weiteren bissigen Bemerkungen, die Günter nicht persönlich nahm, erzählte sie ihm schließlich, sie hätte in der Firma den schlechtesten Tag ihres Lebens gehabt und fürchte, jetzt von ihrem Chef für eine Niete gehalten zu werden. Sie sprach auch von ihrer Enttäuschung darüber, bei ihrer Tätigkeit nicht mehr Selbständigkeit zu haben. Für eine ganze Weile nahm Günter nun Einblick in ihre beruflichen Vorstellungen und Ziele und hörte von Ängsten und Hoffnungen, von denen sie ihm zuvor nie etwas gesagt hatte. Er sagte gar nichts, er rückte auch nicht mit guten Ratschlägen heraus, er war einfach dankbar für ihr Vertrauen und stand zu ihr. So wurde der drohende Streit vermieden, und beide Partner fühlten sich einander noch inniger verbunden.

Die Bedeutung einer guten Kommunikation

Die wichtigste Grundfertigkeit, die man besitzen muß, um gut mit zwischenmenschlichen Problemen fertig zu werden, ist Kommunikationsgeschick. Das ist jedem, der einmal in einer längerfristigen Beziehung gelebt hat, sonnenklar. Alle Bücher über Partnerschaft betonen ausdrücklich, daß Kommunikationsgeschick vonnöten ist, wenn Liebe und Glück Bestand haben sollen. Jedes Paar in Schwierigkeiten sagt als erstes: «Wir reden nicht mehr miteinander.» Selbst die Geschäftswelt merkt langsam, wie wichtig eine gute zwischenmenschliche Kommunikation ist; in erfolgreichen Management-Ratgebern wird wieder und wieder auf die Bedeutung der zwischenmenschlichen Kommunikation hingewiesen.

Jedes Paar steht von Zeit zu Zeit vor schwierigen, aufreibenden Situationen. In einer *guten Beziehung* mobilisiert in Krisenzeiten jeder Partner seine Reserven, und die Beziehung erstarkt; durch diesen Läuterungsprozeß vertieft sich die gegenseitige Liebe noch mehr. Beziehungen gehen kaputt, wenn angesichts von Schwierigkeiten ein oder beide Partner klein beigeben oder nicht gewillt sind, alle verfügbaren Reserven zu mobilisieren. In der Folge kommt bei einem oder sogar bei beiden Partnern das Gefühl auf, zu schwach oder auch gänzlich unfähig zu sein, den Lebensalltag mit all seinen Problemen zu bewältigen, und so entfremden sie sich schließlich voneinander.

Kurz: Gute Beziehungen sind nicht problemlos, nur sind beide Partner willens, Lösungen für ihre Schwierigkeiten zu erarbeiten. Vielleicht betonen wir diesen Punkt zu sehr, aber es scheint tatsächlich so, als wolle ihn niemand wahrhaben. Das liegt großenteils an der Vorstellung, erfolgreiche, glückliche Leute hätten keine Probleme, wie Werbung und Showgeschäft glauben machen wollen. Im allgemeinen herrscht in unserer Gesellschaft die Ansicht vor, wer persönliche Probleme habe, sei entweder dumm oder schlecht.

Wenn Partner natürlich miteinander kommunizieren würden, wären die Scheidungsraten sowie das Elend und die Gewalt in den Beziehungen erheblich geringer. Aber die meisten Paare können das nicht. *Es gilt, Kommunikationsgeschick zu entwickeln und sich darin zu üben, zu üben und abermals zu üben.* Kommunikationsgeschick ist die Grundlage aller Beziehungen. Wenn bei einem Bauwerk das Fundament schwach ist, muß es ausgebessert werden, weil sonst das Gebäude allmählich absackt, mag das Mauerwerk auch noch so solide sein. Bei einem starken Fundament kann zwar das Gebäude baufällig weden, aber dann besteht immerhin die Möglichkeit, auf demselben Fundament gleich ein neues zu errichten.

Der Wunsch nach einer guten Partnerschaft ist bei vielen vorhanden. Die Menschen sehnen sich nach Liebe, Verständnis und Kameradschaft. Diese Vorzüge einer Beziehung müssen jedoch erarbeitet und verdient werden. Zu lernen, eine gute Kommunikation zu pflegen, ist ein guter Anfang.

Die fünf Grundelemente der Kommunikation

Kommunikation ist der Vorgang, durch den Wünsche, Bedürfnisse und Gefühle, aber auch Fakten und Ideen ausgetauscht werden. Die fünf Grundelemente jeder Kommunikation sind: Sender und Empfänger einer Botschaft, die Form der Botschaft, ihr Inhalt und ihr Zweck.

Sender und Empfänger

In unserem Fall sind Sender und Empfänger die Partner in einer Beziehung. Es findet kein Austausch statt, solange nicht einer eine Botschaft übermittelt und der andere sie empfängt. Die Effektivität des Austausches wird sowohl von der physiologischen und psychologischen Verfassung jedes einzelnen Partners als auch durch die Auffassung beider von ihrem Verhältnis bestimmt.

Beispiel

Frank kommt spät von der Arbeit nach Hause; Sabine ist verstimmt.

Sabine: Du kommst schon wieder spät!
Frank: Tja, scheint so. (Er geht ins Nebenzimmer und gießt sich einen Drink ein.)
Sabine: Hättest du nicht wenigstens anrufen können?
Frank: Habe ich versucht! Es war besetzt... wie immer! (Stille)
Sabine: Du könntest dich wenigstens entschuldigen!
Frank: Schon gut, schon gut, es tut mir leid. Bist du nun zufrieden?

In diesem Gespräch sind genau 39 Worte gewechselt worden. Gedauert hat es vielleicht fünf Minuten. In dieser kurzen Zeitspanne haben Frank und Sabine die Voraussetzungen für einen sich hinschleppenden Abend voller unangenehmer Spannungen geschaffen. Eine tiefe Kluft hat sich zwischen ihnen aufgetan. Hinter der scheinbar belanglosen Auseinandersetzung versteckt sich eine Fülle von Informationen über die beiden: über ihre Persönlichkeiten, ihr Selbstwertgefühl, ihre Einstellung zueinander, ihre Erinnerungen an frühere Gespräche, ihre ungeschriebenen Kommunikationsregeln und über das gegenwärtige Stadium ihrer Beziehung (wahrscheinlich Resignation).

Wie wir eine beliebige Botschaft von einem anderen Menschen interpretieren, hängt von unserer gesamten Lebenserfahrung mit zwischenmenschlicher Kommunikation wie auch von den näheren Umständen, unter denen der Austausch stattfindet, ab. Wir stellen anhand des Wortinhalts, des Tons und der Sprechweise *Vermutungen* an über die Botschaft des Senders und die dahinterstehende Absicht. Wenn zum Beispiel Gina nach Hause kommt und fröhlich sagt: «Hallo, wie geht's?», und ihr Ehemann Paul, der zwischen Bergen von Papier auf dem Sofa sitzt, ziemlich geistesabwesend erwidert: «Gut, mein Schatz», *vermutet* Gina aufgrund seines Benehmens, daß er an seinen Examensvorbereitungen arbeitet und nicht gestört werden möchte. Paul übermittelt seine Botschaft weniger durch Worte als vielmehr durch Körpersprache. Gesetzt den Fall, Gina hätte einen besonders schweren Tag gehabt und sei in ihrem Selbstwertgefühl erschüttert, würde sie wahrscheinlich *vermuten,* sie sei Paul gleichgültig, und sich über ihn ärgern. Und falls Pauls spärliche Reaktion Gina auch noch an ihren ähnlich schweigsamen Vater erinnert hätte, wäre sie nun eingeschüchtert und würde diesen Abend keinen Versuch mehr machen, mit ihm zu reden. Regel Nr. 1 lautet also: ÜBERPRÜFEN SIE DIE VERMUTUNGEN, DIE SIE ÜBER IHREN PARTNER ANSTELLEN.

Sinn der Kommunikation ist es, das Verständnis von Mensch zu Mensch zu fördern und den Wunsch zu wecken, sich weiterhin miteinander auszutauschen. Eine richtig gute Kommunikation ist einem in aller Freundschaft und Muße geführten «Fang-den-Ball»-Spiel vergleichbar. Jeder der beiden wirft den Ball so, daß der andere ihn mit Leichtigkeit auffangen kann. Wenn beide geübter sind, können sie sich darauf einigen, ihr Können einmal auf die Probe zu stellen, und den Abstand zwischen sich vergrößern oder kräftiger werfen – in der Absicht, die Sache interessanter zu machen, nicht etwa, um in einen Wettkampf einzutreten. Das Spiel gibt den beiden ein Gefühl der Verbundenheit.

Schlechte Kommunikation hingegen verläuft wie ein hartes Tennismatch ohne Schiedsrichter. Die Spieler traktieren einander mit Rückhandschlägen, die durch Topspinbälle oder mörderische Vorhandschläge abgewehrt werden und sehr schwer zu erwidern sind. Sie streiten, zanken und lärmen darüber, ob die Bälle im Spielfeld oder im Aus gelandet sind. Der Verlierer ist enttäuscht, der Gewinner fühlt sich stark. Beide sind völlig erschöpft.

Die äußere Form der Botschaft

Eine Botschaft kann durch Worte oder auch Schweigen, durch Geschrei, Tränen, Kichern oder eine Liebkosung übermittelt werden. Kalte Strenge kann eine ebenso starke Botschaft sein wie ein paar wohlgesetzte Worte, desgleichen eine Grimasse, ein Lächeln, ein zeitlich gut angebrachtes Gähnen oder ein väterlicher Klaps auf den Kopf. Ferner kann eine Botschaft schriftlich weitergegeben werden: als gekritzelte Notiz auf dem Einkaufsblock in der Küche – «bin zum Abendessen nicht da!» – oder in Form eines Liebesbriefes, an dessen Rand steht «P. S. – ich mag dich!»

Der gleiche Wortlaut kann je nach dem Ton, in dem gesprochen wird, völlig unterschiedliche Bedeutungen haben. Wenn Willi ruhig und in freundlichem Ton fragt, wo die Zeitung ist, *vermutet* Carola, daß ihm nur an der betreffenden Information gelegen ist, und das Gespräch verläuft normal. Aber falls er ärgerlich fragt: «Wo ist denn die Zeitung schon wieder?!», *nimmt sie an*, daß er damit sagen will: «Du Idiot! Du hast die Zeitung vom gewohnten Platz entfernt. Frechheit!»

Bei einer gemischten Botschaft widersprechen sich Wortlaut und Körpersprache. Sandra sagt: «Nein, natürlich bin ich nicht wütend», verfällt aber dann in eisiges Schweigen. Ihre Botschaft ist widersprüchlich. Sie will ihren Ärger nicht herauslassen, zeigt ihn jedoch trotzdem. Wenn ein Mann seiner Frau sagt, er liebe sie, und ihren Wunsch, sie beide möchten doch mehr Zeit im Gespräch miteinander verbringen, völlig übergeht, ist seine Botschaft widersprüchlich. Unsere Worte sind oft nur ein Deckmantel für unsere wirklichen, tieferen Empfindungen. Das gilt insbesondere dann, wenn wir fürchten, daß es unangenehme Folgen haben könnte, die Gefühle unmittelbar zum Ausdruck zu bringen. Eine Faustregel lautet, *sich am Handeln eines Menschen zu orientieren und nicht an seinen Worten.* Gehen Sie auf jeden Fall Ihren Vermutungen auf den Grund.

Der Inhalt

Eine Botschaft kann vier verschiedene Arten von Information enthalten:

1. Sie kann eine sachliche Information übermitteln: «Ich habe deine Wäsche heute mitgenommen, am Freitag ist sie fertig» oder: «Die Zeitung liegt im Schlafzimmer.»

2. Sie kann ein Gefühl zum Ausdruck bringen. Besonders deutlich geschieht dies durch die Körpersprache: «Ich bin sauer» (zornig und laut), «ich bin traurig» (unter Tränen), «ich liebe dich» (gefolgt von einer Umarmung).

3. Sie kann den Wunsch ausdrücken, Macht oder Autorität über den anderen zu gewinnen, und zielt unter Umständen nur darauf ab, den anderen zu kontrollieren: «Du solltest ...», «mach bloß, daß du wegkommst!», «meine Kinder gehen nicht so aus, verstanden?»

4. Sie kann Wertvorstellungen, Überzeugungen, Träume, Vorurteile und Lebensanschauungen ausdrücken: «Wozu das Ganze ...» (wenn das oft gesagt wird, läßt es auf chronische Depressionen schließen); «Männer wollen immer nur das eine von Frauen ...» (mir macht es keinen Spaß mehr, mit dir zu schlafen).

Der Zweck

Wer sich unmißverständlich mitteilen will, muß sich über seine Absichten im klaren sein. Will man durch dieses Gespräch zu mehr Verständnis, Liebe und Vertraulichkeit kommen? Oder ist man darauf aus, den anderen zu kontrollieren, seinen eigenen Kopf durchzusetzen oder den Partner als schlecht, böse oder dumm hinzustellen?

Wenn beabsichtigt ist, den Partner unter Kontrolle zu bringen, sich selbst durchzusetzen oder den Partner als miese Type, Bösewicht oder Dummkopf abzustempeln, wird dieser wahrscheinlich in Abwehrstellung gehen. Dann entstehen nur noch mehr Konflikte. Irgendwann wird der Partner nicht mehr mit einem reden. Wenn hingegen mehr Verständnis, Liebe und Vertraulichkeit angestrebt werden, hat der Partner ein offenes Ohr für das, was man zu sagen hat. Auf die Dauer gesehen kann nur eine solche Kommunikation befriedigend sein.

Die Rolle der Sprache

Die Sprache gehört untrennbar zu unserem Dasein. Durch die Sprache geben wir all unseren Erfahrungen einen Sinn. Zu sagen: «Es war phantastisch, einfach unbeschreiblich!» ist der Versuch, mit dem andern ein tiefgreifendes Erlebnis zu teilen. Der Zuhörer kennt das betreffende Ereignis zwar nicht, nimmt aber Anteil an der Erlebniswelt des anderen. Ohne diese sprachliche Übermittlung kann er lediglich Vermutungen anstellen.

Sprache und Sprachgebrauch sind nur ein Mittel, um Bezüge herzustellen. Die Sprache erzeugt Vorstellungsbilder und vermag einen Menschen im Innersten anzurühren. Schauspieler, Redner, Politiker und andere bedienen sich der Sprache, um ihre Mitmenschen in Begeisterung oder Wut zu versetzen. Wie Sprache verstanden wird, richtet sich nach den Vorstellungen, die man damit verbindet, und nach der Art und Weise des sprachlichen Ausdrucks.

Da die Sprache so wichtig ist, muß ein jeder unbedingt sprachliches Geschick entwickeln, um sich gut mitteilen zu können. Leider lassen sich einige der wichtigsten Worte nicht eindeutig definieren, weil sie zu komplex sind. Sie haben für jeden Menschen eine andere Bedeutung. Dazu gehören unter anderem die Wörter Mutter, Freude, Freiheit, Leben, Vater, Liebe, Sexualität, Geld, Gemeinschaft und Glück. Man frage einmal 100 Leute, was sie darunter verstehen, und man erhält 100 verschiedene Auslegungen.

In einer Partnerbeziehung muß über diese Begriffe gesprochen werden, damit Mann und Frau sowohl einander als auch sich selbst besser verstehen. Im gleichen Maße, wie in einer Beziehung solche Grundbegriffe mißverstanden werden, sind sich die Partner auch ihrer selbst nicht bewußt.

In jüngster Zeit ist viel über die Bedeutung der nichtverbalen zwischenmenschlichen Kommunikation geschrieben worden. Manche Leute versuchen, die Körpersprache ihres Partners zu «lesen», in dem Glauben, dann endlich zu wissen, was in dem Partner vorgeht. Das ist jedoch reine Spekulation. In Wirklichkeit wird man sich nur seiner eigenen Vermutungen bezüglich des Verhaltens seines Partners bewußt, wenn man dessen Körpersprache «liest». Vielleicht hat man sogar recht, aber man kann auch völlig falsch liegen. Die einzige Möglichkeit, hinter das Verhalten eines anderen zu kommen, ist ein Gespräch über die Vermutungen zu führen, die man über dieses nichtverbale Verhalten anstellt. Durch ein Gespräch wird die Dynamik der Beziehung einsichtiger; man fühlt sich dem anderen enger verbunden oder rückt weiter von ihm ab und versteht wahrscheinlich, warum das so ist.

Die wesentlichste Veränderung, die man in seinem Sprachgebrauch vornehmen kann, ist die Verwendung des Wortes «ich» statt des «man», wenn man von sich selbst spricht. Vielfach werden Feststellungen durch ein «man» verallgemeinert, so daß keine Eigenverantwortung für die zum Ausdruck gebrachten Gefühle übernommen zu werden braucht. Mit dem «man» ist in diesem Fall «jedermann» gemeint, obwohl man im Grunde von sich selbst spricht. Da sagt zum Beispiel Daniel zu Fred: «Wenn man Susanne etwas erklären will, wird man ganz kribbelig.» Was er eigentlich sagen will, ist: «Wenn ich Susanne etwas erklären will, werde ich ganz kribbelig.» Diese zweite Aussage ist eindeutig. Wer beim Reden über sich selbst «ich» sagt, teilt sich uneingeschränkt und direkt mit und sorgt damit für eine klare Kommunikation. Auf diese Weise bleibt man mit seiner inneren Erlebniswelt in Berührung und macht anderen deutlich, was man meint.

Sprache kann dazu dienen, Distanz zu anderen und zu einem selbst zu schaffen. Indem man sich einer persönlichen Form der Sprache bedient, versteht man sich selbst besser, hebt unnötige Distanz auf und pflegt eine gute Kommunikation mit seinen Mitmenschen. Im folgenden ein paar Beispiele für den persönlichen und den unpersönlichen Sprachgebrauch.

Unpersönlicher Sprachgebrauch	*Persönlicher Sprachgebrauch*
Das tut wohl.	*Ich* fühle mich wohl.
Es schmerzt.	*Ich* habe Schmerzen.
Du verletzt mich.	*Ich* bin verletzt, wenn du das sagst.
Du machst mich froh.	*Ich* bin froh, wenn ich mit dir zusammen bin.

Paare sagen oft «wir», wenn sie Erfahrungen und Gefühle mitteilen. Bei der verbalen Kommunikation legt die Verwendung des Wortes «wir» die Vermutung nahe, «ich» könne für den Partner sprechen, wodurch der Dialog unter Umständen ein schnelles Ende hat und Mißverständnisse aufkommen. Der eine könnte beispielsweise sagen: «Wenn wir streiten, hören wir einander nicht zu.» Der Partner ist vielleicht anderer Meinung und sagt: «Ich höre schon zu, aber ich glaube, du hörst mir nicht zu, also laß mich aus dem Spiel.» Hier gilt die Faustregel: *Nie «wir» sagen, es sei denn, man sei sich bei dem betreffenden Gesprächsthema, das einer von beiden angeschnitten hat, einig.*

Ein weiteres heikles Verhaltensmuster von Paaren äußert sich darin, daß man *über* den Partner spricht, obwohl man eigentlich *mit* ihm oder ihr hätte reden sollen. Wenn der Partner da ist, ist es höflicher und sinnvoller, *mit* ihm oder ihr zu reden und nicht *über* ihn oder sie. Statt zum Beispiel zu sagen: «Das sagt er immer, wenn er böse ist», sagt man besser: «Das sagst du immer, wenn du böse auf mich bist.»

Frauen sind im allgemeinen wortgewaltiger bei persönlichen Auseinandersetzungen als Männer. Männer kommen sich beim Hin und Her eines solchen Gesprächs oft albern vor. Häufig werfen sie den Frauen vor: «Du redest zuviel!» oder: «Ihr Frauen redet wirklich alles kurz und klein.» Frauen wiederum bezichtigen die Männer leicht der Unnahbarkeit, weil Männer nicht gern über ihre Gedanken, Empfindungen und über ihre Innenwelt reden. Nach unseren Erfahrungen sind sie einander jedoch durchaus gewachsen, sobald die Kommunikation klappt.

Noch ein letztes Wort zur Sprache. Wenn Sie merken sollten, daß alles Reden nichts nützt, dann hören Sie auf damit. Wenn Sie sich fortwährend wiederholen und trotzdem das Gefühl haben, nicht gehört zu werden, geben Sie's auf. Es hat keinen Zweck, tauben Ohren zu predigen. Hunderte Male haben Sie sich schon sagen hören: «Wenn sich hier nicht bald etwas ändert, gehe ich.» Sparen Sie sich ihre Worte, handeln Sie lieber! Oder wie oft haben Sie und Ihr Partner darüber geredet, daß Sie sich öfter lieben möchten – aber es blieb bei leeren Worten. Wenn das nächste Mal die Rede darauf kommt, packen Sie die Gelegenheit beim Schopf!

Der Zeitdruck

Bei praktisch jeder Studie über Streß in der Familie rangiert der Zeitdruck mit an oberster Stelle. Fast jedes Paar, das zu einer Beratung zu uns kommt, sagt: «Wir hätten schon vor Jahren etwas an unserer Beziehung tun sollen.» Die meisten Leute meinen, sie müßten weniger arbeiten. Wir haben eine Untersuchung über Doppelverdiener-Paare durchgeführt und festgestellt, daß eine typische Fünf-Tage-Woche für jeden Partner nach folgendem Muster abläuft:

- 40 Stunden berufliche Tätigkeit
- 10 Stunden Fahrzeit
- 5 Stunden Mittagspause
- 5 Stunden Fertigmachen für die Arbeit
- 5 Stunden allmähliche Entspannung von der Arbeit (nach einem guten Tag, nach einem schlechten länger)

Das sind zusammen 65 berufsbezogene Stunden die Woche oder 13 Stunden pro Arbeitstag. Hinzuzufügen sind nun noch mindestens 10 Stunden pro Woche für die Frau, falls ein Kind da ist, und mindestens 18 Stunden bei zwei Kindern.

Nach Meinung der Frauen tragen die meisten Männer kaum etwas zur Pflege der Kinder bei. Das gilt um so mehr, je ehrgeiziger der Mann seine berufliche Karriere verfolgt. Wenn der Mann sich wirklich im Haushalt nützlich macht, verteilt sich die aufgewendete Stundenzahl auf beide Partner; beide sind dann weniger gestreßt, weil sie «an einem Strick ziehen». Das kann auch eine Menge dazu beitragen, die zwischenmenschlichen Spannungen abzubauen.

Der obige Stundenplan läßt wenig Zeit für das, was die meisten Leute für überaus wichtig halten: für das Zusammensein mit ihrem Partner, ihren Kindern und Freunden und für das Alleinsein mit sich selbst. Wenn ein Paar sich nicht genügend Zeit füreinander nimmt, in der es ungestört ist, leidet die Kommunikation. Und wenn die Kommunikation leidet, werden die Partner nicht mehr so gut mit dem Lebensalltag fertig. Schon bei Kleinigkeiten bricht Streit aus, wodurch der Streß noch größer wird und das beiderseitige Unbehagen weiter wächst. Das wiederum führt dazu, daß einer den anderen meidet, und gleich wird das Zeitproblem noch gravierender. Als nächstes folgen wahrscheinlich Entfremdung und Affären.

Viele Paare haben einen Weg gefunden, Zeit für sich selbst, für den Partner, die Familie und Freunde zu gewinnen. Wie machen sie das? Sie halten sich an die folgenden Richtlinien.

Jeder Atemzug ist gezählt

Wir haben in unserem Leben nur eine begrenzte Anzahl von Atemzügen zur Verfügung, aber keiner weiß, wie groß diese Zahl ist. Stellen Sie sich nun einmal diese Frage: «Will ich wirklich mit dem, was ich gerade tue, meinen Atem verschwenden, obwohl ich genau weiß, daß ich mit jedem Zug unwiederbringlich etwas von meinem Lebensatem aushauche?» Anders gesagt: Zeit ist endlich und erfordert wie jeder begrenzte Rohstoff sorgsamen Umgang. Denken Sie nur an Ihr voriges Lebensjahr, wie schnell ist es verstrichen! Jetzt sind Sie ein Jahr älter. Sie haben wieder ein Jahr weniger zu leben. Viele finden diesen Gedanken schrecklich, und die meisten tun so, als hätten sie unendlich viel Zeit.

Seine Zeit einzuteilen macht Planung nötig. Man muß sich zusammensetzen und die Kalenderwochen und -monate durchgehen. Es muß Zeit eingeplant werden für gemeinsame Mahlzeiten und Entspannung. Wenn der Zeitplan unglaublich gedrängt ist und man Wert auf seine Partnerschaft legt, sind Abstriche geboten. Wer seine Zeit rechtzeitig einteilt, gerät nicht auf einmal in Zeitdruck und damit in Kommunikationsschwierigkeiten.

Die große Mehrheit hat nichts für Planung übrig und behauptet, damit würde nur Zeit vergeudet. Aber es führt kein Weg daran vorbei; wenn man nicht sorgsam mit seiner Zeit umgeht, zerfließt sie einem unter den Händen, und die Beziehung leidet darunter. Jeder schwört hoch und heilig, sich endlich den wirklich wichtigen Dingen zu widmen, sobald er «nicht mehr so viel zu tun» habe. Doch es bleibt immer so viel zu tun, daß man nie zu den wirklich wichtigen Dingen kommt. Das ist einer der Hauptgründe dafür, daß so viele Beziehungen kaputtgehen.

Zu entscheiden, wie man seine Zeit verwenden will, erfordert Mut. Es ist gar nicht so leicht, einem Freund oder Verwandten zu sagen: «Tut uns leid, aber aus unserem Zusammensein wird heute nichts, unsere Beziehung geht vor.» Kaum jemand schafft das. Man lädt sich Gäste ein, erlaubt Freunden, jederzeit ins Haus zu schneien, nimmt drückende berufliche Verpflichtungen auf sich und engagiert sich zu sehr in seiner Ursprungs-Familie.

Und dann gibt man den andern die Schuld dafür, statt sich selbst an der Nase zu nehmen.

Übung zum Nachdenken

Nehmen Sie sich die Zeit, einmal über folgende Fragen nachzudenken:

- Hat Ihre Beziehung für Sie Vorrang bei all Ihrem Tun und Lassen?
- Wie steht's in dieser Hinsicht mit Ihrem Partner?
- Gönnen Sie sich selbst genug Zeit?
- Stehen Sie oft unter Zeitdruck?
- Können Sie nein sagen, wenn andere Ihre Zeit in Anspruch nehmen wollen?

Heim und Beruf

Wenn sich einer der beiden Partner in erster Linie seinem Beruf widmet, bricht unweigerlich die Kommunikation zusammen. «Erfolgreiche» Paare lassen sich ihr Familienleben nicht durch die Arbeit zerstören. Sie kommen überein, sich gegenseitig darauf aufmerksam zu machen, wenn die Partnerschaft zu kurz kommt. Jeder willigt ein, im besagten Fall sein Verhalten zu ändern.

Ihrem Arbeitgeber geht es naturgemäß in erster Linie um Leistung, Wirtschaftlichkeit und Profit. Die meisten Firmen machen nur Lippenbekenntnisse, was die menschlichen Bedürfnisse ihrer Mitarbeiter angeht. Ein Unternehmen nimmt alles, was seine Angestellten zu geben bereit sind, und stellt Anforderungen, die oft genug mit Streß und Überlastung für den einzelnen verbunden sind. In der Ausbildung soll der Auszubildende lernen, wie man ganz in seinem Beruf aufgeht. So ist es jedenfalls speziell in den Berufssparten mit langen Ausbildungszeiten wie Medizin, Architektur, Rechtswesen und in allen helfenden Berufen. Für Leute dieser Berufe scheinen Scheidung oder ein unglückliches Familienleben die Vorbedingung des Erfolgs zu sein. Auch Selbständige stellen offenbar den materiellen Erfolg der Liebe voran. Die Arbeitsmoral der Selbstaufopferung ist tief in unseren Gemütern verwurzelt.

Nur der beherzte Entschluß, sein Leben selbst in die Hand zu nehmen, wird einem Erfüllung *und* materiellen Erfolg bescheren. In unseren Partner-Workshops können wir den Paaren kaum begreiflich machen, daß sie selber Herr ihres Privat- und Berufslebens sind. Sobald sie es endlich kapiert haben und danach handeln, verändert sich auch ihre Beziehung tiefgreifend. Manche Leute wechseln sogar ihre Arbeitsstelle, wenn sich die beruflichen Verpflichtungen nicht reduzieren lassen wie etwa in Firmen mit der Devise «aufwärts oder raus».

Beispiele

1. Thomas würde von seinem Chef völlig in Beschlag genommen, wenn er sich nicht zu wehren wüßte. Thomas schätzt nämlich seine gute Liebesbeziehung ebenso hoch wie seine Freuden und Leiden als Vater. Da beide arbeiten, setzen sich Thomas und Martha regelmäßig zusammen und besprechen, wie sich Privatleben und Berufswelt vereinen lassen. Sie wissen, daß sie Neulinge in diesem Doppelverdiener-Spiel sind und ihnen das, was sie in ihren eigenen Familien gelernt haben, nicht viel nützt. Sie halten sich morgens mindestens 15 und abends 30 Minuten für ein Gespräch frei, bei dem sie sich jede Störung verbitten.

2. Gerd erzählte, er habe es Heide immer verübelt, daß sie von ihrer Arbeit als Lehrerin tagtäglich erschöpft nach Hause gekommen sei und die Abende auch noch damit verbracht habe, Papiere durchzusehen oder zu irgendwelchen Ausschüs-

sen zu gehen. «Wir stritten uns häufig, oder aber wir redeten tagelang nicht miteinander. Es mußte schon etwas Einschneidendes geschehen, um uns wachzurütteln.» Gerd hatte eine Liebesaffäre. Als er es Heide sagte, war auf einmal das Eis gebrochen. «Wir fingen an, auf die Bedürfnisse des anderen zu achten. Wir einigten uns darauf, daß Heide ihren Schreibkram an bestimmten Abenden erledigt, so daß wir mehr Zeit gemütlich plaudernd miteinander verbringen können. Wir beschließen jeden Tag mit einem kleinen Ritual, mit dem wir prüfen, wie nahe wir uns sind. Zuerst erzählen wir uns, wie wir uns gerade fühlen und was uns an diesem Tag angenehm oder unangenehm berührt hat. Als nächstes sagen wir uns, wie wir einander finden, und klären Mißverständnisse auf, die im Laufe der letzten ein, zwei Tage vielleicht aufgetreten sind. Es ist erstaunlich, wie leicht solche Mißverständnisse auftreten. Schließlich reden wir noch über Aufgaben, die wir – jeder für sich oder auch gemeinsam – bewältigen müssen, damit wir wissen, was jeder von uns vorhat. Manchmal sagen wir einfach: «Zum Teufel mit der ganzen Plackerei!» und gehen ins Kino, kuscheln uns zusammen aufs Sofa, machen einen ausgedehnten Spaziergang oder lieben uns. Seit wir das tun, ist unser Leben eine wahre Wonne.

Vielen wird alltäglich klar, daß der materielle Wohlstand zu teuer erkauft ist. Wenn auch Sie so denken, können Sie durch die folgende Übung wieder zusammenfinden.

Übung: Der Partnerschaftstag

Einigen Sie sich auf einen Tag, den nur Sie zwei miteinander verbringen. Wenn sie Kinder haben, müssen Sie an diesem Tag entweder einen Babysitter engagieren oder die Kinder zu den Großeltern schicken. Nehmen Sie den Telefonhörer von der Gabel. Sagen Sie Ihren Freunden, sie seien am vereinbarten Tag nicht zu erreichen. Sollte jemand überraschend vorbeischauen, widerstehen Sie der Versuchung, die Tür aufzumachen. Sie sollten weder lesen noch Radio hören, fernsehen oder Musik machen, es sei denn, die

Musik helfe Ihnen dabei, sich näherzukommen. Lassen Sie alles stehen und liegen, auch die Hausarbeit. Gehen Sie nicht einkaufen oder aus irgendeinem anderen Grund nach draußen, außer für einen schönen Spaziergang. Wenn Sie lieber in ein Hotel gehen, bleiben Sie zusammen auf dem Zimmer. Treffen Sie mit Ihrem Partner die Übereinkunft, sich nur über ganz persönliche Belange zu unterhalten und nicht über Kinder, Arbeit, Verwandte, Freunde und dergleichen, wodurch Sie vielleicht davon abgelenkt werden, sich einmal intensiv nur einander zu widmen. Klammern Sie auch praktische Dinge aus wie Geldprobleme oder die Frage, ob Sie die neue Geschirrspülmaschine kaufen sollen und ob das Auto zur Inspektion muß. Bleiben Sie bei ganz persönlichen Dingen, die nur Sie beide etwas angehen. Brechen Sie keinen Streit vom Zaun, nur weil Sie sich langweilen oder unbehaglich fühlen. Lassen Sie ruhig ab und zu Stille eintreten, es sei denn, das ist bei Ihnen beiden der Normalfall. Dann sollten Sie lieber abwechselnd jeder von sich selbst und/oder voneinander sprechen. Oder der von Ihnen, der normalerweise schweigt, erklärt sich bereit, an diesem Tag mehr als sonst zu reden, und der andere konzentriert sich aufs Zuhören. Seien Sie kreativ, und riskieren Sie etwas. Machen Sie eine Kissenschlacht. Massieren Sie sich gegenseitig.

Wenn Sie der Meinung sind, daß es so «nicht klappt» oder Zeitverschwendung ist, haben Sie den kritischen Punkt erreicht und sollten unbedingt für den Rest des Tages weitermachen. Reden Sie über die Gedanken und Empfindungen, die Sie jetzt haben.

Nehmen Sie sich am nächsten Tag die nötige Zeit, einmal allein über den vergangenen Tag nachzudenken und Ihre Gedanken, Gefühle und Eindrücke niederzuschreiben. Heben Sie sich Ihre Notizen auf, und lesen Sie sie von Zeit zu Zeit wieder durch.

Machen Sie diese Übung einmal monatlich ein halbes Jahr lang, und wiederholen Sie sie danach alle drei Monate. Merken Sie entsprechende Termine in Ihrem Kalender vor, wie Sie es auch bei anderen wichtigen Verabredungen tun.

Kontaktaufnahme

Eine wiederhergestellte gute Kommunikation hat den Vorzug, der Gesundheit und dem Wohlbefinden der Partner förderlich zu sein. Mediziner haben festgestellt, daß sich im Laufe eines Gesprächs Puls und Blutdruck eines Paares erheblich verändern. Mit Hilfe elektronischer Instrumente hat man sowohl den Blutdruck als auch andere wesentliche Körperfunktionen beobachtet und festgestellt, welchen Einfluß die Kommunikation darauf hat. Der Blutdruck steigt beim Reden an und wird beim Zuhören niedriger. Bei Leuten, die bereits unter Bluthochdruck leiden, erhöht er sich bis zu einem gefährlichen Grad. Ein faires Gespräch unter Partnern, die einander gewachsen sind, senkt den Blutdruck auf eine niedrigere, gesündere Rate. Eine andere Untersuchung ergab, daß bei Paaren, die im Laufe ihrer Kommunikation immer mehr zueinanderfanden, die Herzen unisono schlugen.

Vertraulichkeit macht die Anwesenheit einer zweiten Person erforderlich. Dieser andere Mensch muß körperlich, geistig und seelisch präsent sein, damit ein Kontakt hergestellt werden kann. Jemandem nahe zu sein ist ein schwer zu beschreibender Zustand, und doch merkt jeder gleich, ob der Betreffende wirklich «da» oder in einer anderen Welt ist. Zusammengehörigkeitsgefühl, Gemeinschaft, Nähe, Vertraulichkeit und Freundschaft sind die Worte für die Empfindung, einem anderen Menschen verbunden zu sein. Dieses Gefühl stellt sich ein, wenn zwei Menschen bewußt aufeinander zugehen und sich einander öffnen. Einsamkeit, Isolation, Kälte und Verschlossenheit bedeuten Kontaktlosigkeit und sind eine Folge, wenn ein oder beide Partner sich von dem anderen abwenden.

Kontakt kann auch vorgetäuscht werden, damit es so aussieht, als bestünde eine Beziehung, wo in Wirklichkeit nichts ist. Wenn beide Partner an diesem «Betrug» mitwirken, entsteht ein Verhältnis, das so öde und kühl wie Schnee vom Vorjahr ist. Heuchelt einer Zuwendung, nach der sich der andere im Grunde seines Herzens sehnt, hat dieser letztere ein Gefühl der Leere und Verzweiflung und glaubt unter Umständen sogar, nicht ganz normal zu sein. Ursache für das Gefühl der Leere ist die Unehrlichkeit des Partners. Verzweiflung entsteht, weil das, was eine Realität zu sein scheint (d. h. der Partner), in Wahrheit reine Illusion ist und damit unerreichbar bleibt. Daß man sich schließlich für «unnormal» hält, liegt daran, daß jeder Zweifel an den Intentionen des Partners empört zurückgewiesen wird. Die einzige Möglichkeit, das Trugbild zu zerstören, besteht darin, sich in dieser Lage ganz auf das eigene Gespür zu verlassen, statt auf die schönen Worte des Partners zu hören. In solchen Zeiten sind vertrauenswürdige, gute Freunde eine große Hilfe.

Im Laufe der Jahre verlieren Partner oft jeglichen Kontakt zueinander. Wenn es ihnen endlich auffällt, wissen sie meist nicht, wie sie wieder miteinander vertraut werden können. In Fühlung miteinander zu bleiben hält eine Beziehung lebendig. Die nachstehende Übung soll Ihnen helfen, Berührungspunkte wiederzufinden. Hierbei bedienen wir uns der Satzvervollständigungstechnik aus unserem *Ehe-Überlebenstraining*.

Übung: Berührungspunkte wiederfinden

Legen Sie mit Ihrem Partner zusammen eine Zeit fest, in der Sie es sich zu zweit gemütlich machen, ohne gestört zu werden. Nehmen Sie bei dieser Übung weder Alkohol noch andere Drogen zu sich. Sie dürfen jedoch leise eine angenehme, entspannende Musik abspielen. Setzen Sie sich einander gegenüber; einigen Sie sich, wer mit der Satzvervollständigung anfängt. Konzentrieren Sie sich aufs Zuhören und auf Ihren Atem. Vielleicht wollen Sie das Gespräch auch auf Tonband aufnehmen.

Vervollständigen Sie nun abwechselnd die nachfolgenden Sätze. Sagen Sie, was immer Ihnen gerade in den Sinn kommt.

Als wir uns zum ersten Mal trafen, dachte ich, du ____________
Ich war anfangs hingerissen von dir, weil ____________
Worin wir uns meines Erachtens ähnlich sind, ist ____________
Worin wir uns meines Erachtens unterscheiden, ist ____________
Augenblicklich habe ich das Gefühl, ____________
Ich ärgere mich über dich, wenn ____________

Unerfüllte Bedürfnisse sind bei mir unter anderem ______
Im letzten Jahr bin ich/habe ich ______
Ich nehme an, du weißt, daß ______
Ich ärgere mich, wenn ich sehe, wie du ______
Eine Art, wie ich dich zu kontrollieren versuche, ist ______
Wenn wir ernst miteinander reden, bin ich/habe ich ______
Augenblicklich habe ich das Gefühl, ______
Wenn ich deine Fragen nicht beantworten mag, bin ich/habe ich ______
Etwas, worüber ich normalerweise nicht gern mit dir rede, ist ______
Ich fühle mich dir unterlegen, wenn ______
Ich schütze mich davor, von dir gekränkt zu werden, indem ich ______
Ich bin in höchster Verteidigungsbereitschaft, wenn ich meine, daß du ______
Wenn wir uns streiten, empfinde ich ______
Ich finde, du gibst mir keine Chance, ______
Wenn ich dich schikanieren will, dann ______
Ich bin dir am innigsten verbunden, wenn ______
Eine Qual ist in unserem Verhältnis für mich ______
Die Art von Beziehung, die ich aufbauen will, soll ______
Was du mir zuliebe in unserer Beziehung anders machen könntest, ist ______
Ich hoffe, wir können ______

Ehrlichkeit oder Wahrheit?

Manchmal geraten wir auf den schmalen Grat zwischen Ehrlichkeit und Wahrheit. Unsere Beziehung wird undurchsichtig. Wir drehen uns bei unseren Streitereien im Kreise. Ohne sichtbaren Grund streiten wir uns mit unserem Partner bis aufs Messer.

«Ich war nur ehrlich!» oder «so denke ich nun mal wirklich, warum sollte ich es also nicht sagen?» und «laß doch mal deine ehrlichen Gefühle raus!» sind für unsere Zeit typische Sätze. Aber warum geht es einem nicht besser, nachdem man sich ehrlich angebrüllt hat? Die angebliche Ehrlichkeit entspricht vielleicht gar nicht der ganzen Wahrheit. Womöglich ist sie nur die Spitze eines Eisbergs. Natürlich kann Ehrlichkeit ganz nützlich sein, um den Schutt, der sich in Jahren der Lüge angesammelt hat, oberflächlich wegzuräumen. Meist ist sie allerdings nur ein erster Schritt zu einer tieferen Wahrheit hin.

Wahrheit oder Wahrhaftigkeit zeigt sich im unerschütterlichen Denken, Fühlen und Handeln eines Menschen, der aus seinem innersten Wesen heraus lebt und auch *die Würde anderer Menschen achtet.* Wenn man eine befriedigende, liebevolle Beziehung aufbauen will, muß man sich darüber im klaren sein, ob man ehrlich oder wahrhaftig ist. Ehrlichkeit ist ein auf den Augenblick bezogener Wert, Wahrheit hingegen ist etwas Grundlegendes, Beständiges, das Vergangenheit, Gegenwart und Zukunft miteinander verbindet und ihnen einen Sinn gibt. Die Wahrheit hilft dabei, die Vergangenheit zu deuten. Sie vermittelt das Gefühl, in der Gegenwart verankert zu sein, und bildet die Grundlage für zukunftsweisende Entscheidungen.

In jeder Beziehung, und sei sie noch so herzlich, macht sich irgendwann unterschwellig eine gewisse Feindseligkeit bemerkbar – der tiefverborgene Urtrieb, den anderen herunterzuputzen, ihn ins Unrecht zu setzen oder Schuldgefühle und Unbehagen bei ihm zu wecken. Für gewöhnlich geben wir diesem Drang nicht gleich nach. Doch im Eifer des Gefechts bringen wir leicht Gefühle und Gedanken zum Ausdruck, die zwar ehrlich, aber nicht unbedingt wahrhaftig sind, weil sie den anderen verletzen oder unterjochen. Hier ein paar Beispiele: «Ich hätte dich nie heiraten sollen!» «Aus dir wird sowieso nichts!» «Mit dir zu schlafen hat mich immer angeödet!» «Du kotzt mich an!» Diese Behauptungen entspringen meist akuter innerer Spannung und Unruhe. Die damit verbundenen inneren Ängste entladen sich auf einmal explosionsartig. In dem verzweifelten Bemühen, sich wieder zu fassen, kocht man schließlich über. Mit dem, was man sagt, hat man die Wahrheit immerhin angekratzt, aber längst nicht im Kern erfaßt.

Um sich den Unterschied zwischen Ehrlichkeit und Wahrheit klarzumachen, müssen Sie feststellen, ob die augenblicklichen Empfindungen und Gedanken hartnäckig immer wieder in Ihnen aufsteigen. Denken und fühlen Sie dauernd so, oder haben

Sie nur momentan das Empfinden, in Ihrem Selbstwertgefühl bedroht zu sein, und reagieren deshalb entsprechend? Fragen Sie sich einmal: «Wovor habe ich gerade Angst? Inwiefern fühle ich mich bedroht?»

Ehrlichkeit wirkt oft trennend. Wahrhaftigkeit hingegen ist ein Bindeglied, sofern beide Partner etwas für Wahrheit übrig haben. Ehrlichkeit und Wahrhaftigkeit hängen zwar zusammen, werden jedoch grundverschieden erlebt und gewertet. Beispielsweise kann ich meinen Partner in diesem Augenblick ehrlich hassen; in Wahrheit bin ich jedoch völlig außer mir vor Angst, er könnte mich verlassen, traue mich aber nicht, ihm das zu gestehen, und sage statt dessen, daß ich ihn hasse.

Warum «lügen» wir denn? Weil wir schon in frühester Kindheit lernen, daß Angriff die beste Verteidigung ist.

Ehrlichkeit ist ein relativer Begriff. Da sagt man: «Du bist ein Eisklotz.» Die Wahrheit aber würde in diesem Fall etwa folgendermaßen lauten: «Wenn ich dich nicht in Erregung versetzen kann, zweifle ich an meiner Männlichkeit. Dann hasse ich mich wegen meiner Unfähigkeit. Also nenne ich dich einen Eisklotz, statt dir die Wahrheit, nämlich meine Unsicherheit, einzugestehen.» Verliebtsein ist eine ehrliche Sache: «Du liebst mich. Also muß ich ein guter Mensch sein. Du liebst mich. Also bin ich liebenswert. Ich liebe dich auch.» Liebe, die allen Prüfungen der Zeit, allen Krisen und Veränderungen widersteht und dennoch weiterwächst, ist wahrhaftig: «Als wir uns kennenlernten, glaubte ich, nicht ohne dich leben zu können. Jetzt brauche ich dich gar nicht und möchte doch für immer mit dir zusammensein.»

Unverblümte Ehrlichkeit entspringt in einer Partnerschaft oft uneingestandenen, unterdrückten Gefühlen. Das «Deutlichwerden» sorgt in einer schon etwas schal gewordenen Beziehung für frischen Wind. Zumindest wird dadurch das partnerschaftliche Wechselspiel spannender. Wir raten Partnern, ruhig zuzuhören, wenn der andere ihnen «ehrlich» die Meinung sagt, und es nicht persönlich zu nehmen. Aus aufrichtigem Ärger wird unter Umständen Mitgefühl, dann nämlich, wenn man um eine überzeugende Wahrheit bemüht ist. Zum Beispiel liegt der «ehrlichen» Bemerkung: «Ich hätte dich nie heiraten sollen!» vielleicht die *Wahrheit* zugrunde: «Ich bin nun schon jahrelang unzufrieden. Nur war ich viel zu feige, dir meine Unzufriedenheit mitzuteilen. Ich habe dir den Schwarzen Peter zugeschoben, statt der Wahrheit ins Gesicht zu sehen und selbst etwas zu ändern. All die Jahre habe ich mir und dir etwas vorgelogen. Das werde ich nicht mehr tun. Es wird nicht leicht sein, aber es ist die einzige mir bekannte Möglichkeit, aus meiner beharrlichen Selbsttäuschung auszubrechen.» Das ist eine Wahrheit, die zwar schmerzlich ist, mit der man jedoch umgehen kann, weil sie auf der Wirklichkeit fußt. Wir Menschen sind in der Lage, mit den schmerzhaftesten Wahrheiten fertig zu werden; Lug und Trug hingegen machen uns verrückt.

Wenn Sie einem anderen Menschen begegnen, sollten Sie sich sowohl Ihrer ehrlichen Augenblicksreaktion als auch der tiefergehenden Wahrheit bewußt sein. Beide stehen womöglich im Widerspruch zueinander. Entscheiden Sie sich richtig. Wenn Sie an einer wirklich guten Kommunikation interessiert sind, sollten Sie statt der kurzlebigen Ehrlichkeit die langlebige Wahrheit wählen. Indem Sie sich so ausdrücken, daß Sie eine tiefergehende Kommunikation und größere Selbstbewußtheit erreichen, werden Sie auch in einer Partnerschaft sich selbst treu bleiben können. Dann wird die Wahrheit Ihnen letztlich die größere Freiheit bringen.

Entscheidungen treffen

Gut mit seinem Partner kommunizieren zu lernen bedeutet nun nicht, alles zu bekommen, wonach man sich sehnt. Partner mit einer klaren Kommunikation müssen Entscheidungen fällen, und wer Entscheidungen fällt, muß notgedrungen eine Möglichkeit wahrnehmen und andere verwerfen. Darum sind natürlich viele Leute in ihrer Kommunikation lieber unbestimmt, um sich nicht entscheiden zu müssen. Die Verschleierung als Kunstform erlebt ihre Blüte im Bereich der Politik. Bei einem ähnlich gearteten Partnerverhältnis wird die Kommunikation undurchsichtig und verschwommen sein.

Was Entscheidungen so erschwert, ist nicht das Jasagen, sondern das Neinsagen. Dabei ist es das Nein, das dem Ja Sinn und Kraft verleiht.

Beispiel

Dieter hat ein Verhältnis mit zwei Frauen: Jutta und Karin. Er möchte jedoch nur noch mit einer Frau eine intensive Beziehung in gegenseitiger Treue unterhalten. Beide Frauen lieben ihn und er sie. Zu beiden ja zu sagen ist leicht. Er könnte dann warten, bis eine von ihm die Nase voll hat und ihm nur noch die andre übrigbleibt. Aber dieser Weg wäre unheilvoll, weil Dieter keine echte Entscheidung getroffen hätte; er würde das nie vergessen und sich bei jedem Zusammensein mit der «Übriggebliebenen» unwohl fühlen. Die «Übriggebliebene» wüßte ebenfalls davon; sie würde die Achtung vor ihm verlieren und sich selbst verabscheuen, weil sie sich auf solche Weise behandeln ließ. Das Schwerste an der Entscheidung ist für Dieter, sich ein Herz zu fassen und nein zu sagen. Er will sich für Karin entscheiden, aber das bedeutet ein Nein für Jutta. Karin wird dann glücklich sein, wohingegen Jutta zutiefst verletzt sein und sich betrogen fühlen wird. Das wird sowohl für sie wie für ihn schwierig und schmerzhaft. Und wenn die Sache mit Karin schiefgeht, kann er nicht mehr zu Jutta zurückkehren. Aber wenn er sich endlich mutig zu Qual, Ärger, Ablehnung und zu dem Verlust von Jutta bekennt, beweist er Karin, wie sehr er sich ihr verbunden fühlt. Um Karin sein Jawort geben zu können, muß er durch sein Nein zu Jutta seine Glaubwürdigkeit unter Beweis stellen.

Für Kinder, die zwischen Ja und Nein entscheiden sollen, ist das Jasagen typisch. Sie besitzen weder die Kraft noch genügend Wirklichkeitssinn, um nein zu sagen. Eltern müssen ihren Kindern Entscheidungen abnehmen. Dieser Zustand ist jedoch in Beziehungen zwischen Erwachsenen unhaltbar. Man kann nicht für jemand anders entscheiden; eine Entscheidung bleibt immer dem einzelnen überlassen. Das gilt sogar für gemeinsame

Beschlüsse. Einem Chef, einem Kollegen, dem Arzt, den Eltern, einem Liebhaber oder dem Partner nicht nein sagen zu können lähmt. Wer ein Jasager ist und kein Nein herausbringt, dessen Beziehung wird die Hölle sein. Voraussetzung für alles Handeln, Leben und Lieben ist die innere Bereitschaft zum Neinsagen und zum Einstehen für die Konsequenzen dieser Entscheidung.

Manche Leute sagen *immer* nein und fallen damit ins andere Extrem. Darin spiegelt sich die Abneigung gegen bindende Zusagen wider; der betreffende Mensch ist nicht gewillt, die volle Verantwortung für die Folgen seiner Entscheidung zu tragen.

Die Kunst der Konversation

Das größte Problem in fast allen Beziehungen ist das hoffnungslose Unvermögen der Partner, so miteinander zu reden «wie früher». Der eine will etwas vom anderen, auf das er ein Recht zu haben glaubt. Aber er verlangt nicht laut danach, und wenn er es tut, bleibt er oft ungehört.

In unserer hektischen Welt tauchen die ersten «Sprach»-Schwierigkeiten, die schließlich ins sogenannte «verflixte siebte Jahr» einmünden, bereits im zweiten Ehejahr auf. Dann beginnt man sich zu wundern, wo eigentlich die langen, interessanten Gespräche bei einem Essen mit Kerzenschimmer geblieben sind, die man einst führte, und was bloß aus dem geliebten Menschen geworden ist, mit dem man zu Anfang alles teilen konnte. In der Routine des Lebensalltags läßt man die Dinge leicht einfach laufen, bis die Kommunikation vollkommen zusammengebrochen ist. Paare mit langer gemeinsamer Vergangenheit haben da einen ganz simplen Kniff. Wenn Probleme auftauchen, stecken sie nicht schnell den Kopf in den Sand, sondern setzen sich zusammen und bereden, was schiefgegangen ist und was getan werden muß, um alles wieder ins Lot zu bringen. Und dann handeln sie entsprechend. Sie wissen eben, wie sie sich die Regeln der Gesprächskunst zunutze machen können.

Das Gespräch ist eine Möglichkeit, Informationen auszutauschen, um damit Schwierigkeiten auszuräumen oder auch nur, um Kontakte zu knüpfen. Daran beteiligt sind Fühlen, Denken und Handeln. Abbildung 6 illustriert den schrittweisen Fortgang eines guten Gesprächs. Die verschiedenen Schritte sind in Kreisform angeordnet, weil Kommunikation ein kontinuierlicher, fließender, vor- und rückläufiger Prozeß ist. Die gestrichelten Linien geben «Kurzschlüsse» wieder, das, was passiert, wenn ein Schritt ausgelassen wird. (Kurzschlußbeispiele auf Seite 158 ff.)

Abbildung 6

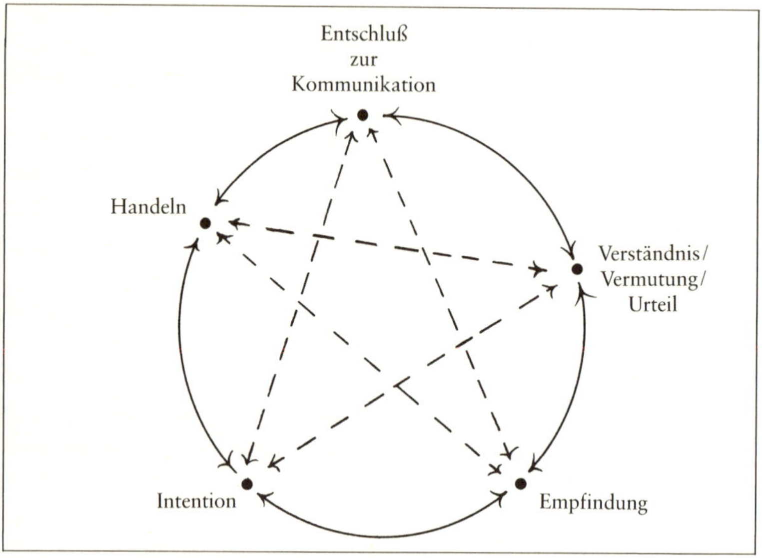

Der Entschluß zur Kommunikation

Zum ersten Schritt in diesem Prozeß müssen sich die an einem Gespräch beteiligten oder interessierten Personen entschließen. Ohne willentliche Entscheidung findet kein Gespräch statt, so daß man ebensogut Wänden predigen könnte.

Sich für ein Gespräch zu entscheiden heißt sowohl *zuzuhören* (Information aufzunehmen) als auch, sich gut *verständlich zu machen* (Information abzugeben). Bei der Informationsaufnahme gebraucht man seine fünf Sinne: Gesicht, Gehör, Gefühl, Geruchs- und Tastsinn. Die Informationsabgabe muß präzise und anschaulich sein. Wer um den heißen Brei herumredet, wird kaum von seinem Partner verstanden. Hier ein paar Beispiele, wie deutlich informiert wird:

- Wie ich sehe, trägst du ein rotes Kleid.

- Wie ich sehe, spannen sich deine Muskeln an.

- Wie ich höre, wirst du lauter.

Verständnis/Vermutung/Urteil

Wann immer man etwas sieht, hört, berührt, riecht oder schmeckt, mißt man ihm eine bestimmte Bedeutung bei. Bedeutungen sind Eindrücke, Schlüsse, Vermutungen, Beurteilungen usw. Alle Informationen, die man mit seinen Sinnen aufnimmt, werden durch frühere Erfahrungen und deren Interpretation gefiltert, wie die folgenden Beispiele zeigen:

- Ich habe dich länger nicht in diesem Kleid gesehen; *ich dachte, du magst es nicht.*

- Wie ich sehe, zitterst du; *ich glaube, du hast Angst.*

- Wie ich höre, wirst du lauter; *du bist wohl böse auf mich.*

- Mir steigt dein neues Parfüm in die Nase; *ich nehme an, du willst mit mir ins Bett.*

Bei einem Gespräch muß man sich unbedingt über die Vermutungen Klarheit verschaffen, die man aufgrund der aufgenommenen Informationen anstellt. Sonst ist man nämlich nicht in der Lage, sie mit dem Gesprächspartner zu erörtern, und dann nimmt das Gespräch schnell einen negativen Verlauf. Fragt man beispielsweise seine Partnerin: «Warum trägst du dieses Kleid? Du magst es doch gar nicht!», macht man eine Aussage über sie, ohne sich vorher der Richtigkeit versichert zu haben. In diesem Fall wird sie wahrscheinlich leicht verärgert erwidern: «Natürlich mag ich es! Wieso? Du nicht?» Stellt man hingegen klar, daß man lediglich seine eigenen Gedanken laut ausgesprochen hat, wird sie eher in einer Weise antworten, die ein offenes Gespräch ermöglicht: «Ich dachte, du magst dieses rote Kleid nicht.» Woraufhin sie sagt: «Ich dachte das auch, aber jetzt habe ich es einmal wieder angezogen und finde es gut, warum, weiß ich nicht genau.»

Eine Grundregel für eine gute Kommunikation ist die, sich klarzumachen, daß man laufend Vermutungen anstellt, die man überprüfen muß.

Die Empfindung

Eine Empfindung ist die gefühlsmäßige Reaktion auf eine Information, die mit den Sinnen aufgenommen und auf den Bedeutungsgehalt, mit dem sie befrachtet wird. Empfinden ist meist mit einem körperlich spürbaren Gefühl verbunden. Folgende Bemerkungen drücken ein Gefühl aus:

- Ich mag dieses Kleid; *ich freue mich, daß du es trägst.*

- *Mir ist nicht wohl* bei dem Gedanken, daß du Angst hast.

- *Ich werde ärgerlich,* wenn ich denke, daß du böse auf mich bist.

Gefühle entstehen stets im eigenen Innern. Leider haben wir uns alle angewöhnt, anderen Leuten die Schuld an unseren verschiedenen Empfindungen zu geben. Aber das ist Unsinn und die Ursache für viele partnerschaftliche Konflikte, Qualen und Kümmernisse. Ich mag mich zum Beispiel in jemandes Gesellschaft wohl fühlen oder traurig sein, wenn der oder die Betreffende mich nicht beachtet, doch der Ursprung dieser Gefühle liegt in mir selbst und nicht im anderen.

Durch Empfindungen bleibt man mit seinem Wesenskern in Berührung. Wer den Ursprung seiner Empfindungen anderen zuschreibt, verliert das Gefühl für sich selbst. Geschieht das in einer Partnerschaft, macht einer den anderen für sein Unbehagen verantwortlich, worauf der Betreffende mit verstärkter Emotionalität reagiert. In Verhältnissen dieser Art schlagen die Gemütswogen ohne Sinn und Zweck hoch, und die Partner sind die meiste Zeit über emotional ausgelaugt. Um einen Ausweg aus dieser allseitigen Überbetonung der Gefühle zu finden, müssen sie an die Quelle ihrer Empfindungen zurückkehren (d. h. zu sich selbst kommen) und sich bewußt machen, daß sie nur Mutmaßungen anstellen.

Je mehr man sich seines Körpers bewußt ist, um so besser nimmt man auch seine Gefühle wahr und gestaltet sein Leben entsprechend sinnvoll, denn man ist sich darüber im klaren, daß man hinter allen Geschehnissen ringsumher ständig etwas vermutet. Im Licht dieser Erkenntnis kann man endlich sein Leben und sein Partnerverhältnis selbst in die Hand nehmen. Seines Körpers wird man sich durch die Beobachtung seines Atems bewußt. Wenn man sich verspannt wie etwa in einem schwierigen Gespräch, ist der Atem meist gepreßt. Dann kann der Körper sich nicht mehr auf natürliche Weise entspannen, und mit der Zeit wird der gesamte Organismus zunehmend verkrampfter. Nach und nach verliert man jegliches Gespür für seinen Körper.

Machen Sie einmal folgendes Experiment, am besten gleich jetzt. Wenden Sie sich bewußt Ihrem Körper zu. Welche Körperteile fühlen Sie? Welche sind kalt oder warm? Beobachten Sie sich etwa eine Minute lang. Setzen oder legen Sie sich nun hin, und atmen Sie zwölfmal langsam tief durch. Ziehen Sie die Luft ein, so tief Sie können, und stoßen Sie sie vollständig wieder aus. Unter Umständen werden Sie davon ein wenig benommen, aber das gibt sich rasch. Wenden Sie sich jetzt erneut Ihrem Körper zu. Spüren Sie inzwischen mehr Körperteile als zuvor? Sind Sie entspannter oder weniger entspannt? Bei Gesprächen ist bewußtes Atmen besonders wichtig. In der Regel braucht man bei einem Gespräch 25 bis 30 Prozent mehr Luft als normalerweise.

In Ihrem Gefühlserleben wird es immer eine von zwei Möglichkeiten geben: Sie werden entweder Zuneigung oder Abneigung empfinden. Wenn Sie in Gegenwart Ihres Partners ein wohliges Gefühl haben, werden Sie ihm näher kommen wollen. Sie werden sich entspannen, und angenehme Wärme wird Ihren Körper durchströmen. Ein Beispiel: Jan und Anna sind jungverheiratet und sehr verliebt. Eines Nachmittags schaut Jan in der Küche Anna an und sagt ihr, daß er sie liebt. Er zieht sie sanft an sich und küßt sie leidenschaftlich. Anna empfindet das als angenehm, ihr Körper erwärmt sich.

Wenn Ihnen jedoch gefühlsmäßig nicht recht wohl ist in der Nähe Ihres Partners, werden Sie in sich zusammenkriechen und merken, wie Ihr Körper abkühlt. Auch hierzu ein Beispiel: Max und Diana haben 25 harte Ehejahre hinter sich. Eines Tages küßt Max in einem seltenen Anfall von Spontaneität Diana auf die Wange. Sie weicht zurück und sagt: «Laß das!», wobei eine Kältewelle ihren Körper durchströmt.

Die Intention

Bei einem Gespräch ist unbedingt auf die Intentionen zu achten. Die jeweiligen Intentionen jedes Gesprächspartners bestimmen, in welcher Atmosphäre ein Gespräch stattfindet. Ist einfach ein Meinungsaustausch beabsichtigt, oder soll irgendein Mißverständnis aufgeklärt werden? Oder will man sich selbst und den anderen besser verstehen lernen? Gespräche in dieser Absicht sind meist gut. Es steckt guter Wille dahinter, wie die folgenden Beispiele veranschaulichen:

- Ich verstehe nicht, was im Augenblick bei uns abläuft. Wollen wir nicht einmal darüber reden?

- Ich habe ein Problem. Hast du Zeit, mit mir darüber zu sprechen?

- Ich fühle mich ganz elend, wenn ich an unseren Streit gestern abend denke. Wollen wir nicht darüber reden?

Wenn hingegen dem Gesprächspartner die eigenen Ansichten und Überzeugungen aufgedrängt werden, bekommt das Gespräch einen bitteren Beigeschmack:

- Besser, du änderst dich, sonst bin ich weg!

- So doch nicht, du Idiot! Laß mich mal!

- Du gibst ständig Irrsinnssummen für solchen Mist aus!

Das Handeln

Zur Tat kann man normalerweise erst dann schreiten, wenn einer der Partner klar, unmißverständlich und höflich zum Ausdruck gebracht hat, was er will. Der andere reagiert darauf, indem er für eine festgelegte Zeitspanne darauf eingeht.

Daniel: Ich möchte mit dir joggen.
Antje: In fünf Minuten bin ich soweit.

Christa: Ich möchte mit dir schlafen.
Manfred: Ich auch mit dir. Komm, gehen wir ins Bett.

Thomas: Ich hätte gerne, daß du mir einen Augenblick hilfst.
Lilli: Sicher helf' ich dir. Sag mir, was ich tun soll.

Bei vielen Paaren fehlt der zum Handeln anregende Gesprächstiel. Man muß um das bitten können, was man will, oder sich auf eine bestimmte Sache einigen, um dann zur Tat zu schreiten und alles Notwendige zu veranlassen. Andernfalls ist das gemeinsame Gespräch sinnloses, leeres Gerede, das absolut nichts verändert.

Wer sich diese fünf Schritte eines Gesprächs vergegenwärtigt und ihnen folgt, wird seine Fähigkeit verbessern, befriedigende Gespräche zu führen. Wenn die fünf Schritte nicht beachtet werden oder der eine oder andere übersprungen wird, schleichen sich Irrtümer und Mißverständnisse in die Unterhaltung ein, und dann dauert es wahrscheinlich nicht lange, bis man nicht mehr miteinander redet, auch nicht über angenehme Themen.

Wie Fehler im Gespräch vermieden werden

Partner sorgen häufig für ein jähes Gesprächsende, weil sie im Gesprächsverlauf wichtige Schritte auslassen. Die gestrichelten Linien in Abbildung 6 veranschaulichen diese «Kurzschlüsse».

Verständnis/Vermutung/Urteil → Handeln

Dieser Kurzschluß kommt in zwischenmenschlichen Beziehungen oft vor. Man hört etwas, glaubt es zu verstehen und handelt seiner Vermutung gemäß. Das nennt man «auf reine Vermutung hin etwas tun». Da sagt zum Beispiel Frank zu Miriam: «Junge, Junge, ist dieser Teppich dreckig», woraufhin Miriam vermutet, Frank wolle ihn sofort gesäubert sehen, gleich den Staubsauger holt und den Teppich saugt.

Wer auf reine Vermutung hin handelt, ist weder mit seinem Empfinden noch mit seinen Intentionen im reinen. Er wird seine Empfindungen wahrscheinlich indirekt zum Ausdruck bringen oder seine wahren Gefühle unterdrücken und auf andere gefühlskalt wirken. Männer, die auf dieser Linie liegen, sind anscheinend dauernd verärgert, während Frauen eher dazu neigen, «ohne Grund in Tränen auszubrechen». Diese Reaktionen sind Anzeichen dafür, daß Gefühle indirekt übermittelt werden.

Wenn die fünf Schritte eingehalten werden, dürfte das Gespräch zwischen Frank und Miriam etwa so verlaufen:

Frank: «Junge, Junge, ist dieser Teppich dreckig.»
Miriam: «Du willst sicher, daß ich ihn gleich sauge, nicht wahr?»
Frank: «Nein, nein, ich bin nur erstaunt, wie schnell er schmutzig geworden ist. Du hast ihn ja vor ein paar Tagen erst gesaugt.»
Miriam: «Ich bin richtig froh, daß du so was siehst; manchmal habe ich das Gefühl, es bemerkt überhaupt niemand, was ich tue.»
Frank: «Ich finde es jedenfalls gut, Miriam. Mir geht es doch manchmal genauso. Unser Leben ist ziemlich betriebsam, und

meines Erachtens müssen wir einfach lernen, bei so manchem fünf gerade sein zu lassen, damit wir mehr Zeit für uns haben. Was meinst du dazu?»
Miriam: «Das finde ich auch. Der Teppich kann ruhig bis zum nächsten Reinemachetag warten.»

Verständnis/Vermutung/Urteil → Empfindung → Handeln

Dieser Kurzschluß tritt ein, wenn man seinem Partner nicht zuhört. Man glaubt zu verstehen, was der andere sagt, hat ein bestimmtes Gefühl dabei und handelt dieser Empfindung entsprechend. Die Folge davon ist, daß das Handeln nicht mit der Realität übereinstimmt, von der der andere ausgeht. Dem erscheint das Verhalten seines Partners unsinnig, obwohl der Handelnde es für sinnvoll hält, und schon beschuldigt der eine den andern, rücksichtslos, beleidigend, lieblos oder selbstsüchtig zu sein.

Beispiel

Philipp ist geschieden und nun mit Bärbel liiert. Er hat vier erwachsene Kinder und drei Enkelkinder. Er und seine Frau sind Freunde geblieben und telefonieren alle paar Wochen miteinander. Er liebt seine Kinder sehr und besucht sie gern, um seine Enkel zu sehen. Philipp hat Bärbel deutlich zu verstehen gegeben, daß er sie liebt und nur mit ihr zusammenleben will. Er hat ihr auch erklärt, daß seine Frau und er eine lange gemeinsame Vergangenheit haben und er sie nicht ganz fallenlassen wolle, weil sie manchmal in Schwierigkeiten stecke. Aber immer, wenn Philipp mit seiner Ex-Frau telefoniert, geht Bärbel hoch und verlangt von ihm, nie wieder mit seiner Verflossenen zu reden. Nach ihrer Auffassung würde Philipp nicht mehr mit seiner geschiedenen Frau reden, wenn er sie, Bärbel, wirklich liebte. Bärbels Problem ist, daß sie Philipp nicht richtig zuhört und in ihrer Unsicherheit befürchtet, er kehre zu seiner Frau zurück. Sie muß Philipp genau zuhören und seinen Worten, Intentionen und Handlungen vertrauen, wenn dieses Thema jemals erledigt sein soll.

Verständnis/Vermutung/Urteil wird mit Empfindung verwechselt

Die Verwechslung von Denken und Fühlen ist eine sehr häufig auftretende Hürde in der Kommunikation von Partnern. Sie führt nicht nur in die Irre, sondern auch zu einem mißverständlichen, unklaren Meinungsaustausch. Unter Umständen zeigt sich darin der Versuch, den anderen dadurch zu manipulieren, daß man seiner Feststellung durch ein Gefühl Nachdruck zu verleihen sucht. Zum Beispiel müßte der Satz: «Meinem Gefühl nach solltest du aufrichtiger sein» eigentlich heißen: «Ich glaube, du lügst mich an. Ich möchte, daß du mir die Wahrheit sagst.» Oder der Satz: «Ich habe das Gefühl, daß du dieses Kapitel über die Kommunikation lesen solltest» heißt im Klartext nichts anderes als: «Ich habe daraus etwas gelernt, was meines Erachtens unsere Kommunikation verbessern könnte. Ich glaube, auch du könntest manches lernen, wenn du dieses Kapitel lesen würdest. Wie ich es sehe, brauchen wir beide ein bißchen Nachhilfe auf diesem Gebiet.»

Häufig ist die Aussage «meinem Gefühl nach» nur ein indirekter Weg, ein Urteil abzugeben. Ehrlicher wäre es, Beurteilungen auch als solche zu kennzeichnen. Der Partner kann leichter und unmittelbarer auf ein klares Urteil reagieren als auf irgendein undefinierbares Gefühl.

Information → Empfindung → Handeln

Dieser Kurzschluß entsteht durch gedankenloses Handeln. Das Handeln ist hier im Grunde eine emotionale Reaktion. Man ist sich weder darüber im klaren, daß man über die aufgenommenen Informationen seine eigenen Vermutungen anstellt, noch überlegt man, was man mit seinem Tun bewirken möchte. Überstürztes Vorgehen birgt eine Menge Zündstoff und endet meist in einem Wortgefecht oder sogar Handgemenge. Nehmen wir ein Beispiel: Fred und Birgit haben sich bereits einige Minuten gezankt, als Birgit schließlich in letzter Verzweiflung sagt: «Du bist genau wie dein Vater – immer treibst du die Leute an.» Fred hört das, fühlt sich eingeengt und schreit Birgit an: «Und du bist genau so ein Eisklotz wie deine Mutter!» Um aus diesem Teufelskreis herauszukommen, müssen die beiden einen erheblich ruhigeren Umgangston miteinander pflegen, ihre jeweiligen Mutmaßungen unter die Lupe nehmen und aufhören, einander auf gut Glück Intentionen zu unterstellen. Wahrscheinlich brauchen sie Hilfe von außen, denn diese Art von Kurzschluß hinterläßt verhärtete Fronten.

Verständnis/Vermutung/Urteil → Empfindung

Bei diesem Kurzschluß handelt der angesprochene Partner nicht. Er zeigt zwar ein Gefühl, zieht sich aber dann zurück. Meist handelt es sich dabei um Reaktionen auf Bemerkungen, durch die man sich kontrolliert, schikaniert oder entmachtet fühlt. Der betreffende Mensch stellt anhand dessen, was gesprochen wird, Vermutungen an, weiß aber nicht recht, wie er sich dieser Situation angemessen verhalten kann. Da sagt beispielsweise Franz, als Gaby das Essen anbrennen läßt: «Was machst du bloß?!», und schon bricht Gaby in Tränen aus und rennt ins Badezimmer. Oder Heiner versucht gerade zum zehnten Mal, die Heizung zu reparieren, als Marlene hereinspaziert und sagt: «Wozu machst du das eigentlich?», woraufhin er ohne ein Wort den Schraubenzieher hinschmeißt und wutschnaubend das Haus verläßt. Kurzschlüsse dieser Art sind ein Zeichen dafür, daß die Betreffenden unter einem Komplex leiden. Sie müssen sich von ihren Vermutungen über den eigenen Wert loslösen, sich bewußt machen, was sie eigentlich wollen, und dann in diesem Sinne handeln.

Intention → Handeln

Bei diesem Kurzschluß beweist das Verhalten, daß man keine Information von seinem Gegenüber annimmt. Ebensowenig interessiert es einen, die eigenen Vermutungen oder Urteile zu überprüfen, und außerdem hat man keine ausgesprochenen Empfindungen. Man ist lediglich darauf aus, zu bekommen, was man will, ganz nach der Devise aus dem Machtkampfstadium: *meiner oder keiner Nase nach.*

Beabsichtigt ist, den anderen zu kontrollieren oder sein Verhalten so zu steuern, daß es den eigenen Zwecken dient. Man handelt mit kalter Berechnung. In solchen Momenten können andere nur mit einem auskommen, wenn sie sich nicht auf derartige Manipulationen einlassen und jeden Kontakt abbrechen, bis man wieder aufnahmefähig für anderer Leute Ansichten geworden ist und wagt, seinen wahren Gefühlen zu gehorchen.

Übung: Gespräch in fünf Schritten

Verbringen Sie einige Zeit damit, über die drei wichtigsten Gespräche nachzudenken, die Sie in den letzten zwei Wochen miteinander geführt haben. Verliefen sie gut, oder waren sie für Sie enttäuschend? Sehen Sie sich einmal Abbildung 6 an und prüfen Sie, ob Sie in Ihren Gesprächen keinen der fünf Schritte ausgelassen haben. Auf welche Weise verursachen Sie einen Gesprächskurzschluß? Welche Schritte müssen Sie neu einfügen? Wie sorgt Ihr Partner für Kurzschlüsse in der Unterhaltung? Führen Sie ein Gespräch mit Ihrem Partner, bei dem jeder von Ihnen die fünf Schritte beherzigt.

VI
Worüber Partner sich streiten

Menschen gehen aus verschiedensten Gründen Liebesbeziehungen zueinander ein, aber nur vier grundlegende Themen führen zu Streit und Entfremdung. Diese Themen sind: Liebe, Sexualität, Geld und Rollenverteilung.

Die Liebe

Seit undenklichen Zeiten versuchen Philosophen, Gelehrte, Theologen, Gurus und Psychologen, die Liebe zu definieren. Aber ihre Erkenntnisse, obschon interessant, haben doch nur bedingten Bezug zu einer individuellen Partnerschaft, denn das Erlebnis der Liebe ist eine ganz persönliche Angelegenheit. Es mag zwar universelle Leitprinzipien geben, wie eine für die Liebe günstige Atmosphäre geschaffen werden kann, aber nur die Beteiligten bestimmen, ob wirklich Liebe daraus entsteht und wie sie sich äußern muß, damit sie erfahren werden kann.

Die folgenden Überlegungen sind für eine Liebesbeziehung von Bedeutung:

- Kann ich mich wirklich der Liebe öffnen? Welche Blockierungen baue ich auf, die mich davon abhalten, die Liebe des andern zu spüren?

- Was tut mein Partner in meiner augenblicklichen Beziehung, um zu zeigen, daß er oder sie mich liebt? Können seine/ihre Verhaltensweisen mir dazu verhelfen, mich als eigenständigen Menschen zu begreifen und zu entfalten? Oder widersprechen sie meinem Selbstwertgefühl?

- Zu welchen Mitteln greife ich, um meinem Partner meine Liebe zu beweisen? Ist das die Art und Weise, wie mein Partner geliebt werden möchte? Erdrücke ich ihn oder sie, oder kann sich mein Partner dadurch besser verwirklichen?

- Wie können wir einander helfen, zu einem tieferen Liebeserleben zu kommen?

Die Antworten auf diese Fragen sind schon in der Einstellung enthalten, die man zum Lieben und Geliebtwerden hat, und diese Einstellung ist von der persönlichen Vergangenheit geprägt. Warum fühlt man sich zu einem bestimmten Typ Mann oder Frau hingezogen? Und was fesselt einen über die anfänglichen Reize hinaus?

C. G. Jung, der berühmte Psychoanalytiker und Zeitgenosse Freuds, behauptete, jeder Mann habe zugleich auch eine feminine Seite, die *Anima,* und jede Frau eine maskuline, den *Animus.* Im Laufe der Sozialisierung unterdrückt der Mann in dem Bemühen, den gesellschaftlichen Normen für Männlichkeit zu genügen (d. h., nicht zu weinen, zäh zu sein, sich im Beruf aufzuopfern usw.) das Weibliche in sich und findet den Gedanken an feminine Züge abscheulich. Die Frau durchläuft einen ähnlichen Sozialisationsprozeß und verliert dadurch den Kontakt zu ihrem männlichen Teil, der sich durch Tatkraft, Rationalität, Härte, Aggressivität, Direktheit und Zielstrebigkeit äußert. Das heißt allerdings nicht, daß sie diese Eigenschaften nicht mehr besitzt, sondern nur, daß sie sie nicht als wesenseigen begreift, und deshalb alles tut, um sie zu leugnen und zu verbergen. Männer hinwiederum bemühen sich nach Kräften, den Teil ihrer selbst zu verstecken und zu verleugnen, der sie romantisch, mütterlich, sanft, passiv und empfindsam macht. Laut Jung verliebt sich ein Mann, wenn er sich in eine Frau verliebt, in Wirklichkeit in diese ihm unbewußten femininen Aspekte seiner selbst. Umgekehrt gilt das gleiche auch für die Frau. Sie ist von den männlichen Qualitäten gefesselt, die sie bei sich selbst nicht bewußt wahrnimmt, sondern nur bei ihrem Geliebten bemerkt.

Da unsere Eltern oder Personen, die uns Vater und Mutter ersetzt haben, eine wichtige Rolle bei unserer Erziehung zum Mann oder zur Frau gespielt haben, suchen wir uns mit jener seltsam verkehrten Logik des Unterbewußtseins Partner aus, die die Züge unserer Eltern tragen. Der Grund dafür ist der Versuch, unsere verlorene Anima beziehungsweise den Animus zu ersetzen – jenen anderen Teil unserer selbst. Wir glauben, durch unseren Partner auf angenehme Weise bestätigt zu werden, weil er oder sie die Eigenschaften besitzt, die wir durch unsere Erziehung zum Mann oder zur Frau verloren haben. Wenn wir jedoch einen Partner wählen, der wie unsere Eltern ist, greifen wir uns auch den Typ Mensch heraus, den wir nur unter größten Schwierigkeiten lieben können, da wir es unseren Eltern noch immer verübeln, daß sie uns von einem so wichtigen Teil unserer selbst getrennt haben. Wie sie zu Werke gegangen sind, geben folgende Sätze wieder: «Sei keine Heulsuse, große Jungen weinen nicht.» Oder: «Laß das, das tun kleine Mädchen nicht.» Oder: «Häng dich bloß nicht immer an Mutters Schürzenzipfel!»

Wir übertragen unseren Zorn unweigerlich auf unseren jeweiligen Partner. Außerdem machen wir es unserem Partner sehr schwer, uns zu lieben, weil er uns mit dem, was er tut, nur allzuoft unbewußt an die Qualen unserer Kindheit erinnert. In Reaktion auf diese unterbewußte Erinnerung wird der Partner für die Leiden der Kindheit verantwortlich gemacht. Das wirkt sich natürlich nachteilig auf die Beziehung aus und sorgt für Konflikte, wobei wir gar nicht verstehen, warum das eigentlich so ist.

Diese Schwierigkeiten lassen sich nur überwinden, wenn wir herausfinden, warum wir uns den betreffenden Lebenspartner ausgesucht haben. Sobald wir uns über unsere Ausleseprinzipien im klaren sind, können wir die nötigen Schritte tun, um endlich das Lieben und Geliebtwerden zu erlernen. Wenn Sie Ihr Ausleseprinzip entdecken wollen, sollten Sie und Ihr Partner die folgenden Übungen durchführen. Sie können allerdings auch eine Menge lernen, wenn Sie sich alleine daranmachen und später mit einem vertrauenswürdigen Freund über Ihre Erfahrungen sprechen.

Das Elternprofil

Mit Hilfe der nachstehenden Übung können Sie das Persönlichkeitsprofil Ihrer Eltern (oder anderer wichtiger Erziehungspersonen in Ihrem Leben) bestimmen und haben damit die erste Hürde genommen, um Ihr spezielles Auswahlprinzip bei der Partnersuche zu entdecken.

Übung: Erinnerungen an Vater und Mutter

1. Schreiben Sie 10 Worte oder Sätze auf, mit denen Sie Ihre Mutter beschreiben würden, wie Sie sie aus Ihrer Kindheit in Erinnerung haben. Hier ein paar Beispiele: gütig; glücklich; sie drückte mich oft an sich; streng; religiös; immer da, wenn ich sie brauchte. Es macht nichts, wenn in Ihrer Aufzählung Widersprüche auftreten. Die Leute haben nun einmal widersprüchliche Wesensmerkmale; eine strenge Mutter kann auch gütig sein.

2. Schreiben Sie 10 Worte oder Sätze auf, mit denen Sie Ihren Vater beschreiben würden.

3. Wenn es in Ihrer Kindheit einen anderen, für Sie wichtigen Erwachsenen gab, beschreiben Sie auch diesen mit 10 Worten oder Sätzen.

4. Gehen Sie nun jede Liste durch und markieren Sie jene Wörter oder Sätze, die Sie positiv einstufen, mit einem Plus (+), und jene, die Sie als negativ im Gedächtnis haben, mit einem Minus (−).

5. Zeichnen Sie auf ein anderes Blatt Papier einen großen Kreis, den Sie in der Mitte senkrecht durchteilen. Schreiben Sie auf die linke Seite dieses Kreises alle negativen Aussagen über beide Elternteile und/oder den anderen wichtigen Erwachsenen. Notieren Sie alle positiven Punkte auf der rechten Seite.

Jetzt können Sie sich ein Bild von all den positiven und negativen Merkmalen machen, nach denen Sie bei der Suche nach einem Partner unbewußt Ausschau halten. Als Sie Ihren Partner kennenlernten, tat Ihr Herz einen Sprung, und Sie hatten das unbestimmte Gefühl, als würden Sie ihn oder sie schon Ihr Leben lang kennen. In gewisser Weise hatten Sie recht, weil Ihr Partner Ihr Unterbewußtsein repräsentiert. Sie haben sich aufgrund zahlreicher vertrauter, positiver Wesenszüge in ihn oder sie verliebt. Um aber auch Spannung in die Beziehung zu bringen, mußten auch negative Seiten da sein, wie bei Ihren Eltern. Daher stimmten Sie sich unwissentlich auch auf diese negativen Aspekte ein. In Ihrer grenzenlosen Verliebtheit (Liebe macht bekanntlich blind) haben Sie jedoch nur die positiven Eigenschaften Ihres Partners wahrgenommen. Sie waren so vom Zauber der Liebe geblendet, daß Sie die negativen Züge Ihres Partners gar nicht sahen und glaubten, Ihr unbewußter Traum sei endlich in Erfüllung gegangen: Sie hätten Ihren Märchenprinzen oder Ihre Märchenprinzessin gefunden – den Menschen, der Ihnen all die Liebe und Aufmerksamkeit zuwenden würde, die Sie als Kind vermißt haben.

Aber o weh, es war eben nur ein Traum. Bei nüchternem Tageslicht besehen erwies sich Ihr Partner leider als Mensch mit den gleichen Fehlern, die schon Ihre Eltern aufwiesen. Allerdings besteht ein entscheidender Unterschied: Da Sie beide gleichwertig und erwachsen sind, können Sie sich darauf einigen, Ihrer beider Sehnsucht nach Erfüllung des schönen Traums als Gegebenheit anzuerkennen und in eine reife Partnerschaft miteinzubeziehen. Sprechen Sie mit Ihrem Partner über Ihre Einsichten. Übernehmen Sie die Verantwortung für Ihre Mitwirkung an der romantischen Selbsttäuschung. Fassen Sie sich ein

Herz und bleiben Sie auch in der Zweisamkeit sich selbst treu. Bereden Sie miteinander, inwieweit jeder von Ihnen Anima oder Animus für den anderen ausleben soll. Wie sehr liegt Ihnen beispielsweise als Mann daran, Ihrer Partnerin den größeren Teil der Pflege- und Erziehungspflichten zu überlassen? Und falls Sie eine Frau sind, wünschen Sie sich Ihren Partner etwa als sanften Aggressor (d. h. als Ritter in glänzender Rüstung)? Welchen Einfluß hat das auf Ihre Beziehung?

Das Kindheitsprofil

Nehmen wir nun einmal Ihre Kindheit unter die Lupe. Die folgende Übung wird Ihnen helfen, Ihre unterdrückten Wünsche und Bedürfnisse zu artikulieren, die Sie seit Ihrer Kindheit mit sich herumtragen.

Übung: Erforschung der Kindheitssehnsüchte

1. Schreiben Sie in Form einer Liste auf, in welcher Art und Weise Ihre Mutter und Ihr Vater Sie als Kind enttäuscht haben – was Sie von ihnen wollten, aber nicht bekamen (z. B. meine Mutter ließ mich nie allein; mein Vater hat mich nie gelobt) und was Sie bekamen, aber gar nicht wollten (z. B. mein Vater hat mich geschlagen; meine Mutter hat mich angeschrieen). Diese Liste spiegelt Ihre Kindheitsfrustrationen wider; hinter jeder dieser Frustrationen verbirgt sich ein unerfülltes Bedürfnis.

2. Schauen Sie sich Ihre Auflistung an, gehen Sie jedem Bedürfnis auf den Grund und schreiben Sie es so nieder, als würden Sie Vater und Mutter direkt darauf ansprechen. Schreiben Sie ganz genau auf, was Sie sich wünschen, etwa so: «Papa, ich möchte, daß du mich lobst und mir zeigst, wie stolz du auf mich bist, wenn ich gut war und ganz aufgeregt nach Hause komme, um es dir zu sagen.» Oder: «Mutti, statt mich anzubrüllen, möchte ich, daß du mir einmal zuhörst und begreifst, wie schwer es mir fällt, deinem Wunsch so schnell nachzukommen, wie du es dir wünschst. Bitte habe Geduld mit mir.»

3. Checken Sie Ihre Wunschliste durch. Wenn Sie wieder Kind sein könnten und Ihre Mutter gewillt wäre, Ihnen eine Ihrer Bitten zu erfüllen, welche wäre das? Kreisen Sie den betreffenden Wunsch ein. Wie sind Ihre Empfindungen hierbei?

4. Wenn Ihr Vater Ihnen einen Ihrer Wünsche erfüllen wollte, welchen würden Sie äußern? Kreisen Sie auch diesen Wunsch ein. Welche Empfindungen haben Sie, wenn Sie daran denken?

5. Unterhalten Sie sich mit Ihrem Partner über das, was Sie bei diesen Übungen erfahren.

Sehr wahrscheinlich versuchen Sie, sich diese Wünsche in Ihrer jetzigen Partnerschaft zu erfüllen. Und vermutlich probieren Sie es auf indirekte Weise und werfen dann Ihrem Partner vor, nicht auf Ihre Bedürfnisse einzugehen. Wenn Sie beispielsweise vergeblich von Ihrem Vater anerkannt werden wollten, werden Sie unter Umständen so ehrgeizig Ihre berufliche Karriere verfolgen, daß Sie letztlich sogar Ihre Partnerin links liegen lassen. Wollen Sie es sich mit Ihr endlich doch einmal gemütlich machen und sie zeigt kein besonderes Interesse daran, weil Sie monatelang fort waren, werden Sie die Partnerin womöglich beschuldigen, die harte Arbeit, der Sie «für das gemeinsame schöne Heim» nachgehen, nicht zu würdigen. In diesem Fall ist Ihre Arbeitswut ein unterbewußter Versuch, Ihrem Vater zu beweisen, wie toll Sie im Grunde sind, damit er Sie endlich beachtet.

Durch die folgenden Übungen können Sie direkter und klarer erkennen, welchen Typ Partner Sie sich auserwählt haben.

Das Partnerprofil

Die nächste Übung ist der Elternprofilsuche vergleichbar und wird Ihnen helfen, anhand des Verhaltens Ihres Partners, wie Sie es sehen und erleben, sein oder ihr Persönlichkeitsprofil zu bestimmen.

Übung: Bestimmung des Partnerprofils

1. Beschreiben Sie mit 10 Worten oder Sätzen Ihren Partner. Setzen Sie hinter jede Aussage, die Sie als positiv werten, ein Plus (+) und neben alles, was Sie negativ finden, ein Minus (−).

2. Zeichnen Sie einen großen Kreis und teilen Sie ihn in zwei Hälften. Schreiben Sie auf die linke Seite alles, was Ihnen negativ erscheint, und auf die rechte alles Positive.

3. Vergleichen Sie nun dieses Profil mit dem Ihrer Eltern und stellen Sie fest, welche Übereinstimmungen da sind. Wenn die beiden Profile nur in wenigen Punkten übereinstimmen und Ihre augenblickliche Beziehung nicht gerade zu Ihrer Zufriedenheit verläuft, sollten Sie vielleicht die obigen Übungen noch einmal durchgehen und sehen, ob Sie irgendeine wichtige Information übersehen haben. Reden Sie mit Ihrem Partner über das Profil, das Sie von ihm oder ihr erstellt haben. Vergessen Sie nicht, daß es sich um Ihr persönliches Urteil handelt, das Sie sich aufgrund Ihrer *eigenen* Informationen über Ihren Partner gebildet haben. Ihr Partner sieht sich vielleicht ganz anders. Sprechen Sie miteinander über die Ähnlichkeiten und Unterschiede der Profile.

Das eigene Verhaltensprofil in der Partnerschaft

Mit der folgenden Übung gehen Sie Ihren Partnerfrustrationen und der Art und Weise auf den Grund, wie Sie mit diesen Enttäuschungen fertig werden; so können Sie herausfinden, was Sie eigentlich in Ihrer Partnerschaft erreichen wollen.

Übung: Partnerfrustrationen

1. Nehmen Sie ein Blatt Papier und teilen Sie es in drei senkrechte Spalten ein. Schreiben Sie in die linke Spalte untereinander sieben Enttäuschungen, die Sie mit Ihrem Partner erlebt haben – Verhaltensweisen, nach denen Sie sich sehnen, die jedoch ausbleiben, und Verhaltensweisen, mit denen Sie konfrontiert werden, die Sie aber ablehnen. Drücken Sie sich präzise aus. Hier ein paar Beispiele: «Ich bin enttäuscht, daß du wütend wirst und mich anbrüllst, wenn wir eine Meinungsverschiedenheit haben.» Oder: «Ich bin enttäuscht, weil du nur einmal im Monat mit mir schläfst.»

2. Notieren Sie nun in der mittleren Spalte neben jeder Enttäuschung dreierlei: erstens, wie Sie die Enttäuschung aufnehmen (z. B. «verärgert» oder «gekränkt»); zweitens, wie Sie darauf reagieren (z. B. «ich ziehe mich zurück»); drittens, in welcher Absicht Sie so reagieren (z. B. «um so weit wie nur möglich von dir wegzukommen»).

3. Nehmen Sie wieder Bezug auf Ihre «Enttäuschungen» und formulieren Sie in der rechten Spalte jede Enttäuschung in einen Wunsch um. Drücken Sie sich auch diesmal genau aus. Cäcilie zum Beispiel schrieb: «Ich möchte, daß wir mindestens zwei Abende pro Woche allein miteinander verbringen, uns unterhalten oder es uns mit irgend etwas gemütlich machen, das uns beiden gefällt.» Klaus notierte: «Ich möchte, daß du sexuell mehr auf mich eingehst.» Wenn Ihr Partner und Sie fertig sind, sollten Sie eine Weile über Ihre Listen reden.

Wenn wir enttäuscht, verärgert oder verletzt sind, versuchen wir im allgemeinen, unseren Partner irgendwie zu bestrafen, um ihn (oder sie) dazu zu bewegen, unseren Wünschen nachzukommen. Cäcilie zum Beispiel schweigt sich aus und schmollt, wenn Klaus ihrer Ansicht nach nicht genügend Zeit mit ihr verbringt. Und Klaus ist nicht mehr nett und zärtlich zu Cäcilie, in der Meinung, sie sei zu wenig an Sex interessiert.

Aber warum sollte Klaus seine Zeit mit Cäcilie verbringen wollen, wenn sie schmollt? Cäcilie wiederum wird erst recht keine Lust auf Sex haben, wenn Klaus nicht nett und zärtlich zu ihr ist. Sie müssen schon beide ihre Verhaltensweisen ändern, um jemals aus dieser Sackgasse herauszukommen und mehr Zuneigung füreinander zu empfinden. Das können sie jedoch nur, wenn beiden klar ist, was jeder von ihnen will.

Die Rückkehr zum Lieben und Geliebtwerden

Ein Liebender ist ein Mensch, der mit Einfühlungsvermögen und Charme herausfindet, was der andere sich ersehnt, und der dann bereit ist, dies liebevoll zu gewähren. Das ist im Stadium des Verliebtseins relativ einfach, weil jeder dem anderen gefällig sein möchte und selbst praktisch von allem angenehm berührt ist, was der andere tut. Doch wenn die Romantik verblaßt und man sich aneinander gewöhnt hat, muß man schon eine bewußte Anstrengung machen, um diese Gefühle zu erneuern und lebendig zu erhalten. Verlieben ist eine spontane Angelegenheit, aber reifen und sich vertiefen kann die Liebe nur durch die Kunst der Kommunikation. Die nächste Übung hilft Ihnen dabei.

Übung: Erfüllung der Wünsche

1. Vervollständigen Sie den folgenden Satz, sooft Sie können: Zur Zeit spüre ich, daß du mich magst und liebst, wenn du ____
____
____

2. Denken Sie einmal an alles, was Ihr Partner für Sie tun sollte, worum Sie aber nicht zu bitten wagen. Beginnen Sie Ihre Sätze mit folgender Einleitung: Ich würde spüren, daß du mich magst und liebst, wenn du bereit wärst, ____________
____
____

3. Schreiben Sie unter Berücksichtigung all Ihrer obigen Punkte auf, in welcher Art und Weise Sie Ihren Partner womöglich daran hindern, Sie zu mögen und zu lieben. ______________

____

____

4. Lesen Sie Ihre Feststellungen durch und stufen Sie sie nach ihrer Bedeutung für Sie ein.

5. Sprechen Sie mit Ihrem Partner über Ihre Liste. Kreuzen Sie die Wünsche an, die Ihr Partner nicht zu erfüllen bereit ist.

Mit der Zeit werden Sie in dem Maße, in dem Sie mehr Liebe füreinander empfinden, auch wünschen, mehr zu geben und mehr zu empfangen. Dann werden Sie beide wieder in engen Kontakt mit Ihrer Anima beziehungsweise Ihrem Animus treten und das Gefühl haben, auch in Ihrer Partnerschaft Ihre Freiheit zu behalten, weil Sie nicht länger durch Ihre Kindheitsenttäuschungen belastet sind.

Die Sexualität

Die folgenden Verse aus dem Song «Sexual Intelligence»* vom Parachute Club bringen sehr eindrücklich die Chancen und Probleme zum Ausdruck, mit denen Männer und Frauen sich heutzutage in einer Partnerschaft konfrontiert sehen.

Als ganz normaler Junge lernte er die Regeln.
Sie lernte sie auch,
doch nicht genau die gleichen.
Er lernte kämpfen.
Er lernte gewinnen.
Sie lernte lächeln und neben ihm zu stehn.

* Originalrechte beim Verlag Current Sounds, Toronto, Kanada.

Sie nannten es gesunden Menschenverstand.
Sie wuchsen so verschieden auf.
Sie waren Kinder wie viele
und lebten in einem Märchen!

Wir werden davon träumen,
in aller Freundschaft Hand in Hand zu gehen.
Um uns genau zu kennen,
suchen wir Intelligenz.

Als sie heranwuchsen, merkten sie:
Sie hatten es zu früh gelernt,
sie hatten es zu gut gelernt.
Jetzt, mit der Maske von Mann und Frau,
da grollten sie sich ohne Grund
und wußten nicht warum.
Ihre Unterschiede nahmen sie gefangen.
Sie liebten sich wie viele
und sahen zu, wie die Liebe entschwand.

... Die Welt, in der sie lebten,
ließ die beiden sich drehen
um die Furcht, die sie im Innern spürten.

... Angesichts des anderen Qual
beschlossen sie, es nochmals zu versuchen,
und sprachen von neuen Werten,
wollten Vertrauen aufbauen,
sexuelle Intelligenz,
auf dem Weg zur Selbstachtung.
Sie waren einfach Menschen wie viele
und lebten nicht mehr im Märchen.

Wir werden davon träumen,
in aller Freundschaft Hand in Hand zu gehen.

Um uns genau zu kennen,
suchen wir

Intelligenz!
Sexuelle Intelligenz!

Das Lied will uns zeigen, daß wir im Hinblick auf unsere Partnerbeziehungen Intelligenz entfalten müssen. Die Märchen, Träume, Vermutungen, Urteile, Ängste und «dummen Ideen», die wir in unsere sexuellen Begegnungen mithineinnehmen, sorgen für lebenslangen Ärger, für Qualen und Mißverständnisse. Am besten sind diese Schwierigkeiten durch die Kunst des Gesprächs zu überwinden. Neben den bereits vorgestellten Übungen werden sie in den Kapiteln VII und VIII weitere Ideen und Vorschläge dazu finden.

Das Geld

Während die sexuelle Anziehung für die meisten Leute der Grund dafür ist, daß sie sich zusammentun, so ist es ebenso häufig das «liebe» Geld, über das Partner sich erbittert streiten und das sie schließlich auseinanderbringt. Der Streit ums Geld schafft offenbar unversöhnliche Fronten, die sich bis zum Scheidungsrichter nicht mehr erweichen. Geldkonflikte – wer verdient es, teilt es ein oder gibt es aus? – verweisen aber eigentlich auf die Themen Freiheit und Verantwortung.

Freiheit und *Verantwortung* gehören zusammen wie das sprichwörtliche Pech mit dem Schwefel. Das Maß an Freiheit, das man in seinem Leben genießt, steht in direktem Verhältnis zu dem Maß an Verantwortung, das man in seinem Leben für Entscheidungen zu übernehmen bereit ist. Daraus folgt, daß derjenige, der keine Verantwortung für seine Entscheidungen übernimmt, damit auch seine Freiheit aufgibt.

Beispiel

Georg hat sich vor 10 Jahren mit Sylvia verheiratet und empfindet nun sie und die Kinder als Klotz am Bein. Er sagt ihr das nicht ins Gesicht, sondern wirft ihr vor, die Familienfinanzen schlecht zu verwalten, und ärgert sich, daß «Kinder aufziehen heutzutage so viel kostet». Tatsache ist, daß Georg sich nicht klar entscheiden will, entweder seine Familie zu verlassen oder die Folgen seiner Entscheidung zu tragen und mit Sylvia und den Kindern glücklich zu sein. Seine Freiheit hängt nicht etwa von der Familie ab, sondern von seiner eigenen Entschlußkraft und dem Willen, auch danach zu handeln. Sylvia wiederum lebt des öfteren über ihre Verhältnisse oder gibt hemmungslos Geld für Sachen aus, über die Georg außer sich gerät. Ihr Konsumrausch ist ein indirekter Weg, Georg und sich selbst zu beweisen, daß sie frei ist. Ihr verschwenderischer Umgang mit Geld zeigt ihre Unwilligkeit, die Tatsache anzuerkennen, daß sie selbst die Verantwortung für ihr Ausharren in dieser lieblosen Beziehung trägt. Bereits sieben Jahre dauert dieser Streit schon an.

Viele Leute haben noch nie eine klare Entscheidung getroffen. Die meisten lassen sich mit dem Strom treiben und betrachten sich selbst als hilflos ihrem Schicksal oder anderen Menschen preisgegeben. Nur wenn die Entscheidungsschwäche äußerst schmerzhafte Auswirkungen hat und extremes Elend heraufbeschwört, fühlen sie sich genötigt, einmal ernsthaft über einen Entschluß nachzudenken. Die meisten Menschen wollen sich «richtig» entscheiden. Aber mit dem Hin- und Herschwanken, ob eine Entscheidung nun «richtig» oder «falsch» sei, wird sie lediglich hinausgeschoben. Was wäre richtig für Georg: zu gehen oder zu bleiben? Keine von beiden Entscheidungen ist richtig oder falsch; jede hat weitreichende Konsequenzen.

Die gravierendsten Partnerschaftsprobleme sind unlösbar, weil es *die* Antwort einfach nicht gibt. Entscheidungen sind nur dann echt, wenn entweder keine «richtigen» Antworten existieren oder diese irrelevant sind. Solche Entscheidungen öffnen die

Augen für die Tragweite der persönlichen Verantwortung und für die Freiheitsängste. Manch einer entscheidet sich lieber gar nicht erst, um diese Ängste nicht am eigenen Leib erfahren zu müssen. Georg zieht es vor, Sylvia zu peinigen, statt seine Möglichkeiten wahrzunehmen. Sylvia hingegen wirft das Geld zum Fenster hinaus, weil sie weiß, daß Georg sie dann tadelt und sie sich ungerecht behandelt fühlen kann, was immer noch besser ist, als mit den Kindern allein dazustehen. Beide sind in einer traurigen Lage.

Wenn zwei Menschen heiraten oder zusammenziehen, geben sie einen Großteil ihrer Freiheit zugunsten der Sicherheit auf, immer jemand anders um sich zu haben. Das soll keine zynische Bemerkung sein, sondern einfach eine der vielen Konsequenzen einer solchen Entscheidung veranschaulichen. Die meisten von uns wollen sich nicht den Ängsten überlassen, die das Wagnis einer bewußten Entscheidung nun einmal mit sich bringt. Es wäre sicher gut, wenn auch Sie hieran denken würden bei Ihrem nächsten Streit über das leidige Geld.

Beispiele

1. Kathrin und Helmut sind jungverheiratet. Sie arbeiten beide. In den letzten Monaten hat Helmut Kathrin des öfteren kritisiert, weil sie viel Geld für Kleidung ausgibt. Dabei hat Kathrin ihre Ausgaben seit der Heirat verringert, weil sie sich der vermehrten Haushaltungskosten bewußt ist. Wenn die beiden über dieses Thema streiten, fühlt Kathrin sich wie ein Kind behandelt und wird ärgerlich. Zur Debatte steht hier, wieviel Freiheit Helmut seiner Frau zuzugestehen vermag. Er muß mit den Ängsten leben, eine Frau geheiratet zu haben, die selbständig denkt, was ganz eindeutig an ihrem eigenen Einkommen abzulesen ist. In diesem Machtkampf muß Kathrin ihrem Mann klarmachen, daß ihre Partnerschaft für sie nur dann einen Wert hat, wenn Helmut ihre Unabhängigkeit und Entscheidungsfreiheit respektiert. Wenn das für ihn ein Problem ist, sollte er mit ihr darüber reden, statt sie zu kritisieren.

2. Rita und Hans sind Anfang 50 und 25 Jahre verheiratet. Rita paßt es nicht mehr, daß sie nicht über die Finanzen Bescheid weiß. Hans hat ihr immer ein monatliches Haushaltsgeld gegeben. Um alles übrige hat er sich selbst gekümmert. Er klagt oft über Geldsorgen, drückt sich aber nie klar aus; er macht lediglich Andeutungen wie: «Ich weiß nicht, wie ich es hinkriegen soll, daß die Einkünfte reichen!» Rita möchte, daß Hans ihr über die finanzielle Situation Aufschluß gibt. Er weigert sich mit den Worten: «Keine Sorge, es ist alles in Ordnung, ich habe seit mehr als 25 Jahren alles allein geregelt, und es hat immer geklappt.» Rita ärgert sich, aber je mehr sie in ihn dringt, um so heftiger sträubt er sich.

Indem sie Einblick in die Finanzen verlangt, fordert Rita eine tiefgreifende Veränderung in ihrer Partnerschaft. Sie hat bereitwillig einen Großteil ihrer persönlichen Freiheit aufgegeben, indem sie Hans heiratete und Kinder aufzog. Sie bereut auch nichts von alledem. Hans hat ebenfalls etwas von seiner Freiheit eingebüßt, indem er einer geregelten Tätigkeit nachging und sich um das materielle Wohl kümmerte. Aber Rita will endlich von ihrer Rolle als Frau und Mutter loskommen. Ihre Kinder sind erwachsen, und sie sieht, wie andere Frauen, getrennt von Mann und Kindern, ihrem Leben einen neuen Sinn geben. Sie will Hans nicht verlassen; sie will nur ihre Beziehung auf eine andere Basis stellen. Hans hatte bisher nicht nur die Alleinverantwortung für die Geldangelegenheiten, er hatte auch die Freiheit, mit dem Geld so zu verfahren, wie es ihm beliebte, ohne daß jemand seine Entscheidungen in Frage gestellt hätte. Das Thema «Geld» kann für Hans und Rita die Gelegenheit sein, ihre Freiheiten und Verpflichtungen neu festzulegen. Lange, intensive Gespräche werden nötig sein, ehe eine befriedigende Lösung erzielt wird.

Selbstmitleid und Schuldzuweisungen sind zwei Dinge, die immer wieder im Partnerstreit ums Geld auftauchen. Aber sich selbst zu bemitleiden und dem anderen die Schuld zu geben, also das Gefühl zu haben, vom Leben oder Partner gebeutelt zu werden, sind Symptome dafür, daß man seine Freiheit verkennt und die Augen davor verschließt, daß man sich frei entscheiden kann. Geldknappheit gibt zwar materiellen Entscheidungen einen begrenzten Rahmen, aber sie schränkt keineswegs die persönliche Freiheit ein und hindert auch nicht am Glücklichsein (vorausgesetzt natürlich, die Grundbedürfnisse wie Nahrung, Behausung, Kleidung und Sicherheit sind befriedigt). Einige der Reichsten dieser Erde sind seelisch in einer traurigen Verfassung.

Von allem, worüber Partner streiten, ist Geld das Thema, bei dem das Kommunikationsgeschick am härtesten auf die Probe gestellt wird. Die nächste Übung wird es Ihnen leichter machen, offener und vernünftiger über Geldprobleme zu reden.

Übung: Einstellung zum Geld

Vervollständigen Sie im Wechsel mit Ihrem Partner die folgenden Sätze:

Für mich ist Geld ______
Als Kind war Geld für mich ______
Die Einstellung meines Vaters zum Geld war ______
______
Die Einstellung meiner Mutter zum Geld war ______
______
Im Hinblick auf unsere Finanzen habe ich die meiste Angst, daß ______
______
Eine Art, wie ich deinen Umgang mit Geld zu steuern versuche, ist ______
______
Ich glaube, ich gehe mit Geld ______
Was ich bezüglich des Geldes lernen muß, ist ______
______
Augenblicklich fühle ich mich ______
Ich hätte gerne, daß du ______
Ich ärgere mich über deine Art, Geld auszugeben, wenn ______
______
Ich beschränke meine Ausgaben, indem ich ______
Ich versage mir (nennen Sie drei Dinge) 1. ______
2. ______ 3. ______
weil ich der Meinung bin, daß wir sie uns nicht leisten können.

Wenn ich mir etwas versage, empfinde ich ______
Ich finde, daß du mich zu Unrecht kritisierst, wenn ich ______
______

Was du bei Geldangelegenheiten meines Erachtens nicht begreifst, ist ______
______

Eine Art, wie ich dir eins auswische, ist ______
Was unsere Finanzen angeht, ist mir im Augenblick klar, daß ______
______

Ich gebe manchmal leichtfertig Geld aus, weil ______
Ich bin geizig mit Geld, wenn ______
Es fällt mir leichter, deinen Umgang mit Geld zu kritisieren, als ______
______

Wenn ich keine Geldsorgen hätte, könnte ich ______
Wenn ich mir etwas zugute tun möchte, kaufe ich ______
In Sachen Geld gebe ich dir die Schuld an ______
Wenn ich dir nicht die Schuld geben würde, müßte ich der Tatsache ins Auge sehen, daß ______
______

Bei Geldangelegenheiten möchte ich gerne, daß du (nennen Sie dreierlei, worin Ihr Partner sich ändern soll) 1. ______
2. ______ 3. ______
Ich hasse mich selbst am meisten, wenn ______
Bei Geldangelegenheiten muß ich folgende Verhaltensweisen verändern (nennen Sie dreierlei, worin Sie sich verändern wollen):
1. ______
2. ______ 3. ______
Ich überlasse dir finanzielle Entscheidungen auf folgenden Gebieten ______
______

Ich habe in den letzten sieben Jahren unter anderem folgende drei entscheidenden Fehler in Geldangelegenheiten gemacht. 1. ______
2. ______ 3. ______
Ich glaube, ich hab's «geschafft», wenn ich ______
______

Mark auf der Bank habe.
Hinsichtlich unserer Finanzen solltest du mich wissen lassen, wenn ich ______
Was die Geldfrage betrifft, hoffe ich, daß wir ______
______

Wenn Sie sich für eine Partnerschaft entscheiden, müssen Sie auch die Verantwortung für die Tatsache tragen, daß Sie damit ein Stück Ihrer Freiheit aufgeben. Das ist so ähnlich, als würden Sie von einer Speisekarte ein bestimmtes Gericht auswählen und dadurch die Möglichkeit vergeben, etwas anderes oder sogar alles übrige zu bestellen. Wenn Sie allein leben, steht es Ihnen frei, mit Ihrem Geld zu machen, was Sie wollen. Aber in einer Gemeinschaft ist von Ihren Entscheidungen immer auch Ihr Partner betroffen, auf den (oder die) Sie um Ihrer Liebe willen selbstverständlich Rücksicht nehmen werden. Sie müssen also in der Absicht mit Ihrem Partner reden, in aller Liebe eine Lösung zu finden, mit der Ihnen beiden gedient ist. In diesem Verantwortungsbewußtsein genießen Sie Ihre Freiheit, und dann werden Sie glücklich sein, wie immer auch die Entscheidung ausfallen mag.

Die Rollenverteilung

Bis vor 25 Jahren noch bestand zwischen Männern und Frauen ein labiles Gleichgewicht, das zu Beginn des industriellen Zeitalters entstanden war. Durch die industrielle Revolution mit ihrer Nachfrage nach Fabrikarbeitern mußte der Begriff «Familie» ganz neu definiert werden. Der Arbeitsplatz war auf einmal nicht mehr zu Hause, so daß Männer und Frauen fortan getrennt voneinander arbeiteten. Die Arbeit der Männer wurde höher bewertet als die der Frauen, weil die Männer Geld damit verdienten. Die Frauenarbeit wurde nurmehr als Unterstützung der beruflichen Tätigkeit der Männer angesehen. Diese Rollenverteilung führte zu einer Kooperation der Geschlechter, bei der jeder ausschließlich auf eine Sache fixiert blieb: Monika wäscht ab, während Siegmar das Auto repariert; Monika macht die Wäsche, während Siegmar den Rasen mäht. Jeder arbeitet in seinem Bereich. Auch Liebe und Arbeit wurden durch die Trennung von Heim und Arbeitsplatz deutlich getrennt. Die Väter wurden ihren Kindern entfremdet, da sie infolge der Arbeitsanforderungen einer 60- bis 100-Stunden-Woche kaum noch die

Energie aufbringen konnten, den Verpflichtungen der Vaterschaft nachzukommen. Kinder bekamen nur allzuoft zu hören, sie dürften ihren «Vater nicht stören», weil er alle Kraft für seinen Beruf brauche. Dadurch lernten die Kinder diese meist abwesende, ziemlich geheimnisvolle Figur fürchten und/oder idealisieren. Sie hatten häufig nur Kontakt zu ihrem Vater, wenn er ihnen einen Vortrag hielt, sie bestrafte oder mißbrauchte. Daß sich unter diesen Umständen die Rollenverteilung so eisern durchsetzte, ist kaum zu verwundern.

In den vergangenen 25 Jahren sind fünf wesentliche Phänomene in Erscheinung getreten, die eine Revolution in der Beziehung Mann/Frau/Familie bewirkt haben. Zuerst einmal eröffnete die Frauenbewegung den Frauen ungeahnte Möglichkeiten in den verschiedensten Bereichen. Zum zweiten wurden viele Frauen durch ihren Eintritt ins Berufsleben wirtschaftlich unabhängig und standen damit vor der Frage, wer eigentlich jetzt die Kinder aufziehen solle. Drittens gab die Pille den Frauen die Entscheidungsfreiheit in die Hand, ein Kind zu haben oder auch nicht, nötigte sie aber gleichzeitig, sich als Frau neu zu definieren. Viertens veränderte die gesetzliche Verfolgung und Bestrafung von Männern, die ihre Frauen verprügelten und Kinder mißbrauchten, die Auffassung der Frauen vom sogenannten starken Geschlecht, denn nun kam heraus, wie leicht in ihrer Macht erschütterte Männer Zuflucht zur (verbalen und physischen) Gewalt nehmen, statt ihre Schwäche einzugestehen. Und fünftens hat die wachsende Empörung über die schrecklichen, oft tödlichen Unfälle durch betrunkene Autofahrer (bei denen es sich meist um Männer handelt) die Einstellung der Gesellschaft geändert, die bisher dahin ging, dem sich in der Arbeitswelt aufopfernden Mann doch seine «Feierabendvergnügungen» zu gönnen. Die Männer sind aufgefordert, mehr Verantwortung für ihr Tun und Lassen zu übernehmen, wenn davon die Menschen betroffen sind, die sie eigentlich umsorgen und lieben sollten.

Wie die letzten beiden Phänomene zeigen, besteht nunmehr für Männer auch der gesellschaftliche Zwang, endlich Reife zu zeigen. Männer haben rein äußerlich eine Menge zu verlieren. Sie müssen mit Frauen um den Arbeitsplatz und den beruflichen

Aufstieg konkurrieren; sie müssen einige Verhaltensweisen ablegen, die sie dank ihres anerzogenen männlichen Rollenverständnisses an den Tag legen, und sich Verhaltensweisen angewöhnen, die als «feminin» gelten und in dieser Gesellschaft viel geringer eingestuft werden (z. B. zu Hause Fürsorglichkeit zu zeigen und bei der Hausarbeit zu helfen). Überdies müssen die Männer zugunsten eines vertraulicheren Umgangs ihr Kontrollbedürfnis aufgeben. Es ist relativ einfach, jemanden im Betrieb dazu zu bringen, etwas für einen zu tun, wenn man die Zügel in der Hand hat und notfalls Druck ausüben kann, aber zu Hause, wo man an einer gleichberechtigten, liebevollen Partnerschaft interessiert ist, kommt man mit gutem Willen und Feingefühl eher zum Ziel. Kontrolle steht im Widerspruch zu Vertrauen. Männer müssen allmählich willens sein, ihre Schwächen zuzugeben und von ihrem hohen Roß herunterzukommen. Das ist der kulturelle Hintergrund, vor dem Männer und Frauen ihr Verhältnis zueinander neugestalten müssen.

Doppelverdiener sind am meisten genötigt, neue Regeln für die Rollenverteilung in der Partnerschaft aufzustellen; allerdings haben sie erst verschwommene Vorstellungen davon, wie die neuen Werte und das entsprechende Rollenverständnis aussehen werden. Die augenblicklich große Zahl von Doppelverdienern beschleunigt den Umbruch. Die meisten von uns sind in einer traditionellen Familie aufgewachsen und finden sich auf einmal in einer Welt wieder, in der sich die Regeln verändert haben, ohne daß wir, die Betroffenen, davon in Kenntnis gesetzt worden wären.

Wenn soziologische Veränderungen die einzige Ursache für Probleme mit dem Rollenverständnis wären, brauchten Männer und Frauen sich lediglich weiterzubilden. Aber die Konflikte und der Ärger zwischen Frauen und Männern in ihrem Kampf um die Gleichberechtigung gehen viel tiefer. Die Wurzeln dessen, was sie trennt, liegen in ihrer Entwicklungspsychologie. Im folgenden eine kurze Einführung in die betreffenden Phänomene.

Wie aus Jungen Männer werden

Um «Männer» zu werden, müssen Jungen in unserer Gesellschaft ihre Identifikation mit ihren Müttern aufgeben. Dieser Bruch vollzieht sich zu ganz bestimmten Zeiten im Leben eines Jungen: im Alter von 3 bis 5 Jahren, wenn er in den Kindergarten kommt; im Alter von 6 bis 7 Jahren, wenn er zur Schule geht; in der Pubertät, wenn er in den Flegeljahren ist und sich zum ersten Mal verliebt; wenn er mit Mädchen anbändelt und sexuell aktiv wird (ob tatsächlich oder in seiner Phantasie); wenn er erstmalig von zu Hause fortgeht; wenn er in die Arbeitswelt eintritt; wenn er sich verheiratet oder ein intimes Verhältnis mit einer Frau unterhält. Jedesmal kommt es zu einem tiefgreifenden Umbruch im Innenleben eines Jungen, weil er die wohltuende, vertraute, wenn auch kontrollierende Umgebung seiner Mutter verläßt. Dadurch fühlt er sich ungemein verletzlich und hilflos. Zu jedem dieser Zeitpunkte müßte eigentlich der Vater für ihn dasein, ihm den Weg bereiten und ihm die Berührung mit der meist rauhen Außenwelt erleichtern. Da aber die meisten Väter nicht erreichbar sind, wenn die Söhne sie brauchen, entwickeln die Jungen Verteidigungsmechanismen, um sich vor den Ängsten und Qualen zu schützen, denen sie sich ausgeliefert fühlen.

Jungen/Männer werden zu unabhängigen, aggressiven, starken, selbstbeherrschten Persönlichkeiten. Im späteren Leben fällt es ihnen schwer, fürsorglich, empfindsam und weich zu sein, wie es für eine intime Beziehung nötig wäre. Viele Männer scheinen zwar mit dieser ihrer «Beschränktheit» ganz zufrieden zu sein und gut damit zurechtzukommen, aber sie sind durch ihre Isolation emotional verarmt. Darum halten sich Männer in ihrem Hunger nach wohltuender Nähe, wie sie sie als Kind erlebt haben, an die Frauen. Da sie jedoch tiefinnerlich meinen, von Frauen betrogen zu werden, öffnen sie sich gerade nur so weit, daß sie die angenehme Nähe empfinden können. Treten Konflikte auf, klappen sie das Visier zu und ziehen sich in ihre sichere Einsamkeit zurück. Das Gefühl, vom Vater betrogen worden zu sein, ist allerdings noch stärker, weshalb Männer sich keinerlei vertraulichen Umgang mit Geschlechtsgenossen gestatten, es sei denn, sie seien betrunken oder ständen sonstwie unter Drogeneinfluß. Männer unter sich geben sich noch weniger Blöße als in der Gesellschaft von Frauen.

Das «schwache männliche Ego» entsteht durch die Abwesenheit des Vaters. Einer kalten, rauhen Wirklichkeit ausgesetzt zu sein ist eine beängstigende Vorstellung für Kinder, mit der sie nicht alleine fertig werden können. Ein Junge braucht männliche Hilfe, um angstvolle Zeiten durchzustehen, Mut zugesprochen zu bekommen, wenn er versagt hat, und um in seinen Gefühlen bestätigt und bejaht zu werden. Fehlt diese väterliche Führung, glaubt ein Junge, sich gegen die rauhe Wirklichkeit wappnen zu müssen. Nach außen hin vermittelt er den Eindruck, «alles unter Kontrolle zu haben», obwohl er sich innerlich inkompetent und schwach fühlt – zumindest innerhalb einer Liebesbeziehung. Er sucht sich eine Frau, die die Fürsorglichkeit besitzt, die er selbst nicht aufzubringen vermag und die er auch nicht bei anderen Männern findet. Aber dieses Umhegtwerdenwollen setzt bei der Frau entsprechende Bereitwilligkeit und Hingabe voraus. Jeder Widerstand von ihrer Seite bringt ihn wieder in Abwehrstellung.

Für den Mann gibt es zwei Auswege aus dieser Zwickmühle. Einmal kann er sich ein Herz fassen, sein Dilemma als Faktum betrachten und einfach das Risiko auf sich nehmen, eine Beziehung mit einer Frau einzugehen. Das würde bedeuten, daß er mit seinen Ängsten und Schwächen klarkommen muß, die beim vertraulichen Umgang mit einer Frau in ihm erwachen. Oder er findet Geschlechtsgenossen oder eine Männergruppe, die fähig und willens sind, mit ihm zusammen die Zwangslage des Mannes unter die Lupe zu nehmen und es sich zum Ziel setzen, sich als Mann und Mensch begreifen zu lernen. Auf jeden Fall ist er gefordert, mutig zu seiner Verletzlichkeit zu stehen und um Hilfe zu bitten. Allein kann er nichts ausrichten.

Die Rolle der Frau

Die Frauen stehen ebenfalls vor schwierigen Aufgaben, was ihre Beziehung zu Männern betrifft. Meist haben sie im Laufe ihrer Entwicklung gelernt, Freundschaften mit Geschlechtsgenossinnen einzugehen. Mit ihren Freundinnen tauschen sie Vertraulichkeiten aus, schütten sich gegenseitig das Herz aus, nehmen Anteil aneinander und gewähren einander emotionale Unterstützung. In einer Partnerschaft mit einem Mann, der trotz des damit verbundenen Risikos gerne mit ihr vertraut werden möchte, muß eine Frau es wagen, sich selbst treu zu bleiben, sich unnachgiebig und hart zu zeigen und nicht mit ihrem Urteil über die Männer hinter dem Berg zu halten. Sie ist nicht so süß und nett, wie sie ihn glauben macht. Auch sie hat ihre versteckten Vorurteile und Erwartungen, was das Partnerverhältnis angeht. Die ihr anerzogene Geschlechtsrolle hat in ihrem Umgang mit Geschlechtsgenossinnen durchaus Sinn, im übrigen jedoch neigt die Frau aufgrund der früheren Abwesenheit oder auch Dominanz ihres Vaters zu defensiver Passivität. *Damit hier Veränderungen eintreten, muß ihr Partner gewillt sein, zuerst einmal ihr aktuelles Verhalten mit ihr zusammen zu erforschen.* Wie sich Mann-Frau-Beziehungen anfänglich entwickeln und zu was sie sich schließlich auswachsen, hängt von *seiner* Bereitwilligkeit und Offenheit ab. Man kommt in kein Haus hinein, solange die Tür verschlossen ist und man nicht hereingebeten wird.

Die Konflikte und Machtkämpfe, die die geschlechtsspezifische Rollenverteilung aufwirft – wer zum Beispiel abwäscht, die Kinder versorgt, die Wäsche von der Leine nimmt oder einkaufen geht –, dienen der Klärung des obengenannten Dilemmas. Ohne Kenntnis dieser Dinge, ohne die Bereitschaft, die Ursachen der eigenen Einstellung zur Geschlechtsrolle zu erforschen, ohne die Entfaltung von Kommunikationsgeschick, um diese Fragen auch behandeln zu können, und ohne die Risikobereitschaft, neue Verhaltensweisen auszuprobieren, dreht sich die ganze Diskussion über die Rollenverteilung im Kreise. Doppelverdiener müssen sich dazu zwingen, Zeit für ausgleichende Maßnahmen zu finden, Kompromisse auszuarbeiten, aus den Fehlern, die neue Umgangsformen mit sich bringen, zu lernen, und das strittige Problem der Prioritäten zu lösen. Nur im offenen Dialog miteinander können Männer und Frauen aufdekken, was jedem von ihnen wichtig ist und wie sich ein vernünftiges Gleichgewicht von Arbeit und Liebe erzielen läßt. Im nächsten Kapitel *Der Umgang mit Konflikten und Ärger* erfahren Sie, was Sie diesbezüglich wissen müssen.

Übung: Rollenumverteilung

Vergessen Sie einmal Ihre Geschlechtsrolle als Mutter, Vater, Ehefrau, Ehemann, Familienoberhaupt, Ernährer(in) usw. Wie wäre Ihr Leben beschaffen, wenn Sie einige Ihrer Rollen loswerden könnten? Durch welche Rollen fühlen Sie sich besonders belastet? Welche sind Ihnen eine Freude?

Schlüpfen Sie einmal einen Tag lang in die Rolle Ihres Partners und umgekehrt. Tun Sie beide alles, was der andere sonst machen würde. Welches Rollenverhalten ist für Sie am schwersten abzulegen?

VII Der Umgang mit Konflikten und Ärger

Die Fähigkeit zu Liebe und Vertrauen steht in direktem Verhältnis zu der Geschicklichkeit und Bereitschaft, mit der man Konflikte und Ärger bewältigt. Es ist einfach, zu lieben und sich einander zugehörig zu fühlen, wenn alles gut läuft, aber sobald Probleme und Meinungsverschiedenheiten auftauchen, werden die gegenseitige Achtung und der gute Wille auf die Probe gestellt. Konflikte, Machtkämpfe, Ärger und Enttäuschungen treten unweigerlich in jeder intimen Beziehung auf, denn je näher man einander kommt, um so deutlicher springen die individuellen Bedürfnisse und Wertvorstellungen ins Auge. Leider steht diese Tatsache im Widerspruch zu der romantischen Vorstellung, je mehr man einander liebe, um so mehr würde man sich im Denken und Fühlen angleichen. Untermauert wird dieser Trugschluß noch dadurch, daß die meisten von uns nicht gelernt haben, sich bei Konflikten und Ärger richtig zu verhalten. Dies ist die Hauptursache für die endlosen Streitigkeiten in den zwischenmenschlichen Beziehungen von heute.

Übung zum Nachdenken

Wie ist Ihre Familie mit Konflikten und Ärger fertig geworden? Wer war der Stärkere? Wer hat meistens die Oberhand behalten,

Ihre Mutter oder Ihr Vater? Versuchen Sie sich zu erinnern, ob je ein Konflikt in Ihrer Familie gütlich beigelegt wurde. Wenn Ihre Mutter böse auf Sie war, wie hat sie dann ihrem Ärger überwiegend Luft gemacht? Hat Ihr Vater Sie meist angeschrien, wenn er über Sie verärgert war? Was machen Sie selbst bei einer Kontroverse mit Ihrem Partner? Wie lassen Sie Ihren Ärger ab?

Methoden zur Konfliktlösung

Fähigkeit und Bereitschaft, Konflikte mit Erfolg zu lösen, sind mit die wichtigsten sozialen Fertigkeiten, die ein Mensch besitzen kann. Nur diese Fertigkeiten verhelfen ihm dazu, Selbstvertrauen und die Achtung anderer zu gewinnen.

Als Kind haben wir alle Verhaltensweisen für Konfliktsituationen entwickelt, durch die unsere Sicherheit gewährleistet werden sollte. Als Erwachsene behalten wir diese Verhaltensweisen bei, obwohl sich immer wieder zeigt, daß wir in unseren Bemühungen, befriedigende Lösungen für zwischenmenschliche Probleme zu finden, wieder und wieder scheitern. Unser Verhalten kann in vier Grundtypen unterteilt werden: Flucht, Ausweichmanöver, Streit und konstruktives Verhalten. Abbildung 7 veranschaulicht, daß Flucht das eine Extrem und konstruktives Verhalten das andere ist.

Flucht

Manche Leute laufen schon beim ersten Anzeichen einer Spannung davon.

Abbildung 7

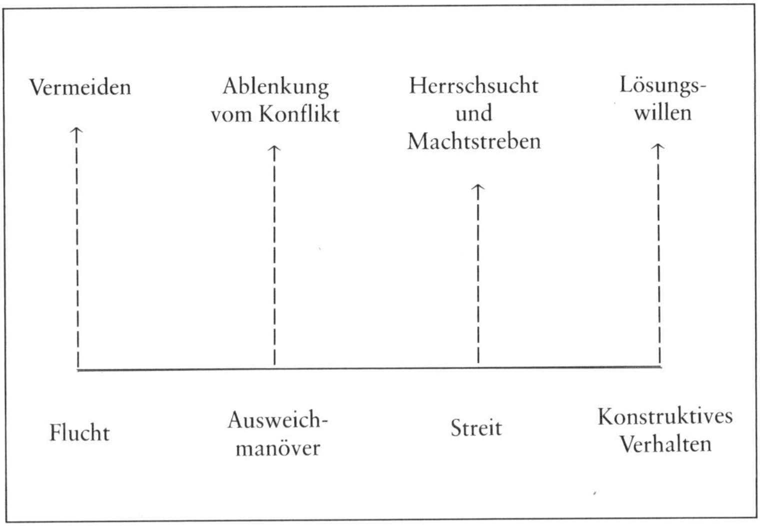

Beispiel

Ingrid und Rolf sind zwei Jahre verheiratet. Ingrid schiebt seit langem einige Probleme vor sich her, die sie gern mit Rolf zusammen aus der Welt schaffen würde, aber er vermeidet ein Gespräch mit ihr.

Ingrid: Wann immer ich über irgend etwas mit dir reden möchte, das zu Spannungen zwischen uns führen könnte, versteckst du dich hinter deiner Zeitung oder schützt Arbeit vor.
Rolf: Tut mir leid, Ingrid, aber im Augenblick kann ich wirklich nicht mit dir reden, ich muß zu einer Besprechung.
Ingrid: Grrrrr! Genau das meine ich.
Rolf: Wirklich schade, mein Schatz, aber ich muß weg. Bis dann!

Menschen, die vor Konflikten flüchten, führen alle möglichen vernünftigen Erklärungen für ihr Benehmen an. Sie kündigen im Betrieb, weil ihr Chef angeblich nichts taugt. Sie lassen sich scheiden, weil sie und ihr Partner angeblich nicht füreinander geschaffen waren. Meist haben sie Angst davor, sich mit Konflikten auseinanderzusetzen, und sind auch gar nicht in der Lage dazu. «Kann sein» oder «ich weiß nicht» sind stehende Redewendungen bei solchen Leuten. Sie setzen alles daran, ungewohnten Situationen aus dem Weg zu gehen, weil sie infolge ihres Fluchtinstinkts große Zweifel an sich selbst haben und die Angst hegen, diesem Unbekannten nicht gewachsen zu sein. Manchmal hüllen sich auch beide Partner in geheimer Übereinstimmung in Schweigen, um nicht über irgendein strittiges Thema sprechen zu müssen, Spannungen zu vermeiden und ein «gutes», aber langweiliges Verhältnis aufrechtzuerhalten.

Es gibt natürlich Situationen, in denen Flucht das beste und wirkungsvollste Mittel ist. Wenn ein Partner den anderen physisch oder verbal fertigmacht, ist es geraten, so schnell wie möglich zu verschwinden. Manchmal ist es auch besser, zum Spannungsabbau einen anderen Zeitpunkt abzuwarten. Beispiel: Jochen widerspricht auf einer Party lautstark Evas Ansichten über die kürzliche Scheidung ihrer Eltern. Damit hätte er besser gewartet bis später und so eine hitzige Diskussion in aller Öffentlichkeit vermieden.

Ablenkungsmanöver

Durch Ablenken wird im Grunde versucht, eine unerwünschte Sache aufzuschieben und die Aufmerksamkeit vom Streitpunkt abzuziehen. Man wechselt das Thema, ergeht sich in Haarspaltereien oder kritisiert die Redeweise seines Partners, nur um von den wirklichen Problemen abzulenken oder das, was anliegt, so zu verwischen, daß alle Versuche, den Konflikt zu lösen, fehlschlagen.

Beispiel

Bert: Du bist letzten Abend wieder spät gekommen. Was ist bloß los? Das ist nun schon das fünfte Mal hintereinander.
Sigrid: Was meinst du?
Bert: Sieh mal, normalerweise kommst du um halb sieben nach Hause, und neuerdings erst um halb elf oder zwölf. Ich glaube fast, du triffst dich mit jemandem.
Sigrid: Ach, Bert, fängst du schon wieder so an. Haben eigentlich die Müllers angerufen?
Bert: Mir ist es bitterernst, Sigrid. Ich bin zwar kein eifersüchtiger Mensch, aber ich habe von dir noch nie eine klare Antwort bekommen.
Sigrid: Na schön, wenn du dir solche Sorgen machst, komme ich morgen früher nach Hause. Zufrieden?
Bert: Nein, meines Erachtens weichst du mir nur wieder aus.
Sigrid: Und ich finde, du machst aus einer Mücke einen Elefanten. Bist du überarbeitet? Gehst du eigentlich immer noch zu diesem komischen Therapeuten?

Sigrids Ablenkungsmanöver sollen Bert hinhalten. Bei solchen Methoden wird der betroffene Partner allerdings verdrießlich und unruhig. Hinhaltetaktiken können dann von Nutzen sein, wenn man in Gefahr ist oder Zeit gewinnen möchte, um erst nach reiflicher Überlegung zu handeln. Im allgemeinen jedoch führen Ablenkungsmanöver zu Vertrauensverlust, Paranoia und Streß. Andere Menschen werden den Betreffenden allmählich enttäuscht fallenlassen.

Streit

Hier lautet die Devise: Im Zweifelsfall zum Angriff übergehen. Zu diesem Mittel greifen manche in Konfliktsituationen. Beabsichtigt ist, den anderen unter Kontrolle zu bringen, sei es durch physische Gewalt (er oder sie bekommt eins auf die Nase), durch verbale Beleidigungen (Schreien, Anbrüllen, Totreden) oder durch offenes oder verdecktes Bestrafen (Liebesentzug, sexuelle Verweigerung, Knapphalten mit Geld, Vorrechte aufheben, bis der andere klein beigibt). Häufig bricht der eine Partner einen Streit vom Zaun und der andere verdrückt sich. Wenn hingegen beide streitsüchtig sind, nehmen heftige Wortgefechte verletzender Art, Wutausbrüche, bei denen mit Gegenständen geworfen wird, ohne daß jemand zu Schaden kommt, Auftritte in aller Öffentlichkeit und unergiebige Erörterungen ein und desselben Themas kein Ende mehr. Streit kann aber auch eine eiskalte Angelegenheit sein, wobei keiner der Beteiligten Gefühl oder empfindsame Seiten zeigt, sondern einer den anderen langsam «zerfleischt» mit kritischen Bemerkungen, die zeitlich so angebracht werden, daß sie das Selbstwertgefühl des Partners möglichst stark erschüttern.

In jedem Konflikt gibt es einen Gewinner und einen Verlierer. Siegesfreude ist allerdings nur von kurzer Dauer, da der Verlierer alle Kräfte für einen baldigen Vergeltungsschlag sammelt. Die Folge solcher «Spielchen» sind Feindschaft, Ärger, Angst, Entfremdung und Gesundheitsschäden.

Flucht, Ablenkungsmanöver und Streit sind die häufigsten Methoden, deren sich Partner in Konfliktsituationen bedienen und die oft genug auch in der Arbeitswelt angewandt werden. Dabei gibt es noch eine andere Möglichkeit, mit Konflikten fertig zu werden, die zwar anfänglich zeitaufwendiger ist, sich auf die Dauer jedoch auszahlt.

Konstruktives Verhalten

Wer einen konstruktiven Weg aus einer Konfliktsituation heraus beschreiten will, versucht die Streitigkeit durch Handlungen auszuräumen, die beiderseits Anklang finden. Um sich konstruktiv verhalten zu können, muß man sich in folgenden Fertigkeiten üben:

- In der Fähigkeit, die Konfliktursache zu ergründen.

- Darin, bereitwillig und gekonnt die nötigen konstruktiven Maßnahmen zu ergreifen.

- In der Kunst der Kommunikation (siehe Kapitel V).

- Die Disziplin aufzubringen, Problemlösungen zu suchen, die von beiden Seiten akzeptiert und in die Tat umgesetzt werden.

Wichtig ist auch, daß man sich zu der Auffassung durchringt, was immer sich zu tun lohnt, ruhig die ersten Male nicht ganz perfekt zu machen. Die Geschicklichkeit nimmt außerordentlich rasch zu, sobald man einige Übung hat, gelegentlich einen Erfolg verzeichnen kann und aus seinen Fehlern lernt.

Ergründung der Konfliktursache
Werden Ursache und Art eines Konflikts untersucht, muß unbedingt zunächst festgestellt werden, ob es sich um einen *Wertekonflikt,* einen *Realitätskonflikt* oder beides handelt. Fast alle Konflikte und Meinungsverschiedenheiten zwischen Partnern spiegeln innere Wirklichkeiten beziehungsweise das Wertempfinden des Betreffenden wider. Beispielsweise sind Streitigkeiten über die Frage, was Liebe eigentlich ist, wie oft man Sex haben sollte, wofür sich Geld auszugeben lohnt, wer die Kinder abholen oder den Mülleimer leeren sollte, samt und sonders wertorientiert. Für solche Kontroversen gibt es keine echten Lösungen. Hingegen hat die Art und Weise, wie man sich in dieser Situation verhält, ungeheuren Einfluß darauf, wieviel Liebe, Vertrauen und Kameradschaft in der jeweiligen Beziehung entstehen können.

Sie müssen keineswegs von Ihren Werten abgehen, um eine für beide Seiten akzeptable Lösung zu finden. Was Sie jedoch überprüfen müssen, sind Ihre Intentionen. Wenn Sie nach dem Motto handeln «meiner oder keiner Nase nach», werden Sie nie zu einer liebevollen, befriedigenden Partnerschaft kommen. In einer guten Beziehung sind beide Partner bereit, sich vom anderen beeinflussen zu lassen. Sollten Sie das Gefühl haben, sich selbst nicht mehr treu zu sein, müssen Sie Ihre Vermutungen unter die Lupe nehmen. Wahrscheinlich werden Sie dann merken, daß Sie aus Ihrem Sicherheitsbedürfnis heraus viel zu schnell zurückstecken.

Konflikte lassen sich ausschließlich dann klären, wenn alle Beteiligten sich trauen, an der Lösung mitzuwirken. In diesem Fall muß jeder für sich entscheiden, wie er sich in der Konfliktsituation verhalten will. Das heißt, es muß ein Weg gefunden werden, der aus der festgefahrenen Situation herausführt.

Konstruktive Vorschläge
Wenn Ihr Partner und Sie willens sind, offen miteinander zu reden und interessiert, den Konflikt zu lösen, sollten Sie konstruktiv handeln, wie im folgenden Beispiel dargelegt.

Gisela: Ich habe da ein Problem, wollen wir einmal darüber reden?
Uli: Ja gut, schieß los. (Beide lassen alles stehen und liegen und setzen sich einander gegenüber, um ungestört ein ernstes Gespräch zu führen – ähnlich wie bei einer wichtigen Geschäftsbesprechung.)
Gisela: Uli, ich habe dir doch von dem Buch erzählt, das ich gerade lese, und daß ich meine, damit ließen sich einige unserer eigenen Partnerschaftsprobleme lösen. Ich habe dich schon mehrmals gebeten, es zu lesen, um mit dir darüber reden zu können, aber du scheinst kein Interesse zu haben. (Gisela macht absichtlich eine lange Pause, um Uli nicht zu überfahren, der nur allzuleicht eine Verteidigungshaltung einnimmt. Und ganz abgesehen von seiner Abwehrbereitschaft bekommt er dadurch wenigstens die Chance, etwas zu erwidern. Bei Gesprächen über strittige Themen ist Geduld oberstes Gebot.)
Uli: Ich halte nichts von dem ganzen Psycho-Selbstverwirklichungskram, der jetzt «in» ist. Ich glaube nicht, daß das zu irgend etwas gut ist. Außerdem bin ich der Meinung, daß wir gar nicht so viele Probleme haben, wie du sagst; das kommt bloß davon, wenn man so ’n Zeug liest. (Gisela holt ein paarmal tief Luft, um nicht die Nerven zu verlieren, denn ein Wutanfall wäre zu diesem Zeitpunkt ganz und gar nicht angebracht. Obwohl sie Uli an die Gurgel gehen könnte, bewahrt sie Ruhe.)
Gisela: Wir hatten viermal in den letzten zwei Wochen furchtbaren Krach. Ich fühle mich in unserer Beziehung nicht mehr

wohl. Meines Erachtens müssen wir unsere Kommunikation verbessern, ehe es zu spät ist. Ich wünschte, du würdest einmal einen Blick in dieses Buch werfen.

Ein solcher Versuch stößt bei dem anderen recht häufig auf Ablehnung. Jetzt kommt es darauf an, sich zusammenzunehmen und es vorerst dabei zu belassen, denn andernfalls lassen Sie sich von Ihren Gefühlen zu einer voreiligen Reaktion hinreißen. Am besten setzen Sie sich in aller Gelassenheit mit Ihrem Partner auseinander, fassen sich kurz und machen ihm (oder ihr) begreiflich, inwiefern der schwelende Konflikt Sie beeinflußt. Und vergessen Sie nicht, immer tief Luft zu holen!

Einstieg in den Kommunikationsprozeß

Die Kommunikation zu verbessern bedeutet, zuzuhören und sich klar und deutlich auszudrücken, ungeachtet seiner Vorurteile nach Verständnis zu trachten, sich seiner Gefühle bewußt zu sein, sich über seine Intentionen im klaren zu sein und ganz allmählich auf die Lösung des Konflikts hinzuarbeiten. Kehren wir zu dem Gespräch zwischen Gisela und Uli zurück.

Uli: So, also wenn ich dieses Buch nicht lese, haust du ab?
Gisela: Nein, ich habe nicht gesagt, daß ich abhauen will. Ich wollte dir nur klarmachen, daß wir meiner Ansicht nach Kommunikationsschwierigkeiten haben und das Buch, wie ich meine, in dieser Hinsicht nützlich sein könnte. Ich fände es wirklich gut, wenn du mal versuchsweise hineinschauen würdest. (Uli klappt langsam das schützende Visier hoch und öffnet sich dem Gespräch. Er versteht endlich, worum es geht, und reagiert entsprechend.)
Uli: Du meinst also, wir hätten Kommunikationsprobleme, und möchtest, daß ich mal in dem Buch lese?
Gisela: Ja, genau. Eigentlich ist unsere Beziehung in meinen Augen recht gut, und wenn wir lernen könnten, mit unseren Konflikten besser zurechtzukommen, wären wir beide noch glücklicher.
Uli: Du findest also unsere Beziehung ganz gut. Du willst einfach nur, daß wir besser mit unseren Konflikten umgehen ler-

nen. Puh, und ich dachte schon, das wär's, und du würdest dich davonmachen.
Gisela: Du sagst, du hättest befürchtet, ich würde dich verlassen. (Uli nickt zustimmend.)
Uli: Na schön, ich werf' mal 'nen Blick rein. Womit soll ich denn anfangen?

Gisela und Uli sind auf dem besten Wege, gemeinsam nach Konfliktlösungen zu suchen. Uli war schließlich aufgeschlossen für die Unterhaltung, und das half weiter. Auch Giselas Vorsatz, sich zu beherrschen und Uli nicht totzureden, war von Nutzen. Das Beispiel ist natürlich etwas vereinfacht, aber es macht deutlich, daß beide Partner lernen können, Konfliktsituationen zu meistern.

Problemlösungen
Schließlich und endlich muß man, wenn man sich konstruktiv verhalten will, mögliche Konfliktlösungen aufspüren können und übereinkommen, es einfach mal zu versuchen. Der erste Schritt ist der, das Problem zu durchleuchten. Was meint jeder Partner zu der Notwendigkeit einer Veränderung? Gisela hat ihr Problem deutlich gemacht; sie meint, die Kommunikation zwischen ihr und ihrem Partner sei nicht besonders gut. Sie möchte, daß beide lernen, besser miteinander umzugehen, was Zeit braucht. Uli wird das Buch ganz oder zumindest teilweise lesen. Er ist bereit, einen Versuch zu machen.

Im zweiten Schritt werden verschiedene Lösungen in Betracht gezogen und ausgewertet. Wenden wir uns wieder dem Gespräch zwischen Gisela und Uli zu.

Gisela: Ich möchte, daß du das Buch liest, damit wir darüber reden können.
Uli: Du willst also, daß ich das Buch lese. (Gisela nickt.) Ich glaube nicht, daß ich Lust dazu habe. Diese Art von Büchern macht mir keinen Spaß; wahrscheinlich lese ich es nie zu Ende. Lies es mir doch vor!
Gisela: Du meinst, du hättest keine Lust, das Buch zu lesen, und willst, daß ich es dir vorlese? (Uli sagt: «Ja, genau.») Ich glaube

irgendwie nicht, daß das geht; ich hätte das Empfinden, die ganze Arbeit zu tun, und käme mir ein bißchen wie eine Lehrerin vor. Ich denke, das Kapitel über die sechs Stadien einer Beziehung würde dir zusagen, willst du das nicht einfach mal lesen, und später reden wir darüber?
Uli: Ich verstehe doch richtig – du sagst, wenn du mir das Buch vorliest, kommst du dir wie eine Lehrerin vor, und das magst du nicht. Du meinst also, das Kapitel über die verschiedenen Stadien würde mich interessieren, und dann könnten wir darüber reden. (Gisela nickt zustimmend.)

Als nächstes muß man sich auf eine praktikable Lösung einigen und genau festlegen, wie sie verwirklicht werden sollte – wann, wo und wie.

Uli: Na gut. Ich lese das Kapitel. Warte mal, heute ist Montag. Bis Freitag könnte ich es gelesen haben, und dann können wir Samstagabend darüber reden.
Gisela: Du liest das Kapitel bis Freitag, und Samstag reden wir darüber, richtig? (Uli nickt.)
Uli: Eins mußt du mir aber versprechen, nämlich daß du mich nicht dauernd antreibst, daß ich das Buch auch wirklich lese. Wenn du's doch tust, werde ich bestimmt sauer und lasse die Finger davon. Das habe ich immer gemacht, wenn meine Mutter mich mit den Schulaufgaben genervt hat.
Gisela (lachend): Habe ich recht gehört? Du willst nicht, daß ich dir mit dem Lesen auf die Nerven gehe, weil du sonst sauer wirst und es läßt, und so hast du es immer gemacht, wenn deine Mutter dich mit den Schularbeiten genervt hat.
Uli: Stimmt genau.

Es mag zwar ermüdend sein, dem Partner dauernd zu wiederholen, was er (oder sie) gesagt hat, aber es ist überaus wichtig für die Unmißverständlichkeit des Meinungsaustauschs. Das gilt besonders für strittige Themen. Das Gespräch wird dadurch verlangsamt und bleibt im Rahmen der Vernunft.

Zuletzt wird die Lösung beurteilt, und dann werden die notwendigen Veränderungen in Gang gesetzt. Eine gute Methode dafür hat Dr. John Jones gefunden. Jeder Partner probiert es mit der betreffenden Lösung, und dann äußern sich beide abwechselnd darüber wie folgt:

- Über ihre *persönlichen* Erfahrungen – was sie dabei gelernt haben und wie sie selbst sich im Augenblick fühlen.
- Über *zwischenmenschliche* Erfahrungen – was sie jetzt von ihrem Partner denken und für ihn (oder sie) empfinden.
- Im Hinblick auf die *Aufgabenstellung* – wie gut der Versuch ihrer Meinung nach ausgegangen ist; was gegebenenfalls anders gemacht werden sollte; und schließlich, was nach gemeinsamer Absprache als nächstes zu tun wäre und wann.

Das Bulldozer-Syndrom

Konstruktives Verhalten bei Konflikten zahlt sich natürlich langfristig gesehen aus. Wenn Sie sich zu Hause das nötige Know-how aneignen, werden sowohl Sie selbst als auch Ihre Arbeitskollegen davon profitieren.

Wer in der Lage und willens ist, seine Konflikte zu lösen, wird bei allen zwischenmenschlichen Kontakten glücklich und zufrieden sein. Um aber Konflikte mit Erfolg beilegen zu können, muß man unbedingt mit Ärger fertig zu werden lernen, da er das einzige wirkliche Hindernis bei diesem Prozeß darstellt.

Ein letztes Wort zu den Auswirkungen von Kontroversen: Nach einem besonders heftigen Streit, der die Grundfesten der Beziehung erschüttert, erlebt man oft das sogenannte Bulldozer-Syndrom. Nach Klärung einer Meinungsverschiedenheit hat man zwar meist das Gefühl, einander nähergekommen zu sein, aber körperlich fühlt man sich so zerschlagen, als sei man von einem Bulldozer überrollt worden. Das geht vorbei, und wenige Tage später ist man energiegeladener als zuvor. Die Ursache dieser Empfindungen ist unklar, man hat sie eben einfach manchmal. Kontrolliertes Atmen hilft in dieser Situation sehr.

Wie man mit Ärger und Zorn fertig wird

Ärger und Zorn gehören zu den ersten und erschreckendsten Empfindungen unseres Lebens. Zornig brüllt ein Kind nach Nahrung; aus Ärger strafen Eltern ihre Kinder; in der Familie führt Ärger zu verbalen oder körperlichen Ausschreitungen; Ärger ist ein Gefühl, das alle zwischenmenschlichen Beziehungen beherrscht. Die übelsten Erscheinungsformen von Zorn, Wut und Haß haben schon Millionen Leben zerstört. Ärger und Zorn sind zudem die Empfindungen, die in unserer Gesellschaft am meisten mißverstanden werden.

Sich als Richter aufspielen

Der Ärger in all seinen Variationen (Zorn, Haß, Wut, Groll, Gereiztheit, Verdruß, Krittelei, Sarkasmus, Zynismus, Gleichgültigkeit, Kälte, Gewaltsamkeit verbaler und physischer Art, Traurigkeit, Ungeduld) ist ein zentrales Thema in allen Lebensbereichen. Im Verhältnis zum Ärger spiegelt sich die eigene Weltanschauung wider. Wer feststellen will, wie seine Beziehung beschaffen ist, muß untersuchen, wie er und sein Partner mit Ärger fertig werden. In der Partnerschaft wird Ärger oft rationalisiert und zur selbstgerechten Verurteilung des andern benutzt. Von verärgerten Paaren, die uns in unserer Beratungspraxis aufsuchen, empfinden entweder ein oder sogar beide Partner «gerechten» Zorn. Von uns wird dann erwartet, daß wir diese Selbstgerechtigkeit bestätigen, damit der oder die Betreffende triumphieren kann und der andere am Boden zerstört ist.

Die Geschichte des Ärgers ist mehr als die jeder anderen Empfindung eine Art Gerichtsakte über Anklagen und Urteile oder Schuld und Sühne. Man selbst ist das illegale Gericht, das die Anklageerhebung und Beweisführung, den Richterspruch und die Aburteilung vollzieht, ohne daß der Beschuldigte sich dazu äußern kann. Ärger bringt unmittelbar und klar die unreflektierten persönlichen Wertvorstellungen, Erwartungen und Vermutungen zum Ausdruck. Je weniger man sich seiner selbst bewußt ist, um so wütender wird man.

Ärger, ob er nun ausgedrückt oder innerlich aufgestaut wird, ist ein Anzeichen dafür, daß man um jeden Preis seinen Kopf durchsetzen will, entweder aus Anmaßung oder auch aus infantiler Halsstarrigkeit heraus. Man ärgert sich über irgendwelche Bagatellen, nur um eigensinnig auf seine Unabhängigkeit zu pochen.

Übung: Sich ärgern

Stellen Sie sich vor einen Spiegel und schauen Sie sich an. Werden Sie jetzt RICHTIG BÖSE auf Ihr Spiegelbild. Tun Sie alles, was Sie normalerweise machen, wenn Sie sich ärgern: schreien, schmollen, einen Flunsch ziehen, fertigmachen, wild anfunkeln, mit dem Finger auf den Schuldigen zeigen, Schimpfwörter ausstoßen, Moral predigen usw. Fahren Sie so lange damit fort, bis Sie's nicht mehr aushalten können. So sieht die andere Partei Sie.

Die Anatomie des Ärgers

Ärger ist nicht unbedingt destruktiv; nur das, was man daraus macht, schafft Probleme. Wir meinen wirklich, uns durch Ausdruck unseres Ärgers Zuwendung und Liebe zu erwirken. Aber um das zu erreichen, müssen wir erst lernen, mit dem Ärger fertig zu werden und über ihn hinauszuwachsen. Leider ist Ärger für die Mehrzahl der Leute in dieser Gesellschaft mit Trennung und Entfremdung verbunden. Für die meisten Partner ist der Ärger ein Fallstrick, in den sie sich immer mehr verwickeln, um dann entweder total eingeschnappt zu sein oder verbal und physisch Gewalt anzuwenden.

Ärger ist ein Gefühl zweiter Ordnung. Trotz seiner Bedeutung und Wirkung kommt er erst nach Empfindungen wie Einfühlsamkeit, Liebe, Gram, Furcht und Freude. Er ist eine Reaktion auf das grundlegende Gefühl Angst. Abbildung 8 illustriert, wie Ärger entsteht und spiralförmig an Intensität gewinnt. Wie ein Wirbelsturm kann ein solcherart «hochgeschraubter» Ärger schweres Unheil anrichten, bis seine Energie verpufft und die Ruhe wiederhergestellt ist. Einmal erwacht, erschüttert er Vertrauen und Wohlwollen oder macht sie gar völlig zunichte.

Wir ärgern uns, sobald wir glauben, durch ein äußeres Ereignis

Abbildung 8

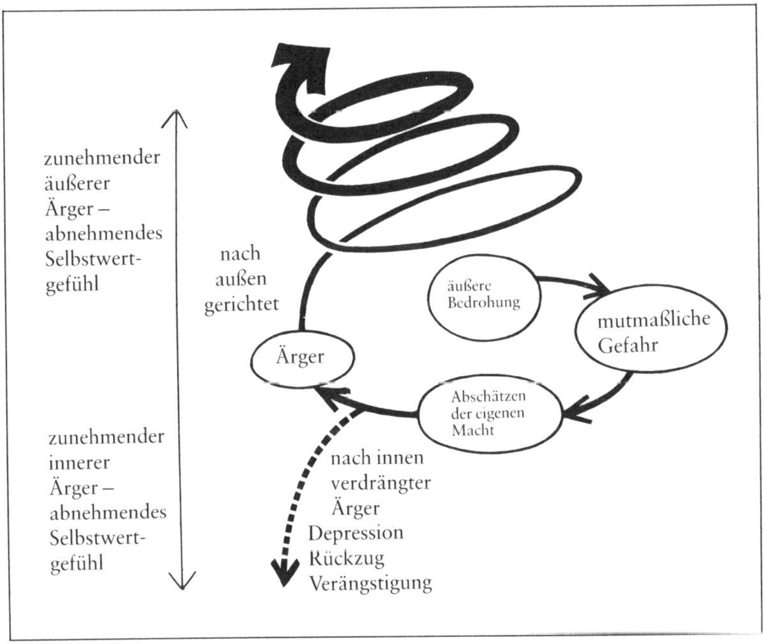

bedroht zu werden, oder wenn wir enttäuscht sind, daß unsere Erwartungen sich nicht erfüllen. Auslöser kann ein Wort sein (z. B. schlampig, albern, impotent, frigide), ein Satz (z. B. stell das Geschirr weg; du hilfst überhaupt nie; laß das, heute abend nicht, mein Schatz) oder eine Handlung (z. B. fortgehen, die Zunge herausstrecken, ein Achselzucken). Sowie die Bedrohung wahrgenommen wird, stellen wir unterbewußt Vermutungen über die vermeintliche Gefahr an, die von dieser Bedrohung ausgeht. Wenn wir zu dem Schluß kommen, daß die Gefahr gering ist oder wir genug Kraft haben, um ihr erfolgreich die Stirn zu bieten, bleiben wir ruhig. Aber wenn wir eine übermächtige

Gefahr wittern, überwältigt uns die Furcht und äußert sich in körperlichen Reaktionen wie Herzklopfen, Schweißausbrüchen, Panik, Kurzatmigkeit und vermehrter Muskelanspannung. Schließlich werden wir ärgerlich in dem Versuch, das, was als Bedrohung empfunden wird, abzuschwächen oder niederzukämpfen und uns in unserer angeblichen Hilflosigkeit zu schützen. Alles das entzieht sich meist unserer bewußten Wahrnehmung. Wenn jemand anders andeutet, wir seien wohl verärgert, leugnen wir das heftig ab.

Das Merkwürdige ist, daß Ärger eine Reaktion auf etwas außerhalb unserer selbst Liegendes zu sein scheint, während er in Wahrheit ein inneres Geschehen reflektiert. Wir ärgern «uns selbst». Da jedoch Ärger so unangenehm ist, versuchen wir ihn loszuwerden, indem wir unsere Umgebung damit «beglücken». Wir verlegen die Ursache unseres Ärgers nach außen, um keine Angst empfinden zu müssen. Wir sagen einfach: «Du ärgerst mich» oder: «Du bist abscheulich!»

Manchmal sagen wir auch, wenn wir Schwierigkeiten mit unserem Ärger haben: «Du bist ja nur wütend!» In Wirklichkeit meinen wir: «Ich bin wütend auf dich.» Darin zeigt sich unsere Angst vor dem eigenen Ärger und der Versuch, ihn auf jemand anders zu übertragen. Das nennt man Projektion; es ist so ähnlich, als würfe man einem anderen eine heiße Kartoffel zu, weil man sich sonst selbst verbrennt. Geschieht dies immer wieder, wird der andere allmählich wirklich wütend, aber nicht etwa wegen der ursprünglichen Anschuldigung, sondern wegen dieser beharrlichen Attacken, und schon gewinnt die Spirale an Energie.

Ärger ist unterschwellig stets mit Furcht gekoppelt. Je mehr Angst einer hat, aber sich nicht eingesteht, um so mehr Ärger wird er an anderen auslassen. Geleugnete Furcht nährt den Ärger. Wenn man ständig vor Wut platzen könnte, hat man im allgemeinen große Angst, sich seine Abhängigkeit von anderen Menschen vor Augen zu führen. Staut man hingegen seinen Ärger andauernd innerlich auf, will man sich wahrscheinlich nur widerstrebend auf die eigenen Füße stellen. Man verläßt sich zu sehr auf andere und wird dadurch depressiv und verschlossen. In beiden Fällen sinkt das Selbstwertgefühl.

Abbildung 8 veranschaulicht auch, was passiert, wenn wir unseren Ärger unterdrücken. An dem Punkt, an dem wir unbewußt unsere Macht über die Person einschätzen, die uns ärgert, haben wir die Wahl. Wenn wir meinen, unseren Ärger getrost an dem betreffenden Menschen auslassen zu können, tun wir das auch. Aber wenn wir uns demjenigen, über den wir uns ärgern, unterlegen und ausgeliefert fühlen, fressen wir den Ärger in uns hinein und bekommen dadurch allmählich Depressionen.

Übung zum Nachdenken

Denken Sie einmal an die letzten paar Male, als Sie verärgert waren – haben Sie Ihrem Ärger Luft gemacht, oder haben Sie ihn in sich hineingefressen? Wie hat sich Ihre Familie bei Ärger verhalten? Wenn Sie sich ärgern, wo in Ihrem Körper fühlen Sie das? Wenn sich jemand über Sie ärgert, wie reagieren Sie darauf? Wessen Ärger fürchten Sie am meisten?

Je nachdem, wovon wir unbewußt ausgehen, reagieren wir in bestimmten Situationen ganz unterschiedlich. Ein Beispiel: Frank kommt von der Arbeit nach Hause, und Elli erzählt ihm, daß sie einkaufen war und ein Kleid erstanden hat. Wenn Frank keine Geldsorgen hat und einen guten Tag hatte, wird er sagen: «Schön, Liebste, wie sieht es denn aus? Zeig es mir mal!» Unbewußt kommt Frank nämlich zu dem Schluß: «Wir haben genug Geld, mir geht's gut – keine Gefahr.» Wenn hingegen Elli Frank vom Kauf eines neuen Kleides erzählt und er gerade gehört hat, daß vier Kollegen entlassen worden sind, und er zudem in finanziellen Schwierigkeiten steckt, wird er sie höchstwahrscheinlich anschreien: «Was soll denn das? Immer verschleuderst du das Geld! Denkst du eigentlich jemals dran, wie hart ich es verdienen muß? Und was, bitte schön, soll ich jetzt machen? Wie soll ich bloß mit deiner Verschwendungssucht klarkommen!» Elli wird natürlich bestürzt über Franks Wutausbruch sein, denn sie weiß ja nicht, was in ihm vorgeht. Franks Ärger hat sich durch die von ihm empfundene Bedrohung hochgeschraubt, aber davon sagt er Elli nichts. Als nächstes meint er in seinem Bedürfnis, die Oberhand zu behalten, er müsse Elli unter Kontrolle bringen, damit sie nicht soviel Geld ausgibt, und das glaubt er am schnellsten zu schaffen, wenn er wütend auf sie wird, so daß sie Angst bekommt und fortan auf der Hut ist. *Alles das entzieht sich Franks bewußter Wahrnehmung.* Elli läßt ihren Ärger nun vielleicht indirekt ab, geht aus und kauft noch mehr Zeug, um so ihre Unabhängigkeit unter Beweis zu stellen. Dadurch entstehen neue Streitigkeiten, die mit den Wochen und Jahren immer mehr eskalieren, und trotzdem traut sich keiner von beiden, die unterschwellig vorhandenen Ängste einmal aufzudecken und auszusprechen.

Frank könnte allerdings auch anders mit dieser Situation fertig werden, sich seine Ängste bewußt machen und mit Elli darüber wie folgt reden: «Du hast dir ein neues Kleid gekauft? Das macht mir wirklich Sorgen, denn ich habe eben gehört, daß heute vier Kollegen entlassen worden sind, und ich fürchte, es wird knapp werden, wenn auch ich auf die Straße gesetzt werde.» Das Kräfteverhältnis zwischen Frank und Elli ist in diesem Fall so ausgewogen, daß Frank Elli als echte Partnerin mit Verantwortungsgefühl ansieht, mit der er seine Sorgen teilen kann. Elli wird darauf wahrscheinlich als ebenbürtige, verantwortungsbewußte Partnerin reagieren und sagen: «O je, vielleicht sollte ich es zurückgeben!» Oder: «Komm, laß uns mal gleich unsere finanzielle Lage begutachten und überlegen, wie wir zurechtkommen, falls du wirklich entlassen wirst.»

Übung: Ärger-Protokoll

Führen Sie und Ihr Partner die nächsten Wochen einmal Buch darüber, wie Sie Ihrem Ärger Luft machen. Um welche Tageszeit war es soweit, und wer war dabei? Lösen bestimmte Ereignisse bei Ihnen Ärger aus? Überprüfen Sie Ihr Benehmen, wenn Sie verärgert sind. Gibt es ein Grundmuster? Machen Sie vor manchen Leuten Ihrem Ärger Luft, während Sie ihn in Gegenwart anderer lieber unterdrücken? Machen Sie sich bewußt, ob Sie Angst haben, auch wenn diese Empfindung kaum wahrnehmbar ist. Versuchen Sie, Ihre tiefinnersten Gedanken zu Papier zu bringen, die einem Wutausbruch vorausgehen. Achten Sie einmal auf das, was Sie sagen, wenn Sie auch nur ein wenig angegriffen sind. Horchen Sie auf den Ton Ihrer Stimme. Sind Sie herrisch, beleidigend, wie ein Elefant im Porzellanladen oder reden Sie um den heißen Brei herum? Was machen Sie, und wie fühlen Sie sich, nachdem Sie Ihren Ärger abgelassen haben? Beobachten Sie die Reaktionen anderer auf Ihren Ärger, insbesondere die Ihres Partners, Ihrer Kinder und Ihrer Kollegen. Tun Sie nach Möglichkeit etwas, das Ihnen zu einem besseren Ergebnis verhilft.

Ärger erzeugt wieder Ärger, eine heimtückische Sache. Je erfolgloser man in seinem Umgang mit dem ist, was als Bedrohung empfunden wird und Angst macht, desto furchtsamer und wütender wird man. Da man seine Mutmaßungen nicht überprüft, verliert man den Bezug zur Wirklichkeit und erzeugt Ängste, die zwar real erscheinen, es bei näherem Hinsehen aber gar nicht sind. Angesichts einer Gefahr greift man zu der stärksten Waffe, die man hat – der Wut. Mit der Zeit merkt man allerdings, daß man damit nichts erreicht, denn die Menschen um einen herum ziehen sich dann zurück. Man fühlt sich unfähig, sein Leben richtig zu leben. Diese Zweifel versucht man vor anderen geheimzuhalten, doch innerlich weiß man genau, was los ist. Alles das zusammen verursacht ein Gefühl der Unsicherheit und schmälert die Selbstachtung. Dann fühlt man sich noch schneller bedroht und geängstigt; bald ist mit einem kein Auskommen mehr, und der Ärger schraubt sich höher und höher. *An der Wurzel des Ärgers sitzt die Angst; dieser Teufelskreis läßt sich nur durch Aufdecken der Ängste, Zweifel und Sorgen durchbrechen.*

Das gleiche geschieht, wenn Ärger zurückgehalten wird. Dann wird man depressiv, empfindet Angst und Zweifel und verkriecht sich in sich selbst. Wer nicht in diesen Abwärtssog geraten will, muß aus einer sicheren, verständnisvollen Umgebung heraus einen erhellenden Blick auf seine Ängste riskieren, um dann entsprechend zu handeln und über die Furcht hinauszuwachsen.

Eine gute Methode, mit seinem Ärger fertig zu werden, ist die, herauszufinden, was man schon alles über den Ärger weiß. Versuchen Sie es einmal mit der folgenden Übung.

Übung: Formen des Ärgers

Schreiben Sie das auf, was Ihnen beim Lesen der nachstehenden Sätze spontan in den Sinn kommt. Versuchen Sie, sich selbst gegenüber ehrlich zu sein, damit Sie wirklich etwas von der Übung haben.

Wenn Leute wütend werden, sollten sie ______
Verärgert zu sein ist ______
Das letzte Mal, als ich mich geärgert habe, bin/habe ich ______
______
Dann hatte ich das Gefühl, ______
Leute, die ärgerlich werden, sind ______
Wenn ich mich ärgere, ______
Ich ärgere mich über andere, wenn ______
Ich habe Angst, daß ______
Ich bin wütend auf mich selbst, wenn ______
Ich habe Angst, daß ______
Wenn mein Vater ärgerlich war, ist/hat er ______
Als Kind empfand ich das ______
Wenn meine Mutter ärgerlich war, ist/hat sie ______
Als Kind empfand ich das ______
Wenn ich mich nicht so sehr ärgerte, würde ich ______
Ich zeige meinen Ärger nicht vor ______
Was meinen Ärger betrifft, würde ich gern folgendes lernen: ______
______
Augenblicklich empfinde ich ______

Nehmen Sie sich die Zeit, noch einmal zu lesen, was Sie geschrieben haben, und überlegen Sie sich, ob Sie etwas gelernt haben, das Ihnen mit Ihrem Ärger weiterhilft.

Gerechter und «ungerechter» Ärger

Warum man solche Schwierigkeiten mit dem Ärger hat, liegt nicht zuletzt daran, daß man anderer Leute Ärger manchmal als recht und billig empfindet. Man sieht daran, daß der oder die Betreffende einen ernst nimmt. Ein andermal wieder hat man das deutliche Empfinden, daß da einer zu Unrecht ärgerlich ist. Man fühlt sich falsch behandelt, mißverstanden oder bestraft. Das Problem besteht darin, daß man unterscheiden lernen muß zwischen dem, was *gerechter Zorn* genannt wird, also der Art von Ärger, die eine reale Grundlage hat, und dem *ungerechtfertigten* oder *destruktiven Zorn,* mittels dessen kontrolliert und manipuliert werden soll. Destruktiver Zorn ist verantwortungslos und äußert sich unter Umständen in verbaler oder physischer Gewalttätigkeit.

Der destruktive Zorn entbehrt jeder Grundlage. Er entsteht im Lebensalltag, bei Gesprächen oder sonstigen Ereignissen. Er macht das Leben immer unerträglicher, ob man nun Zielscheibe dieses Zorns oder der Jähzornige selbst ist. Es ist sehr schwierig, damit fertig zu werden, weil sich die Ursache dieser Art von Ärger nicht genau bestimmen läßt. Destruktiver Zorn ist ein Tarnmanöver, mit dem Ängste verdeckt werden, und richtet sich aus reiner Herrschsucht und Machtanmaßung gegen den Partner und andere Familienmitglieder.

Gerechter Zorn erwacht, wenn Abmachungen, auf die man sich einmal geeinigt hat, nicht eingehalten oder wenn Erwartungen, die man gegenseitig hegt, nicht erfüllt werden. Gerechter Zorn wird durch eine ganz bestimmte, genau definierbare Sache ausgelöst: Indem die Gründe für diesen Ärger genannt werden, wird in der betreffenden Partnerschaft Klarheit geschaffen. Nehmen wir beispielsweise einmal an, Sie machen mit Ihrer Partnerin aus, sich zu einem bestimmten Zeitpunkt an einem bestimmten Ort in der Stadt mit ihr zu treffen. Sie sind pünktlich zur Stelle, aber Ihre Partnerin erscheint nicht. Sie warten eine geschlagene Stunde, doch nichts tut sich. Sie sind wütend. Später hören Sie, daß Ihre Partnerin die Abmachung völlig vergessen hat. Ihr Zorn ist gerechtfertigt, weil er sich auf die Vereinbarung bezieht, die Ihre Partnerin gebrochen hat. Sie machen damit Ihre

Partnerin verantwortlich, denn Sie besitzen genug Selbstachtung, um von anderen zu verlangen, sich aus Freundschaft zu Ihnen an gemeinsame Übereinkünfte zu halten. Wenn Ihre Partnerin Ihnen zugetan ist, wird sie Ihnen zuhören und Ihren Ärger begreiflich finden, und sie wird sicher das nächste Mal besser aufpassen. Auch diesem Ärger liegt letztlich Angst zugrunde, etwa die Angst, der Partnerin gleichgültig zu sein, weil sie nicht pünktlich erscheint.

Wenn Sie entsprechend vorbereitet sind und mit Ihrem Ärger etwas anzufangen wissen, können Streitigkeiten sogar Ihre Beziehung vertiefen. Eine gute Möglichkeit, den eigenen Ärger in den Griff zu bekommen, besteht darin, festzustellen, wie Sie auf Ärgernisse reagieren, die Sie absichtlich in Ihrer Phantasie erzeugen. Für diesen eingebildeten Ärger brauchen Sie sich lediglich etwas Zeit zu nehmen, in der Sie ungestört über Ihre Einstellung zum Leben, Ihre Verhaltensweisen und Ziele nach-

---

Übung: «Mensch ärgere dich» (1)

Suchen Sie sich ein ruhiges Plätzchen, wo Sie ungestört bleiben. Setzen Sie sich möglichst bequem hin, holen Sie sechsmal tief Luft und entspannen Sie sich. Lesen Sie jetzt langsam, worum es geht. Sollten Sie sich dabei unwohl fühlen, beobachten Sie einfach Ihr Unbehagen. Atmen Sie nochmals tief durch. Stellen Sie sich nun die folgende kleine Szene vor: Sie befinden sich mit jemandem in einem Zimmer, und es entwickelt sich ein Gespräch über ein bestimmtes Thema. Während Sie sich unterhalten, merken Sie, wie langsam Ärger in Ihnen hochsteigt. Sie wissen auch, daß Sie Ihren Ärger nur ablassen oder unterdrücken können. Was machen Sie? Was sagen Sie? Wer ist Ihr Gegenüber? Wie machen Sie Ihrem Ärger Luft oder unterdrücken ihn? Welche Gedanken gehen Ihnen durch den Kopf? Was empfinden Sie körperlich? Lassen Sie diese Vorstellung auf sich wirken, ehe Sie weiterlesen.

---

denken können. Bei der folgenden Übung sollen Sie sich künstlich aufregen, um dabei ein paar Möglichkeiten zu entdecken, wie Sie mit Ärger fertig werden können.

Achten Sie darauf, wie Sie sich fühlen. Welche Befriedigung verschaffen Ihnen die Abläufe in Ihrer Phantasie? Waren Sie mit Ihrer Reaktion zufrieden? Wie hat sich die andere Person Ihnen gegenüber verhalten? Holen Sie dreimal tief Atem, und gehen Sie dann zu Teil 2 der Übung über.

Übung: «Mensch ärgere dich» (2)

Stellen Sie sich vor, wieder mit dem gleichen Menschen in einem Raum zu sein. Die Situation ist ähnlich, wie die zuvor: Sie haben eine Meinungsverschiedenheit, und gleich werden Sie ärgerlich. Aber dieses Mal halten Sie, während der Ärger in Ihnen hochsteigt, inne und überlegen sich, wovor Sie Angst haben könnten. Atmen Sie einige Male kräftig durch. Sie werden einen Weg finden, etwas mit Ihrem Ärger anzufangen, das Ihnen mehr Befriedigung gewährt. Sie haben die nötigen Kenntnisse und die Erfahrung dazu; Sie müssen nur in Ihrem Innern nachgraben. Konzentrieren Sie sich darauf, eine für Sie beide befriedigende Antwort zu finden. Etwas, das Sie einander näherbringt. Wenn Sie meinen, die Imaginationsübung abgeschlossen zu haben, sagen Sie einfach im Geiste zu dem betreffenden Menschen: «Schönen Dank, daß du mir geholfen hast, etwas über meinen Ärger zu lernen.» Beenden Sie dann die Übung, holen Sie wieder tief Luft.

Wie fühlen Sie sich jetzt? Inwieweit sind Sie nun mit Ihrer Handlungsweise zufrieden? Sollten Sie nicht zufrieden sein, auch gut. Sie können diese Imaginationsübung durchführen, sooft Sie sich eingehend mit Ihrem Ärger befassen wollen. Und dabei werden Sie jedesmal ein wenig besser und verständnisvoller mit Ihrem Ärger fertig werden.

Wenn Sie aus diesem Experiment noch mehr lernen wollen, sollten Sie nun Teil 3 der Übung machen.

Übung: «Mensch ärgere dich» (3)

Nehmen Sie Papier und Bleistift und schreiben Sie die verschiedenen Handlungsmöglichkeiten auf, die Ihnen durch den Sinn gegangen sind, als Sie sich ärgerten. Was haben Sie in Übung 1 gemacht? Waren Sie damit zufrieden? Hat irgend etwas in Übung 2 Ihnen mehr gebracht? Wenn ja, warum? Wenn nicht, schreiben Sie auf, welcher Weg vielleicht besser gewesen wäre.

Schreiben Sie nun nacheinander alle Ängste auf, die bei Ihnen Ärger hervorrufen. Was glauben Sie über Ihren Ärger gelernt zu haben? Notieren Sie sich zwei oder drei Punkte, durch die Sie besser mit Ihrem Ärger fertig werden. Was würde Ihnen am schwersten fallen zu tun, um destruktive Zornreaktionen zu überwinden und zu einem besseren Austausch mit anderen zu finden? Und was wäre das Positivste dabei? Schreiben Sie es auf.

Sind Sie willens, Ihr Verhalten zu ändern, so daß Sie Ihren Ärger überwinden? Wenn ja, welche Hilfestellung brauchen Sie dazu? Falls Sie nicht wollen, warum nicht?

Ärger und Selbstbehauptung

Chronischer Ärger kann an die Stelle der Selbstbehauptung treten. Für einen verärgerten Menschen ist der Ärger unter Umständen ein Weg, nicht unumwunden sagen zu müssen, was er will, aber gleichzeitig den Partner dafür zu attackieren, daß dieser nichts von den unausgesprochenen Wünschen merkt.

Beispiel

Daniel möchte gern mit Katja schlafen, fragt sie jedoch nicht, ob sie Lust hat. Er kuschelt sich an sie, macht aber nie eindeutig klar, was er will, und nichts passiert. Am nächsten Tag rumort er im Haus herum und bekrittelt alles und jedes, was Katja macht. Daniel versucht Katja durch seine Verärgerung dafür zu bestrafen, daß sie ihm seine Wünsche nicht von der Nasenspitze abgelesen hat. Statt sich selbst zu behaupten, wird er böse auf sie, kritisiert ständig an ihr herum und bestraft sie durch seine Nörgelei. Bei Gelegenheit wird er sich womöglich noch zum Richter aufschwingen und sie frigide nennen.

Wer einem anderen gestattet, ständig ungerechtfertigt seinen Ärger an ihm auszulassen, hat offenbar selbst auch Probleme, sich zu behaupten, denn sonst würde er diesem destruktiven Zorn entgegenwirken und sich gegen die schlechte Behandlung wehren. Wenn man sich nicht behauptet, verliert man seine Selbstachtung und sein Selbstvertrauen und wird von einem Gefühl der Ohnmacht übermannt. Sich behaupten kann man auf zweierlei Art. Einmal kann man seinen Partner wegen seines ungerechtfertigten Ärgers zur Rede stellen, ihm klarmachen, wie man darunter leidet, und auf gewissen Verhaltensänderungen bestehen. Falls das nichts nützt, muß man ihn (oder sie) stehenlassen und so sein Selbstbewußtsein behaupten.

Beispiel

Katja kommt schließlich dahinter, was mit Daniel los ist, und beschließt, ihn darauf anzusprechen.

Katja: Hör mal, Daniel, ich glaube, du meckerst an mir herum, um mich für irgendwas zu bestrafen. Ich vermute, es hat etwas mit vergangener Nacht zu tun. Wolltest du mit mir schlafen und bist nun wütend, weil nichts gelaufen ist?
Daniel: Du scheinst aber auch wirklich nichts für Sex übrig zu haben!
Katja (mit Nachdruck, aber ohne Ärger): Das stimmt doch nicht, Daniel. Aber wenn du etwas von mir willst, solltest du mich ohne Zögern darum bitten. Dann bekommst du zwar auch nicht immer, was du willst, aber wenn du schweigst, erreichst du gar nichts.
Daniel: Mir ist es einfach manchmal peinlich, darum zu bitten,

so, als ob ich eigentlich kein Recht dazu hätte oder als ob ich ein kleiner Junge wäre, der seine Mammi um ein Bonbon bittet. Aber gut, ich versuch's.

Katja: Es mag dir ja peinlich sein, aber solange du dich nicht traust, wirst du immer mir die Schuld geben. Ich meine, du mußt dir schon selbst ein Herz fassen und mir ganz klar sagen, was du willst. Wenn du mich fertigmachst, will ich nichts mehr von dir wissen.

Daniel: Ich versuch's wirklich. Ich bin erstaunt, wieviel Angst ich davor habe, um das zu bitten, was ich gern hätte, speziell vor dir, dem einzigen Menschen, bei dem es mir doch leichtfallen müßte. Dies war jetzt ganz schön schwer für mich; danke dir für das Feedback!

Das Gespräch wäre ganz anders verlaufen, wenn Daniel ärgerlich zur Verteidigung übergegangen wäre. Falls er immer nur abwehrend gewesen wäre, hätte Katja sich irgendwann entscheiden müssen, ob sie diesen Mißstand noch länger hinnehmen will. Katja ist offenbar der Typ Mensch, der so etwas nicht lange toleriert. Das weiß und respektiert Daniel vermutlich, und deshalb läßt er sich auf die Diskussion ein. Es spricht aber auch für seine Bereitschaft und Fähigkeit, Feedback anzunehmen.

Wenn man sich schnell ärgert oder an anderen etwas auszusetzen hat, muß man zuhören lernen. Nur allzu leicht sucht man den Grund seines Ärgers in seinen Mitmenschen. Man verliert viel Zeit mit seinem Ärgerlichsein oder gereiztem, anmaßendem Auftreten anderen gegenüber. Und dabei denkt man womöglich noch, daß die zwischenmenschlichen Kontakte im Grunde recht gut sind, obwohl das Gegenteil der Fall ist. Ist man ein solcher Mensch, dann ziehen sich andere, mit denen man nahen Umgang hat, zumindest psychisch von einem zurück, indem sie nicht mehr mit einem reden, ihre Worte abwägen oder einem nur das erzählen, was man gerne hören möchte. Hört man doch einmal zu, fallen einem natürlich eine Menge Dinge auf, die man nicht einfach hinnehmen will und denen man nicht zustimmt. Aber zuhören muß man schon, wenn man jemals eine vernünftige Partnerschaft erleben will. Paßt die obige Beschreibung auf

Sie oder Ihren Partner? Dann machen Sie sich gleich an die nächste Übung.

Übung: Dem Ärger zu Leibe rücken

Lassen Sie einen Freund, Ihren Partner oder Ihr Kind den obigen Abschnitt lesen und fragen Sie, ob die Beschreibung auf Sie zutrifft. Hören Sie gut zu, was der oder die Betreffende dazu zu sagen hat. Wenn Sie merken, daß Sie in Abwehrstellung gehen, atmen Sie tief durch, und hören Sie einfach nur zu. Danken Sie für das Feedback, und denken Sie über das Gehörte zwei Tage nach, ehe Sie wieder mit der betreffenden Person darüber sprechen. Überlegen Sie sich, ob Sie das Experiment nicht mit einem anderen Menschen nochmals durchführen wollen.

Sollte die Beschreibung in etwa auf Sie zutreffen, dann nehmen Sie Papier und Bleistift zur Hand und schreiben Sie sie ab, wobei Sie das «man» durch «ich» ersetzen. Zum Beispiel: «Ich ärgere mich schnell, ich habe an anderen etwas auszusetzen ... Ich suche den Grund meines Ärgers in meinen Mitmenschen ...» Machen Sie ruhig noch mehr Aussagen über sich selbst. Dadurch kommen Sie mit sich selbst ins Reine und fangen endlich an, sich für Ihren Ärger und die Ängste, die unterschwellig Ihren Ärger nähren, verantwortlich zu fühlen.

Anderer Leute Ärger

Wenn Eltern ein Kind aus Ärger bestrafen, ausschimpfen oder ihm die Liebe entziehen, gerät das Kind in Panik. Je ungerechtfertigter einem Kind der Ärger erscheint, um so größer ist seine Verwirrung. Alle Eltern lassen irgendwann einmal ihren Ärger an den Kindern aus, um sie in den Griff zu bekommen oder zu bestrafen. So trägt jeder von uns noch als Erwachsener die Furcht in sich, wütend ausgeschimpft oder verärgertem Schweigen ausgesetzt zu werden. Auf anderer Leute Gereiztheit reagiert man entweder selbst mit Verärgerung oder mit Angst und Panik. Beide Reaktionen ändern nichts an der Sachlage.

Dem Ärger eines anderen Menschen zu begegnen ist eine Kunst, um die man nicht herumkommt, wenn es um zwischenmenschliche Beziehungen geht. Voraussetzung dafür ist ein Bewußtsein der eigenen Angst vor dem Ärger, der eigenen Einstellung zum Ärger und der Verhaltensweisen, deren man sich bei Ärger bedient.

Sobald man den Ärger eines Mitmenschen bedrohlich zu spüren bekommt, steigt allmählich in einem selbst die Galle hoch. Dann muß man nicht nur mit der Gereiztheit des anderen fertig werden, sondern auch noch mit der eigenen. Selbst ärgerlich zu werden, nur weil jemand anders sich gerade ärgert, heißt, der eigenen Angst vor dem Ärger Raum zu geben. In vielen Partnerschaften verbreitet sich der Ärger wie eine ansteckende Krankheit und greift um sich wie eine Grippe. Ärger durch Ärger zu bekämpfen kann aber auch bedeuten, daß man sich die Umgangsart der oder des Betreffenden zu eigen macht und womöglich irgendwann enttäuscht, erschöpft und voller Selbstzweifel auf der Strecke bleibt.

Es gibt unserer Meinung nach ein paar Punkte, die Sie beherrschen sollten, wenn jemand seinen Ärger an Ihnen ausläßt. Allerdings sind sie nur dann wirklich von Nutzen, wenn beide Beteiligten ernsthaft aufhören wollen, sich zu ärgern, und an einer besseren Kommunikation interessiert sind.

- Bestätigen Sie Ihrem Gegenüber seine oder ihre Verärgerung. Oft versuchen wir, dem oder der Betreffenden den Ärger auszureden und sagen: «Du bist doch gar nicht wirklich wütend» oder: «Du kommst schon drüber weg, so schlimm ist es ja nicht.» Das tun wir aus Angst vor der Wut des anderen Menschen. Sie anzuerkennen zeigt, daß man sieht, was abläuft, und sich darauf einstellt.

- Halten Sie die Augen offen und schauen Sie, wann Ihre eigenen Ängste und Abwehrmechanismen ins Spiel kommen. Wenn jemand böse auf Sie ist, reagieren Sie unter Umständen überempfindlich und verstehen alles völlig falsch. Vielleicht machen Sie auch aus der leichten Verärgerung des anderen eine «Sauwut». Ehe Sie sich mit dem Ärger einlassen, sollten

Sie vier- bis fünfmal tief durchatmen, bis 20 zählen und sich überlegen, in welcher Absicht Sie reagieren wollen. Sie können sogar in Betracht ziehen, gar nichts zu tun. Wenn Ihnen die Worte fehlen, versuchen Sie es einmal hiermit: «Ich weiß nicht, was ich sagen soll», und belassen Sie es einfach dabei. Oder: «Ich muß erstmal über das nachdenken, was du da gesagt hast.» Oder: «Ich glaube, wenn ich jetzt etwas sage, wirst du noch wütender auf mich. Ich rede lieber mit dir, wenn du dich beruhigt hast und zuhören kannst.»

- Wenn Sie das Gespräch fortsetzen wollen, stellen Sie klar, wie Sie eigentlich die Sache sehen. Geben Sie Ihrem Partner das entsprechende Feedback, zum Beispiel: «Du bist ja im Augenblick richtig wütend auf mich. Ich begreife nicht, worüber du dich ärgerst! Sag's mir doch bitte.»

- Finden Sie heraus, was Ihr Gegenüber von Ihnen will. Sagen Sie: «Ich weiß gar nicht, was du willst; sag mir's doch!» Oder: «Sag mir doch, was du von mir erwartest.»

- Reden Sie miteinander über die Rolle, die jeder von Ihnen bei der gereizten Auseinandersetzung gespielt hat.
  Vielleicht hat nur einer von Ihnen den Streit verursacht, aber es gehören eben zwei dazu, ihn wieder zu schlichten.

- Vereinbaren Sie, wie Sie in Zukunft ähnliche Situationen meistern wollen, etwa so: «Wenn ich dich nicht rechtzeitig treffen kann, rufe ich an.» Oder: «Mäkel bitte nicht an mir herum, solange ich beschäftigt bin; warte doch, bis wir beide Zeit haben, uns in Ruhe damit zu befassen.» Oder: «Wenn es Ärger gibt und wir zu allem Überfluß auch noch eilig irgendwohin müssen, warten wir besser, bis wir Zeit für ein Gespräch haben.»

- Geben Sie Fehler oder Mißverständnisse freimütig zu, beispielsweise mit folgenden Worten: «Tut mir leid, ich wußte nicht, daß es dir so zusetzen würde.» Oder: «Du hast recht, das war wirklich unüberlegt von mir.» Und wenn Sie meinen, daß der Ärger des anderen nichts mit Ihnen zu tun hat, dann sagen Sie das auch: «Ich glaube, deine Verärgerung hat nichts mit mir zu tun, nicht wahr?» Oder: «Mir scheint, du bist total verärgert. Irgend etwas muß dir auf der Seele liegen.»

- Seien Sie bereit, sich selbst und Ihrem Partner gegenüber Nachsicht zu üben für das, was Sie getan oder unterlassen haben. Das heißt allerdings nicht gleich Vergeben und Vergessen. Und ein Nachsehen zu haben, heißt auch nicht, die Handlungsweise des Partners grundsätzlich akzeptabel zu finden. Vielmehr geht es darum, aus den eigenen Fehlern zu lernen und sich weiterzuentwickeln. Sie müssen aber auch bereit sein, zu einer Übereinkunft zu stehen, die Sie im Gespräch miteinander erzielt haben, und Ihren Partner ebenfalls dazu zu verpflichten.

- Wenn keine Vereinbarung in Sachen Ärger zustandekommt, sollten Sie einen Freund hinzuziehen oder eine Beratungsstelle aufsuchen, um Ihre Schwierigkeiten auszuräumen und den vermutlich bei Ihnen beiden immer wieder aufkeimenden Ärger richtig anzugehen. Die Gereiztheit verliert sich nicht einfach, nur weil Sie unfähig oder nicht gewillt sind, sich damit zu befassen. Sie gleicht dem Rasen vor dem Haus – das Gras wächst und wächst, und je länger man das Mähen hinauszögert, um so schwieriger wird die Sache.

Mit Ärger kann man so umgehen lernen, daß sich die Partnerschaft verbessert. Nötig dazu sind Disziplin, der Wille, aufrichtig zu sein, und zwei Leute, die bereit und in der Lage sind, ihre Ängste zu durchschauen und zu erforschen.

Ausstieg aus der Ärgerspirale

Irgendwann einmal hat jeder in seiner Partnerschaft einen furchtbaren Krach zu bestehen; man schäumt vor Wut und würde den andern am liebsten umbringen. Manchmal werden auch beide Partner gerade im gleichen Augenblick wütend. Je höher die Gemütswogen schlagen, um so schlechter wird meist auch die Kommunikation. Wenn zwei Partner wütend werden, stoßen letztlich einfach zwei verschiedene Vorstellungen, Empfindungen und Beurteilungen hart aufeinander. Mit Sicherheit hört dann keiner dem anderen zu.

Um davon loszukommen, müssen Sie aussteigen, mit den Wortgefechten aufhören und sich aufs Zuhören einigen, auch wenn Sie beide noch so geladen sind. Sobald Sie das nächste Mal mit Ihrem Partner in Streit geraten, holen Sie acht- oder neunmal tief Luft und suchen Sie nach einer Lösung, die für beide Seiten annehmbar ist. Manchmal ist es besser, ein, zwei Stunden oder sogar einen ganzen Tag zu warten, um dann vernünftig und konstruktiv zur Sache zu gehen. Wenn Sie und Ihr Partner gesprächsbereit sind, müssen Sie *unbedingt* die folgende Verhaltensregel beherzigen: *Jeder darf erst für sich sprechen, nachdem er genau wiederholt hat, was er den anderen hat sagen hören.* Bevor Sie also Ihren eigenen Standpunkt vortragen, müssen Sie wissen, was Ihr Partner gesagt hat. Sie sollten seine (oder ihre) Gedanken und Gefühle so gut verstehen, daß Sie sie kurz wiedergeben können. Dadurch verlangsamt sich überdies der ganze Ablauf, so daß jeder von Ihnen Zeit zum Nachdenken hat, bevor er etwas sagt. Klingt doch einfach, nicht wahr? Das ist es auch, wenn Sie sich lediglich auf Ihren Atem und das Zuhören konzentrieren. Schwierig wird es, wenn Sie darauf brennen, sich alles auf einmal vom Herzen zu reden.

Nur durch die genannte Methode läßt sich dem gegenseitigen Hochschaukeln Einhalt gebieten. Wenn Sie Zweifel daran haben, lassen Sie einfach bei Ihrer nächsten Auseinandersetzung eine Kassette mitlaufen und hören Sie sich Ihren Wortwechsel später nochmals an. Ist er mit dem folgenden Gespräch vergleichbar?

Wir hatten kürzlich ein Wortgefecht, bei dem wir buchstäblich alle Regeln dieses Buches gebrochen haben. Jeder von uns verschwand in seinem speziellen Schmollwinkel – Judy ins Schlafzimmer und Jim in sein Büro. Allein für uns strickten wir dann beide im Geiste an unserer Auseinandersetzung weiter – ein typischer Fall von «meiner oder keiner Nase nach»! Schließlich ging uns auf, wie lächerlich es doch war, daß wir beide nun einsam und verlassen irgendwo herumhockten. Wir beschlossen, noch einmal von vorne anzufangen und diesmal die Regeln vom Zuhören und Atmen zu befolgen.

Judy: Ich möchte mit dir über die gestrige Party reden. Ich bin wirklich sauer über das, was da gelaufen ist.
Jim: Ich habe doch richtig verstanden – du willst mit mir über die Party gestern abend sprechen und bist stocksauer auf mich.
Judy: Das stimmt nur zum Teil. Ich habe gesagt, ich bin sauer auf dich nach dem, was da gelaufen ist.
Jim: Wie ich höre, bist du also sauer auf mich nach dem, was da gelaufen ist.
Judy: Ja, richtig.
Jim: Ich weiß wirklich nicht, worüber du dich so aufregst. Mir hat die Party Spaß gemacht, und was mich betrifft, war alles prima.
Judy: Wenn ich recht verstanden habe, begreifst du nicht, worüber ich mich aufrege. Du fandest den Abend prima.
Jim: Genau.
Judy: Ich bin sauer, weil du meines Erachtens sofort nach unserer Ankunft davonspaziert bist und ich dich den Rest des Abends nicht mehr zu sehen bekam. Ich hatte das Gefühl, von dir ignoriert und links liegen gelassen zu werden.
Jim: Du meinst also, als wir auf der Party ankamen, wäre ich davonspaziert und du hättest mich den Rest des Abends nicht mehr zu sehen bekommen.
Judy: So ist es, und ich hatte außerdem das Gefühl, von dir ignoriert zu werden.
Jim: Du sagst also, ich hätte dich ignoriert.
Judy: Allerdings.
Jim: Meiner Meinung nach habe ich dich nicht ignoriert, und ich bin meines Wissens auch nicht den ganzen Abend weg gewesen. Ich bin doch ein paar Mal zu dir gekommen, zum Beispiel um dir einen Drink zu bringen oder so. Du hast dich mit irgendwelchen Leuten unterhalten und dich anscheinend glänzend amüsiert.
Judy: Soweit ich verstanden habe, bist du also der Meinung, mich nicht vorsätzlich ignoriert zu haben, und ich hätte mich anscheinend im Gespräch mit irgendwelchen Leuten bestens

amüsiert. (Judy merkt, wie ihr allmählich die Galle hochsteigt, und sie holt ein paarmal tief Luft, um nicht die Fassung und den Faden zu verlieren.)
Jim: Ja. (Jim spürt Judys wachsenden Zorn und merkt, wie er selbst in Abwehrstellung gehen möchte; auch er holt ein paarmal tief Atem, um diesem Impuls nicht nachzugeben. Er weiß aus Erfahrung, daß es garantiert zum Streit kommt, wenn er sich verteidigt.)
Judy: Mir kam das ganz anders vor. Ich mag's nicht, wenn du dich fast den ganzen Abend mit anderen Leuten unterhältst. Meiner Ansicht nach hast du mit mir höchstens mal hier und da ein Wort gewechselt, sonst nichts. (Judy macht eine Pause, denn ihr kommt zu Bewußtsein, daß sie gerade wieder in Fahrt gerät, und wenn sie jetzt Dampf abläßt, hat Jim eine Menge auszuhalten.)
Jim: Wenn ich recht verstanden habe, magst du es nicht, daß ich mich fast den ganzen Abend lang mit anderen Leuten unterhalte – was du sonst noch gesagt hast, habe ich vergessen. Bitte wiederhol es nochmal.
Judy: Daß du höchstens hier und da mal ein Wörtchen mit mir gewechselt hast.
Jim: Und du magst es auch nicht, wenn ich nur ab und zu mal ein Wort mit dir wechsle.
Judy: Stimmt.
Jim: Das war mir nicht bewußt. Wirklich nicht. Ich habe dich nicht vorsätzlich links liegen gelassen. So was lag überhaupt nicht in meiner Absicht. Wie gesagt, du schienst dich prächtig zu amüsieren.
Judy: Wie ich höre, sagst du, dir sei nicht bewußt gewesen, daß es mich ärgern würde; du hast einfach geglaubt, ich würde mich amüsieren.
Jim: Ja.
Judy: Ich hätte gerne, daß wir eine Vereinbarung treffen, wie wir uns in Zukunft auf Partys verhalten, damit solche Mißverständnisse nicht mehr vorkommen. Mein Wunsch wäre es, du würdest mehr Zeit mit mir verbringen, statt mich bei irgendwelchen Leuten stehenzulassen, die ich nicht kenne.
Jim: Du hättest also gerne, daß wir eine Vereinbarung darüber

treffen, wie wir uns auf zukünftigen Partys verhalten. Du möchtest mehr mit mir zusammen sein.
Judy: Richtig.
Jim: Na schön. Wie wär's, wenn wir zu Anfang beieinander blieben, um uns zu orientieren und einzugewöhnen? Sieht dann einer von uns jemanden, mit dem er gerne reden würde, sagen wir uns das und gehen zusammen hin.
Judy: Wenn ich recht verstanden habe, wollen wir erst mal einige Zeit zusammen bleiben, um uns auf der Party zu orientieren. Und falls einer mit jemandem sprechen will, tun wir das gemeinsam.
Jim: Ja.
Judy: Klingt gut. Ich bin immer ein bißchen nervös, wenn ich auf einer Party ankomme, und wenn du dann noch davon gehst, habe ich das Gefühl, dir total gleichgültig zu sein.
Jim: Wie ich höre, bist du mit meinem Vorschlag einverstanden, und du bist auf einer Party zuerst nervös, und dann denkst du, du wärst mir gleichgültig, wenn ich davongehe.
Judy: Ja.
Jim: Das war mir nicht gegenwärtig. Ich bin übrigens auch nervös, und dann mische ich mich unters Volk, um meine Nervosität zu verbergen, und da werde ich eben hier und da aufgehalten.

(Wir haben dann noch darüber geredet, wie wir uns bei Festen und anderen Gelegenheiten, die uns Angst machen, verhalten. Das half uns, unseren Ärger zu überwinden und mehr Verständnis und Liebe füreinander aufzubringen.)

Diese Methode wirkt etwa so wie eine Kapitalanlage bei der Bank – die Zinsen mehren sich, und damit hat man ein gutes Rückenpolster für überraschende Notsituationen.

Wir haben über die Jahre in unserer Praxis und in Partner-Workshops mit Tausenden von Leuten gearbeitet und festgestellt, daß sie bei entsprechender Übung nach den Methoden dieses Buches kaum noch Probleme mit Ärger, Angst, Mißtrauen und zwischenmenschlichen Spannungen haben. Sie wechseln vom Ärger zur Liebe über, von der Verwirrung zur Klarheit und vom Chaos zum Seelenfrieden. Das können *Sie* auch, vorausgesetzt, Sie übernehmen das Gelernte in Ihren Lebensalltag.

Verprügelte Frauen, verängstigte Kinder: Schutz vor der Wut und Aggressivität des Mannes

Zigtausende von Frauen und Kindern sind der Wut und Aggressivität von Männern ausgesetzt. Etwa 50 Prozent aller erwachsenen Frauen werden irgendwann in ihrem Leben einmal verprügelt. Laut Statistik kommt es heute in den westlichen Ländern in 50 bis 60 Prozent der Ehen zu Handgreiflichkeiten. Die Verletzungen, die Frauen dabei davontragen, reichen von Prellungen, Schnittwunden und Zerrungen bis hin zu Knochenbrüchen und Verletzungen mit Todesfolge. Eine verprügelte Frau ist normalerweise nicht das Opfer eines einzigen gewaltsamen Zwischenfalls; sie ist meist völlig gefangen in einem Teufelskreis aus Wut und Brutalität mit physischer und seelischer Gewaltanwendung. Wütende, gewalttätige Männer finden sich in allen Gesellschaftsgruppen, Kulturen und Schichten. Sie mißbrauchen Frauen aller Altersstufen, insbesondere schwangere Frauen.

Zur Gewalttätigkeit neigende Männer unterhalten intensive Abhängigkeitsverhältnisse mit ihren Partnerinnen. Sie sind äußerst besitzergreifend und eifersüchtig und greifen zu extremen Mitteln (einschließlich Einschüchterung und Gewalt), um die Frauen unter Kontrolle zu halten. Solche Männer haben Probleme, ihre persönlichen Bedürfnisse, Gefühle und Emotionen zum Ausdruck zu bringen, nur beim Ärger nicht. Sie glauben an die Überlegenheit des Mannes und halten an der überkommenen Vorstellung vom Mann als Familienoberhaupt fest. Nach unseren Berufserfahrungen sind schnell gereizte, zur Gewalttätigkeit neigende Männer nur schwer zu beeinflussen, sie sind in einer Beratung höchst mißtrauisch und ablehnend.

Wenn Sie eine Frau sind, die von ihrem Partner mißhandelt wird, kann Ihnen dieses Buch nicht viel weiterhelfen. Er wird auf Ihre Anregungen mit Ablehnung und Ärger reagieren, vielleicht sogar mit noch mehr Gewalt. Die Wurzel des Übels liegt nicht in Ihrer Beziehung. Ihr Partner muß zuallererst einmal alleine mit seiner Wut und seinen Aggressionen ins Reine kommen. Er hat Probleme, die eine Langzeitbehandlung erfordern. Wahrscheinlich wird er, falls überhaupt, nur dann Rat suchen, wenn Sie ihn verlassen. Wir sehen allerdings ein und verstehen, daß Ihnen das fürs erste ungemein schwerfällt. Aber es stehen Ihnen immerhin einige Möglichkeiten offen. Versuchen Sie herauszufinden, ob es in Ihrer Nähe ein Frauenhaus gibt; fragen Sie gegebenenfalls beim örtlichen Sozialamt nach, wenn Sie im Telefonbuch nichts finden. Falls Sie verläßliche Freunde oder Verwandte haben, gehen Sie dorthin. Sollten Ihre Verwandten Ihnen raten, die Zähne zusammenzubeißen und weiterzumachen, hören Sie nicht darauf; halten Sie lieber nach Mitteln und Wegen Ausschau, loszukommen. Ihre Entscheidung, den Partner zu verlassen, wird Ihnen sicherlich schwergemacht, weil er nach jeder Mißhandlung beteuern wird, es nie wieder zu tun, und dann einige Zeit ruhig und liebevoll ist. Schon werden Sie hoffen, daß es nie wieder so weit kommt. Sobald er erneut Gewalt gegen Sie anwendet, sollten Sie handeln.

Haben Sie es endlich geschafft, Ihren Partner zu verlassen, wird er wahrscheinlich um Vergebung betteln und schwören, Sie nie wieder zu schlagen oder zu bedrohen. Er wird Sie zu überzeugen versuchen, daß er sich seiner Schuld bewußt ist und sich geändert hat. Nach unseren Erfahrungen ändern sich zu Gewalt und Mißbrauch neigende, aggressive, gewalttätige Männer jedoch erst nach einer langfristigen Therapie. Dazu gehört die Behandlung in individuellen Sitzungen und die Teilnahme an Männergruppen, die von einem oder zwei Männern geleitet werden. Zu Gewalttätigkeit neigende Männer brauchen bei der Partnerberatung zu Anfang die Gegenwart, Anleitung und Unterstützung von Geschlechtsgenossen, die bereits dabei sind, ihre Probleme in den Griff zu bekommen. Einmal während der Therapie sollte der Mann überdies an einem Intensivkurs von mindestens einer Woche, vorzugsweise jedoch einem Monat Dauer teilnehmen.

Zu Wutausbrüchen neigende, gewalttätige Männer lassen sich nur helfen, wenn sie in einer Krise stecken, in der sie ohne weibliche Unterstützung hilflos sind. Sie suchen selten Rat, es sei denn, Ihre Partnerin verläßt sie oder sie müssen sich vor einem

Gericht verantworten. Da sie also nur in Notlagen Hilfe suchen, verlieren sie, sobald diese Situation vorüber ist, schnell die Geduld und werden wankelmütig in ihrem Entschluß, sich zu ändern. Wichtig ist es daher, daß man diesem Mann in seiner Not Beistand leistet und daß die Partnerin auch Monate später nicht lockerläßt. Sie muß darauf pochen, daß er weiter zur Beratung geht, wenn je Hoffnung auf Besserung bestehen soll. Jeder Widerstand von seiner Seite ist ein Anzeichen für sein Unvermögen und seine Abneigung, sein Problem in seiner ganzen Tragweite zu erfassen. Selbst angesichts von ersten einschneidenden positiven Veränderungen in seinem Verhalten sollten er und die Partnerin weiter am Beratungsprogramm teilnehmen, damit dieser Wandel zum Guten auch in das Alltags-Verhaltensmuster übernommen wird. Der betreffende Mann muß lernen, seine Ungeduld zu zügeln und sich nicht von seiner überoptimistischen Sicht der Sachlage täuschen zu lassen. Er muß Selbstbeherrschung lernen und Realitätssinn entwickeln, und dazu braucht er Zeit. Erst wenn er sich eingehend mit seinem Ärger, seiner Gewalttätigkeit und Aggressivität befaßt hat, können auch die anderen Themen der Partnerschaft wieder angeschnitten werden.

Ihre Wut und Gewaltsamkeit lassen Männer auch an ihren Kindern aus. Der sexuelle Mißbrauch von Kindern ist eines der schlimmsten Gewaltprobleme in Familien. Ungefähr 75 Prozent aller Sexualvergehen in westlichen Ländern werden von Familienangehörigen oder guten Bekannten der betreffenden Familie verübt. Gerade die Umgebung also, die dem Kind Liebe, Geborgenheit und Wärme bieten sollte, bereitet ihm schreckliche Ängste, Unruhe und Qual. Jedes zweite Mädchen und jeder dritte Junge fällt unsittlichen Handlungen zum Opfer. Von hundert Mädchen werden vier vergewaltigt; drei von fünf sexuell mißbrauchten Kindern sind von ihren Angreifern bedroht oder durch Körperkraft bezwungen worden. Tragischerweise wird oft nicht etwa der Schuldige, sondern das betroffene Kind von zu Hause entfernt, während der Übeltäter, meistens der Vater oder ein männlicher Bekannter, ungestraft und unverändert in seiner Gemeinde wohnen bleibt.

Unserer Meinung nach ist die angestaute männliche Wut,

Aggressivität und Gewalttätigkeit in dieser Gesellschaft für diese neue «Pest» verantwortlich, von deren Auswirkungen niemand verschont bleibt. Dabei handelt es sich nicht um Partnerschaftsprobleme, die durch eine Ehe- oder Partnerberatung geklärt werden können. Die betreffenden Männer müssen schon mit ihrem gestörten Innenleben, ihrer Hilflosigkeit, Unreife, Unsicherheit und Angst sowie ihrer starken emotionalen Abhängigkeit von den Frauen fertig werden, ehe sie je an ein gleichberechtigtes, liebevolles Partnerverhältnis denken können.

VIII
Die Sexualität in einer langfristigen Partnerschaft

Laura ging vor Fred her ins Schlafzimmer. Sie waren gerade vom Essen in einem ihrer Lieblingsrestaurants nach Hause gekommen. Nahezu den ganzen Abend hatten sie damit verbracht, einander Einblick in ihren jeweiligen Lebensalltag zu geben, obwohl sie sich morgens noch gesehen hatten. Sie sahen sich eigentlich seit ihrer Heirat vor elf Jahren jeden Tag, bis auf die üblichen Geschäftsreisen. Der Abend war unterhaltsam und romantisch gewesen.

Laura: Ich stand vor dem Spiegel, als er ins Schlafzimmer kam. Er legte sanft einen Arm um mich und zog mich langsam zu sich hin. Es klingt vielleicht albern, aber es war wie eine Szene aus einem dieser alten Liebesfilme. Er nahm mein Gesicht in beide Hände und hauchte mir einen Kuß auf die Lippen, zart wie ein Flaumfederchen. Mein Körper durchlief ein erwartungsvolles Prickeln. Ich sage Ihnen, es war die reine Wonne. Er ließ seine Finger durch meine Haare gleiten. Mir ist egal, was Sie von Ihrer Kopfhaut als erogener Zone meinen, für mich war sie's jedenfalls an diesem Abend. Ich wünschte mir, er würde jetzt sagen: «Komm, ziehen wir uns aus», aber er sagte es nicht. Statt dessen begann er zu meinem Entzücken, ganz langsam mit den Fingerspitzen meine Schultern, meine Arme und meinen Oberkörper nachzuzeichnen. Es war wie beim ersten Rendezvous, wissen Sie, zaghaft und doch einladend. Und stellen Sie sich vor, dann bekam ich nach 11 Jahren Ehe tatsächlich eine Gänsehaut, als er seine Fingerkuppen sanft an meiner Wirbelsäule auf und nieder spielen ließ. Er war auf einmal ein gutaussehender, hochgewachsener Fremdling, in den ich unsterblich verliebt war. Seine Hände waren keine normalen Hände mehr, als sie nun langsam über meinen Rücken und die Außenseite meiner Schenkel strichen. Meine Brüste berührte er nicht – noch nicht, obgleich ich mir im Augenblick nichts sehnlicher wünschte. Ich wollte, wir wären schon ausgezogen gewesen, ich wollte überall gestreichelt werden, ihm ganz nahe sein.

Fred: Sie sah mich wie hypnotisiert an, als habe sie nur noch einen Gedanken – Haut an Haut, Mund auf Mund, Hand in Hand, Körper auf Körper. Ich war fast außer mir, als sie anfing, ihren Körper mit katzenhaftem Wohlbehagen an meinen zu schmiegen, einfach aus Freude an der Reibung. Wie durch ein Wunder standen wir noch immer, und meine Beine zitterten leise, als sie sich nun an die Wand lehnte und mich gleichzeitig an sich zog. Ihre heißen, feuchten, weichen Lippen schlossen sich so fest um meinen Mund, als wolle sie ihm eine bestimmte Form geben. Dann glitten sie weiter zu meinen Augen und meiner Nase, während sie gleichzeitig meine Schultern und meine Brust liebkoste. Ich war fast wie gelähmt vor Erregung, da preßte sie mir plötzlich ihre Fingerspitzen tief ins Fleisch, als ob sie versuchte, mich in die Wirklichkeit zurückzuholen. Der Schmerz peitschte neues Leben in meinen Körper und steigerte ihre wahnsinnige Lust. Ein leiser Zweifel beschlich mich, ob das nun meine Frau war oder eine namenlose Fremde. Ich wagte nicht hinzuschauen, um den Zauber bloß nicht zu brechen.

Laura: Wieder überraschte er mich: Er fing an, den Reißverschluß an meinem Kleid aufzuziehen. Ich wollte es kaum glauben! Nie im Leben hätte ich gedacht, daß dieses Reißverschlußöffnen mich so in Erregung versetzen würde – aber es war wirklich so! Er muß eine Viertelstunde gebraucht haben, um den Reißverschluß bis zu den Hüften hinunter zu bekommen. Ich war richtig in Fahrt, mir war so, als würde mit jedem Zentimeter die Hitze zunehmen, so daß die Innenseiten meiner Schenkel vor Begehren bebten, als er endlich fertig war. Doch er hörte jetzt nicht etwa auf! Er zog mich von Knopf zu Knopf, Zentimeter für

Zentimeter aus, wie jede Frau wenigstens ein einziges Mal in ihrem Leben entkleidet werden möchte. Ich war so trunken vor Wonne, daß ich kaum merkte, wie er mit dem anfing, was man in seiner Lust als nächstes erwartet. Aber das machte nichts, vielleicht war es noch Öl aufs Feuer; ich bin nicht sicher, was er tat, weil ich so heiß war, daß er es bis zu unser beider Erschöpfung immer wieder hätte tun können.

Fred: Ich erinnere mich jetzt nur schwach an die Einzelheiten, weil es mir so vorkam, als würden unsere Körper einander zum erstenmal berühren. Ich war wie berauscht von den Gefühlen, die dieses Aneinanderschmiegen und unsere verlockenden Münder auslösten, bis unsere Bewegungen schließlich langsamer, traumhaft wurden. Sie begann, langsam mein Hemd bis zur Taille aufzuknöpfen, meinen Gürtel zu lösen, den Reißverschluß aufzuziehen. Irgendwie gelang es uns, ins Bett zu kommen, und ohne einen Blick zog sie mich, auf dem Rücken liegend, zu sich und sog mich in sich hinein, so daß ich bis in die tiefsten Tiefen ihres Schoßes vordringen konnte. Jede Zelle meines Körpers war zum Leben erwacht, als hätte irgendein Verrückter sie an eine geheime Stromquelle angeschlossen. Mein Körper spannte sich allmählich an wie eine Spiralfeder, bis ich mich endlich mit jedem Muskel, jeder Pore und jeder Zelle verströmte und auch den letzten Rest des eigenen Willens aufgab.

Laura: Noch nie hatte ich ein so irrsinniges Glücksgefühl erlebt. Ich erinnere mich vage, daß ich geschrien, dann einen Seufzer ausgestoßen und überraschenderweise aufgelacht habe, als Freude meinen Körper durchströmte. Mutter würde das nie und nimmer gutheißen.

Fred: Ich zitterte am ganzen Leibe. Weiche Wolken nahmen mich auf, ich schmolz dahin und verging, als wir endlich in einer allesumfassenden Umarmung glücklich beieinander lagen. Eine angenehm vertraute Empfindung durchströmte mich sanft von Kopf bis Fuß. Wir staunten einander an, ohne mit einem Wort den schönen Zauber aufzuheben. Als ich in ihre vertrauten, lieben Augen blickte, rollten mir vor lauter Freude über unsere Liebe und Nähe Tränen übers Gesicht. Erstaunlich, so etwas nach elf Jahren Ehe, zwei Kindern plus Eigenheim zu erleben!

Ein Stück weiter die Straße hinunter haben Thomas und Sandra gerade ihr allabendliches Schweigeritual mit den Fernsehnachrichten beendet, die Katze nach draußen gesetzt, die Türen abgeschlossen, die Kaffeemaschine betriebsfertig gemacht, sich die Zähne geputzt und sind, jeder für sich, um 23.55 Uhr ins Bett gegangen. Thomas stellt noch den Wecker auf 6.23 Uhr. Ein flüchtiger Kuß, ein «gute Nacht, Schatz», und jeder rollt sich auf seiner Seite des Prunkbettes zusammen – in abgrundtiefer Einsamkeit voneinander getrennt. Wie sie da so liegen, Rücken an Rücken, die Augen in der angenehmen dunklen Stille weit geöffnet, beschäftigen sich beide in Gedanken bitter mit einem ihrer vielen ungelösten Konflikte, die sich in ihrer achtjährigen Ehe angesammelt haben – eine lautlose Zwiesprache beginnt.

Thomas: Ich bin so scharf, daß es schon weh tut. Aber *sie* hat natürlich wieder keine Lust – wie immer. Mache ich sie jetzt an, sagt sie wahrscheinlich, es sei zu spät. Wenn ich nicht bald mal zum Zuge komme, platze ich. Dabei bin ich mir nicht mal sicher, ob ich's überhaupt mit ihr machen will.

Sandra: Du lieber Himmel, schon wieder. Ich merk' doch sofort, wann er wieder einen Ritt braucht. Seine Bemerkungen über die Frauen bei den Nachrichten eben, spät abends die heiße Dusche, sein leises Ächzen und Stöhnen, die Hitze, die er ausströmt. Die üblichen Anzeichen – bei ihm ist alles vorauszusagen. An *mir* liegt ihm eigentlich nichts, er will nur Dampf ablassen. Wenn er mich wie eine Frau behandeln würde, für die er Liebe und Zuneigung empfindet, wäre ich ja ein bißchen zugänglicher im Bett. Aber so – was glaubt er denn, wer ich bin? Eine Maschine?

Thomas: Ich könnte ja hinüberrollen und sie küssen, aber wofür? Sie ist so leidenschaftlich wie eine bleierne Ente. Du meine Güte, bin ich scharf. (Er räkelt sich, stöhnt und streckt die Hand aus, um sie zu berühren.) Vielleicht könnte ich mir vorstellen, sie wäre Doris vom Büro. Was das für eine heiße Nudel ist! Hmm. (Er langt hinüber und fängt an, ihren Nacken zu rubbeln.)

Sandra: O nein, da geht's los – das war der Anfang. Wenn ich so tue, als würde ich schlafen, hört er vielleicht wieder auf.

Thomas: Jetzt zieht sie wieder die «Bei-mir-läuft-nichts»-Nummer ab. Ich wäre besser dran mit so 'ner aufblasbaren Puppe!

Sandra: Er läßt nicht locker. Vielleicht sollte ich einfach nachgeben, dann wär's wenigstens schnell vorbei. Es dauert ja nur ein paar Minuten. Verdammt, auch das ist noch zu lang. Er fällt dann einfach über mich her, und es tut weh, wie immer. Er steigt ab, und ich lieg' da mit dem Schlamassel. Ich muß ins Bad, er rollt rüber und schläft ein. Igitt.
Thomas: Ich bin affengeil, aber wenn ich jetzt loslege, komme ich mit Sicherheit zu früh. Kein Wunder – mit ihr zu schlafen ist so entwürdigend, sie gibt mir zu verstehen, daß sie mir einen Gefallen tut – sonst keinerlei Reaktion. Hinterher verabscheue ich mich wieder, das weiß ich jetzt schon. Aber ich bin wirklich geladen!
Sandra: Irre! Wie zwei Straßenköter. Wie kommt das bloß? Früher stand ich doch auf Sex, zu Anfang sogar mit Thomas. Gott, ist das schrecklich!
Thomas: Da, sie fügt sich – stinksauer und wie ein Stück Holz. Na schön, auf geht's, ich habe schließlich Anspruch drauf. Ich kann nichts dafür, daß sie frigide ist, ich für meinen Teil brauche Sex, auch wenn sie nichts bringt. (Er stürzt sich auf sie; sie ergibt sich bewegungslos in ihr Schicksal, und er kommt praktisch sofort. Er rollt sich von ihr herunter, erleichtert, aber auch voller Abscheu über sich selbst.) Was ist bloß mit mir los? Ich kann nicht mal meine Frau antörnen und sexuell meinen Spaß haben, was soll das alles!

(Als Sandra aus dem Badezimmer zurückkehrt, ist Thomas bereits auf seiner Bettseite eingeschlafen. Sie wirft ihm einen verächtlichen Blick zu und schlüpft in der Gewißheit unter die Decke, jetzt wieder mindestens eine Stunde wachzuliegen, bis der Schmerz in der Magengrube verschwunden ist und der Schlaf sie endlich erlöst.)

An diesen beiden Szenen werden die polaren Gegensätze deutlich – was in einer langfristigen Beziehung möglich wäre, und was zumeist der Fall ist. Dabei ist das eine Beispiel ebenso aufschlußreich wie das andere. Laura und Freds unerwartet glückliche Vereinigung, oder unsere individuelle Variante davon, gibt die Art von Erfahrung wieder, nach der wir uns sehnen, von der wir gesagt bekommen haben, so müsse Sex in einer Partnerschaft sein. Thomas' und Sandras qualvolle, widerwillige Begegnung spiegelt das wider, womit sich viele Paare abfinden, statt der Tatsache ins Gesicht zu sehen, daß in diesem Fall mit ihrer Beziehung etwas nicht stimmt. Ihre sogenannten Sexualprobleme sind lediglich Symptome für die tieferliegenden partnerschaftlichen Schwierigkeiten.

Übung: Erkundung der Einstellung zur Sexualität

Als Sie sich die obigen Beispiele zu Gemüte geführt haben, wie war Ihre Reaktion? Welche Stellen haben Sie geärgert? Wo waren Sie entzückt? Wo peinlich berührt? Wie haben Sie körperlich reagiert? Gab es Beschreibungen, die Sie widerwärtig fanden? Wie beurteilen Sie die beiden Szenen? Waren sie realistisch, unmoralisch oder nicht anschaulich genug? Welcher Teil würde Männern gefallen oder mißfallen? Welcher Abschnitt würde Frauen angenehm erregen oder abtörnen? Sind Ihnen irgendwelche lebhaften Vorstellungen in den Sinn gekommen? An welche Stellen erinnern Sie sich jetzt *nicht* mehr? Lesen Sie die Szenen wieder und wieder, und denken Sie dabei über diese Fragen nach. Vervollständigen Sie den folgenden Satz (schreiben Sie ihn auf), sooft Sie können, mit dem, was Ihnen spontan dazu einfällt: Sex ist... Überlegen Sie dabei, wann, wie und wo Sie zu Ihrer Einstellung zur Sexualität gekommen sind. Welche Überzeugungen behindern Sie in Ihrem Sexualleben? Welche machen Sie frei?

Die Zivilisierung der Sexualität

Frauen und Männer waren zu allen Zeiten mit ihrer Sexualität beschäftigt und darin verunsichert. Schoß und Phallus sind von zivilisierten Gesellschaften sowohl verehrt als auch verachtet worden. Die meisten alten Kulturen haben eine Art Do-it-yourself-Sexualhandbuch mitsamt Illustrationen hervorgebracht. Sexbücher und -videos sind lediglich zeitgemäße Versionen dieser uralten Traditionen. Alle Kulturen, besonders solche mit hochentwickelter Bürokratie, haben stets den Männern und Frauen abverlangt, ihre Sexualität zu unterdrücken und lieber die für die Beständigkeit der Gesellschaft notwendigen Güter und Dienstleistungen zu produzieren. Die Institution Familie, die Kirche, das Erziehungssystem und die Privatwirtschaft, sie alle haben daran mitgewirkt, die natürliche Sexualität der Leute zu vereinnahmen. Das ist durch Belohnungen und Strafen aller Art geschehen, je nach Institution.

Jeder von uns kann sich noch lebhaft an irgendein Ereignis oder eine verletzende Bemerkung erinnern, die darauf abzielte, einem die rege Neugier über die neuerwachten Empfindungen auszutreiben, die man in den Lenden spürte und die einen blind machten vor Erregung. Da die meisten Leute es weder verstehen noch gutheißen, daß mit dem Leben in einer zivilisierten Gesellschaft unweigerlich der Triebverzicht verbunden sein soll, wird nunmehr nach Behandlungsmethoden für «Sexualprobleme» geforscht, als seien diese Probleme so etwas wie eine Warze, die entfernt werden müßte. Es gibt kaum einen unter uns, der nicht in der einen oder anderen Weise sexuell gehemmt wäre, das heißt Schwierigkeiten hat, sich sexuell auszuleben. Wer in seiner primären Liebesbeziehung mehr Freude an der Sexualität erleben will, muß zum einen die gesellschaftlichen Normen und zum andern das meiste von dem, was er von Geburt an gelernt hat, über Bord werfen. Zum Beispiel müßte er zumindest zu folgender Überzeugung kommen: daß Sex Spaß macht; daß die Sexualität nur einen kleinen Teil der Partnerbeziehung ausmacht; daß Arbeitsstreß den sexuellen Genuß vermindert; daß Frauen den Männern ebenbürtig sind; daß man, um zu bekommen, was man will, klar und unumwunden das verlangen muß, was man will; daß Sex nicht unbedingt für beide Partner gleichzeitig ein Hochgenuß sein muß; daß Sexualkontakte meistens geplant werden müssen; daß sexuelle Phantasien zum Menschsein gehören, aber nicht unbedingt in die Wirklichkeit übertragen werden müssen; daß es durchaus ein Vergnügen sein kann, sexuell mit einem Partner zu verkehren, der gerade keine Lust hat, sofern dieser damit einverstanden ist.

«Natürliche Sexualität» gibt es nicht mehr. Wir sind so weit zivilisiert worden, daß unsere angeborene Sexualität für alle Zeiten einen Knacks hat. Es geht ihr in etwa so wie der ursprünglich natürlichen Umgebung einer Großstadt am Meer, die sich im Laufe der Zeit so verändert hat, daß sie praktisch nicht mehr existiert. Die Flüsse strömen zwar nach wie vor, das Meer macht zwar noch immer seinen Einfluß auf die betreffende Stadt geltend, das Wetter hat zwar weiterhin bestimmte Eigenarten, aber dennoch ist alles völlig anders, als es von Natur aus zu sein pflegte; es ist jetzt alles zivilisiert und städtisch geprägt. Das gleiche gilt für unsere Sexualität – sie ist ebenfalls «zivilisiert» worden. Einige unserer biologischen Triebe sind zwar noch vorhanden, müssen aber im kulturellen Kontext gesehen werden. Wenn sich beispielsweise ein Mann sexuell zu einer Frau hingezogen fühlt, dann besteht dieser Reiz nur zum Teil darin, daß er als männliches Wesen biologisch auf ihre Weiblichkeit reagiert; der Rest ist das Ergebnis seines Lebens in einem bestimmten Land, in einem bestimmten Milieu, seines Verhältnisses zu Vater und Mutter, seiner Zukunftserwartungen usw. Sein Verlangen nach einem bestimmten Typ Frau mit ganz bestimmten Körperformen oder einer bestimmten Haarfarbe wird zudem noch durch die Zeitschriften, Bücher und Fernsehsendungen beeinflußt, die ihm als Heranwachsender zugänglich waren. Ob die Frau ihrerseits von ihm gefesselt ist, hängt von den entsprechenden Faktoren auf ihrer Seite ab. Keiner von beiden ist sich dieser Einflüsse bewußt, jeder glaubt, es sei alles nur «natürlich». Auf welche Art von Menschen man anspricht, sagt eine Menge darüber aus, wie man sozialisiert worden ist, welche Werte und Erwartungen man hat und aus welchem Milieu man stammt.

Übung: Augen auf für sexuelle Reize

Skizzieren Sie den Typ Mann oder Frau, der für Sie den größten Reiz besitzt. Lassen Sie sich detailliert über den (unbekleideten) Körper der oder des Betreffenden aus, über die Geisteshaltung, an der Sie interessiert wären, sowie die Tätigkeit, die der- oder diejenige ausüben sollte, und überlegen Sie sich, was dieser Mensch unter bestimmten Umständen zu Ihnen sagen sollte. Wenn Sie hierzu Hilfe benötigen, beobachten Sie einfach mal die Leute auf einer belebten Einkaufsstraße und notieren Sie sich, was Sie an ihnen fesselt und was nicht. Fahren Sie damit fort, bis Sie das Profil Ihres Idealtyps erstellt haben. Überlegen Sie nun als nächstes, was dieses Profil über Sie selbst aussagt. Schreiben Sie sich das auf.

Grundvoraussetzungen und Hypothesen

Bevor wir uns eingehender mit diesem Thema befassen, wollen wir klarstellen, von welchen Hypothesen wir ausgehen und inwieweit wir befangen sind, was Sexualität und Sexualtherapie betrifft. Es geht zwar aus dem hervor, was wir schreiben, aber wir wollen uns lieber ganz unmißverständlich ausdrücken, da uns nach unseren Erfahrungen bei diesem Thema leicht die Worte im Mund umgedreht werden, weil die Leute ihr eigenes Moralverständnis ins Spiel bringen. Überdies beziehen wir uns in diesem Kapitel nur auf «ganz normale, neurotische» heterosexuelle Partner, die beide bereitwillig sexuell miteinander verkehren, ob sie daran ihr Vergnügen haben oder nicht.

- Was die Sexualität betrifft, sind wir alle mehr oder weniger neurotisch. Wenn wir diese Tatsache als gegeben hinnehmen würden, sähe es mit unserem Leben entschieden besser aus.

- Fast alles, was wir über das Wie und Warum des Erfolgreichseins in dieser Gesellschaft lernen, trägt gleichzeitig dazu bei, daß wir sexuell unbefriedigt sind.

- Die meisten Sexualtherapien gehen von der Annahme aus, daß man durchaus ein befriedigendes Geschlechtsleben führen kann, sofern man nur alles «richtig» macht. Nach unserer Auffassung sollte nicht an jedem Symptom herumkuriert werden. Unter Umständen fährt man besser damit, wenn man sich so nimmt, wie man nun einmal ist, und kreative Möglichkeiten sucht, sich innerhalb seiner vorhandenen Grenzen auszuleben.

- Die Sexualität ist kein menschliches Grundbedürfnis. Das Sexualverlangen ist ein Anzeichen dafür, daß man nicht dazu fähig ist, mit seiner Individualität, das heißt mit sich alleine, zurechtzukommen.

- Ein Sexualproblem liegt dann vor, wenn man davon spricht; es ist nicht etwa eine Sache, die nur im Kopf existiert. Die meisten Sexualprobleme stehen keineswegs nur für sich selbst: sie sind vielmehr ein Hinweis darauf, wie man zu sich und zur Außenwelt steht.

- Einzig und allein an einem selbst liegt es, ob man von einem anderen Menschen und dessen Tun und Lassen angezogen oder abgestoßen wird. Nicht einer macht dem anderen Freude, sondern einer freut sich am anderen.

- Man ist nicht so sehr am Sex interessiert, wie man behauptet oder glaubt. Sexbesessenheit ist ein Abwehrmechanismus, um nicht mit sich selbst ins Reine kommen zu müssen.

- Männliche und weibliche Sexualerfahrungen sind so unterschiedlich wie Tag und Nacht. Ein Mann kann überhaupt nicht das Sexualerleben einer Frau begreifen und umgekehrt. Diese Einsicht kann zu einem Leben voller spannender Abenteuer und Gespräche verhelfen.

- Die sexuelle Revolution mag zwar die Geisteshaltung verändert haben, aber sie ist nicht bis zu den Genitalien vorgedrungen.

- Die Sexualforschung ist bestenfalls von nebensächlicher Bedeutung. Die Leute müssen letztendlich nur lernen, wie sie sich ihre persönliche Sexualphilosophie zurechtlegen.

- In der sexuellen Beziehung wird zwar alles, was man als Frau oder Mann ist, verwirklicht, doch ist die Sexualität keine unabdingbare Voraussetzung für ein Zusammenleben in Liebe und gegenseitigem Vertrauen.

- Sexualität hat bei den meisten Paaren mehr mit Macht und Kontrolle zu tun als mit Liebe und Vertraulichkeit.

- Bei kurzen romantischen Begegnungen oder im Stadium der Verliebtheit wird die Sexualität völlig anders erlebt als in einer langfristigen Beziehung. Das erste wird oft als Idealzustand beschrieben, aber das zweite ist das, wonach wir uns alle insgeheim sehnen.

- Sexuelle Erregung und sexuelle Lust schließen sich gegenseitig aus.

Wir meinen, daß sich das Sexualverhalten einschließlich der Gefühle nach den Vorstellungen richtet, die man von der Sexualität hat. Man geht von bestimmten Voraussetzungen aus, die man als Kind eingetrichtert bekommen hat, die aber inzwischen veraltet sind. Wenn man sich mit dieser Ausgangslage vertraut macht, ist man eher in der Lage, sich sexuell zu verwirklichen.

Übung: Meine Sexualvorstellungen

Nehmen Sie ein Blatt Papier zur Hand, und schreiben Sie Ihre Vorstellungen von der Sexualität nieder. Erweitern Sie Ihre Stichpunkte, während Sie dieses Kapitel lesen. Kreuzen Sie die Punkte an, die Sie gerne ändern würden, und versehen Sie die, die Ihnen gefallen, mit einem Plus (+). Nehmen Sie sich die Punkte, an deren Änderung Ihnen gelegen ist, noch einmal gesondert vor, und formulieren Sie sie so, daß sie widerspiegeln, wie Sie die Sexualität und Ihre Erfahrungen auf diesem Gebiet *augenblicklich* sehen. Welche Verhaltensänderungen müssen Sie vornehmen, um an diesen Punkt zu kommen? Sprechen Sie mit Ihrem Partner darüber, was er oder sie Ihrem Wunsch gemäß anders machen sollte. Legen

Sie bei Ihrem nächsten Sexualkontakt einmal andere Verhaltensweisen an den Tag.

Lieben oder bumsen?

Wie verschieden Sexualität sich ausdrückt, kann man sprachlich an zwei Begriffen zeigen: lieben und bumsen. Frauen assoziieren Sex normalerweise häufiger mit lieben. Lieben wird mit Wärme, Zuneigung, Weichheit, Gelöstheit, Intimität, Empfänglichkeit, Feinfühligkeit, Passivität und Verbundenheit in Zusammenhang gebracht, alles Eigenschaften, denen die Frauen Bedeutung beizumessen gelernt haben. Bumsen hingegen zeichnet ein Bild von Aggressivität, Härte, Zielgerichtetheit, Unpersönlichkeit, Dominanz, Eindringlichkeit, Brutalität und Perversität, alles Aspekte der Klischeevorstellung von Männlichkeit. Weibliches und Männliches existiert im Menschen nebeneinander. Jeder von uns hat von beidem etwas und neigt nur stärker zu einer Seite hin. Das sexuelle Selbstbild macht deutlich, wie wohl man sich in seiner Haut fühlt.

Schauen Sie sich einmal die Skala in Abbildung 9 an. Kreuzen Sie die Stelle an, wo Sie sich Ihrer Ansicht nach zur Zeit befinden, und markieren Sie den Punkt, an dem Sie gerne wären, mit einem Kreis. Tragen Sie für Ihren Partner dort ein P ein, wo Sie ihn (oder sie) ansiedeln. Tauschen Sie miteinander Ihre jeweiligen Einschätzungen aus.

Abbildung 9

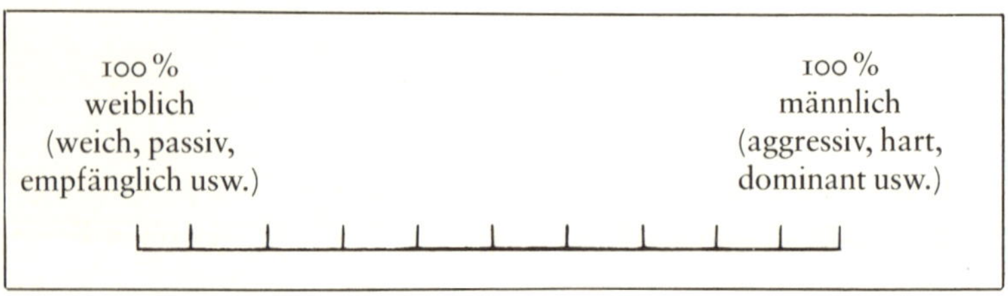

Sexualprobleme

Es ist eigentlich nur logisch, daß die Menschen daran interessiert sind, das Phänomen namens Sex zu erforschen, zu beobachten und zu verstehen. Ein Blick, eine Berührung genügt schon, und die Sexualität löst eine Flut von unkontrollierbaren, ebenso schönen wie erschreckenden Empfindungen aus, und man gerät außer Rand und Band.

Es ist darüber hinaus nur logisch, daß so viele Sexualprobleme existieren, wenn man einmal bedenkt, was uns alles in unserer Kindheit als «verwerflich» eingetrichtert worden ist. Im Erwachsenenalter kommen dann noch die widersprüchlichsten Informationen hinzu über das, was landläufig als «guter Sex» bezeichnet wird. Die meisten von uns sind geistig rege, aber körperlich verklemmt, und damit ein guter Nährboden für Probleme.

Wir alle haben sexuelle Probleme der einen oder anderen Art, je nach unseren Lebensumständen und Partnern. Sexualprobleme fallen in drei übergeordnete Kategorien: Funktionsstörungen, fragwürdige sexuelle Gelüste und die Sehnsucht nach erfreulicheren Sexualkontakten. (Zur Beachtung: Wir sprechen von der Sexualität im gegenseitigen Einverständnis zwischen Erwachsenen, die seit langem zusammenleben.)

Funktionsstörungen lassen sich in zwei Gruppen unterteilen: in organische und innerlich begründete Störungen. Wenn Sie glauben, daß bei Ihnen eine organische Störung vorliegt, sollten Sie sich gründlich untersuchen lassen von einem Facharzt, der große Erfahrung mit der Behandlung von sexuellen Funktionsstörungen hat und der auch andere als nur organische Ursachen für das Problem gelten läßt. Wir empfehlen Frauen, sich von einer Ärztin behandeln zu lassen, da weibliche Ärzte mehr von Körper und Geist einer Frau verstehen müßten. Auf jeden Fall sollte der Arzt Einfühlungsvermögen besitzen und auf Ihre Ängste eingehen. Wenn Sie das Gefühl haben, nicht verstanden zu werden, suchen Sie sich einen anderen Arzt. Eine moralisierende, rauhe Behandlung würde nur weitere Probleme aufwerfen. Machen Sie das unter keinen Umständen mit.

Ist Ihre Störung laut Diagnose nicht organisch bedingt, wird es Zeit für einen Blick nach innen, für rückhaltlose Offenheit und Risikobereitschaft. Die häufigsten innerlich begründeten Sexualstörungen bei Männern sind Impotenz sowie vorzeitiger oder verzögerter Samenerguß. Bei den Frauen treten als häufigste innerlich begründete Sexualstörungen allgemeine Sexualhemmungen (die sogenannte Frigidität), Orgasmusschwierigkeiten und Schmerzen beim Geschlechtsverkehr auf. Diese Sexualprobleme sind im Innern des oder der Betreffenden begründet, weil die Störungsquelle meist in seiner oder ihrer Unfähigkeit oder Unwilligkeit zu suchen ist, Ängste, Schwächen, Konflikte oder auch die Unwissenheit in sexuellen Dingen zuzugeben. Die Folge davon ist, daß beide Partner unerfreuliche oder problematische sexuelle Erfahrungen machen. *Diese Probleme lassen sich nicht im Selbsthilfe-Verfahren beheben, weil sie vielfältige, miteinander zusammenhängende Ursachen haben.* Wenn Sie eines der genannten Probleme haben, sollten Sie sich um eine entsprechende Beratung oder Therapie bemühen. Kapitel IX gibt dazu ein paar Tips.

Die beiden übrigen Arten von «Sexualproblemen» – fragwürdige Gelüste und die Sehnsucht nach befriedigerenden, vertraulicheren sexuellen Kontakten auch bei langfristiger Partnerschaft – kann man durchaus selbst angehen.

Wir helfen Paaren mit Sexualproblemen einzig und allein dadurch, daß wir ihnen die Augen öffnen. Wir gehen nicht einfach nur auf die jeweiligen Probleme ein, sondern suchen mit den Partnern nach kreativen Möglichkeiten, ihr Unbehagen loszuwerden. Unwissenheit, Angst, Scham und Beklemmung nähren sich selbst. Unser erstes Ziel ist, den Partnern deutlich zu machen, daß diese Empfindungen bei Intimbeziehungen normal sind und daß sie, wenn sie ans Licht gebracht und ausgeforscht werden, die Unwissenheit in festes Selbstvertrauen umwandeln, die Angst in Begeisterung, die Scham in Selbstachtung und die Beklemmung in lustvollen Genuß. Wir gehen davon aus, daß Paare, die sich einer Selbstprüfung unterziehen und experimentierfreudig sind, ein für ihre Verhältnisse gutes Sexualleben führen können. Das ist das, was wir als kreativen Denkansatz in Sachen Sexualität bezeichnen. Allerdings müssen beide Partner gewillt sein, es mutig mit allem aufzunehmen, was im Lauf ihrer Entdeckungsreise in Erscheinung tritt. Eine weitere Voraussetzung ist ferner, daß die Partner aus den früheren Kapiteln gelernt haben und sich auch künftig in den angesprochenen Fertigkeiten üben. Wir nehmen grundsätzlich an, daß jedem von uns an einem in allen Bereichen schöpferischen Leben gelegen ist.

Erregung, Intimität und Vertrautheit: die Sexualität in den sechs Stadien

Die Menschen sind nicht von Natur aus sexhungrig, sondern aus freiem Entschluß. Ohne Luft oder Wasser kann man nicht lange leben, wohl aber bis ins hohe Alter ohne Sex glücklich sein. Die Rolle, die Sex im Leben spielt, die Bedeutung, die der Sexualität beigemessen wird, die Einstellung zum Geschlechtstrieb und das Verhalten bei sexueller Erregung, das alles beruht auf Freiwilligkeit.

In einer Partnerschaft erheben sich vier elementare Fragen: die der Sexualität (Befriedigt- oder Unbefriedigtsein), der Liebe (Lieben und Geliebtwerden), der Ehe (Heiraten oder nicht) und der Kinder (Ja oder nein). Jede dieser Fragen steht für sich selbst. Liebe kann beispielsweise ohne Sex auskommen, Sex kann ohne Liebe genossen werden, eine Ehe kann auch ohne Sex glücklich sein, und Kinder können auch in einer außerehelichen Verbindung geboren und aufgezogen werden. Eine Beziehung bahnt sich normalerweise dadurch an, daß sich zwei Menschen ineinander verlieben. Verliebtsein ist angenehm erregend und meist mit gegenseitiger sexueller Anziehung verbunden. Aufgrund dieses Zusammentreffens werden Liebe und sexuelle Erregung im allgemeinen als zusammengehörig erachtet, obwohl das gar nicht stimmt. Diesen Bezug herzustellen, ist ein verhängnisvoller Irrtum, der schon zahllose Ehen zerstört, Familien auseinandergerissen und die vielversprechendsten, intaktesten Partnerschaften kaputt gemacht hat. Viele Leute schreiben ihre Unzufriedenheit mit dem Leben Sexualproblemen zu, obgleich ihre Schwierigkeiten im Grunde darin bestehen, daß sie dem Intimleben und der Sexualität in ihrer Beziehung den falschen Stellenwert geben. Sie meinen, der Reiz der ersten Liebesbegegnung sei *die* Sache, und übersehen dabei, daß sich das Sexualleben in einer langfristigen Partnerschaft ständig vertieft und verändert – in aller Freiheit. Nur wenn es die Schablone romantischer Verklärung aufgedrückt bekommt, wird es zur Gewohnheit, träge oder gar pervertiert. Wer das einsieht und in seinem Leben berücksichtigt, befreit sich von der Qual frustrierender oder langweiliger sexueller Erfahrungen, an der er selbst schuld ist.

Übung zum Nachdenken

Welche romantischen Sexualvorstellungen haben Sie? Hofften Sie, daß die sexuelle Anziehung zwischen Ihnen und Ihrem Partner ein Leben lang anhalten würde? Muß Sex für Sie einen Sinn haben (statt nur Spaß zu machen)? Hat Sex für Sie nur in Verbindung mit Liebe seine Berechtigung? Bereitet Ihnen Sex ohne Liebe gerade soviel Genuß wie eine Handvoll hastig heruntergeknabberter Erdnüsse? Wie ist Ihre Einstellung zu abwechslungsreichen Sexualpraktiken? Was verstehen Sie unter idealem Sex?

Bei unseren beruflichen Erfahrungen mit Paaren hat sich herausgestellt, daß die sexuelle Entfaltung beider Partner von dem Stadium ihrer Beziehung abhängig ist, das sie gerade durchlaufen. Die meisten Leute wollen nicht wahrhaben, daß sich ihr Sexualverhältnis durch die Dynamik des Zusammenlebens verändert.

Die Verliebtheit

Im Stadium der Verliebtheit sind die sexuellen Empfindungen der Partner füreinander sehr stark. Sie stürmen nur so auf die beiden ein; die Partner sind offen füreinander; sie sind in der Lage, sich sexuell gegenseitig Genuß zu bereiten. Diese Zeit hat den Reiz des Aufregenden und Neuen. Die Wonnen dieses Stadiums beruhen größtenteils auf der Tatsache, daß die zwei sich noch nicht gut kennen; jeder zeigt sich von seiner besten Seite. Wenn sie beschließen (meist ist *sie* es), mit dem «letzten Schritt» lieber zu warten, bis sie verheiratet sind oder sich sonstwie einander verpflichtet haben, erhöht die Vorfreude die Spannung noch.

Erste Bindungen

Wenn die Partner sexuell gut miteinander auskommen, treten sie allmählich in das zweite Beziehungsstadium ein. Dann beschließen sie vielleicht, irgendeine Vereinbarung zu treffen und zu heiraten oder zusammenzuziehen. Sobald sie das tun, wird die sexuelle Anziehung schwächer, weil beim alltäglichen Miteinander der Reiz der Neuheit schwindet. Es war das Neuartige und Geheimnisvolle, wodurch es beim ersten Kennenlernen «gefunkt» hat. Alles Neue hat seinen Reiz. Durch die ersten Bindungen verliert sich etwas von dem Geheimnisvollen. Beim Zusammenleben läßt sich die Idealvorstellung vom Partner kaum halten, wenn man sieht, wie er oder sie sich morgens aus dem Bett quält oder man gemeinsam Toilette macht. Das alles katapultiert einen mit beängstigender Schnelligkeit in das dritte Stadium, mitten hinein in die unvermeidlichen Konflikte und Machtkämpfe.

Konflikte und Machtkampf

Das Konflikt- und Machtkampfstadium stellt den eigentlichen Wendepunkt im Sexualerleben der meisten Paare dar. Sowie sich die Meinungsverschiedenheiten und Schwierigkeiten mehren, ändern sich auch die Gefühle der Partner füreinander. Dann mögen sie sich zeitweilig nicht besonders. Bei den Auseinandersetzungen, in denen jeder bestrebt ist, die Oberhand zu behalten, zerfällt das Idealbild allmählich zu Scherben. Je mehr der Reiz des Neuen und Geheimnisvollen in Streitigkeiten untergeht, um so mehr schwindet die sexuelle Anziehung.

Da der Partner der romantischen Vorstellung auf einmal nicht mehr entspricht, ärgert man sich und ist enttäuscht. Jetzt entdeckt man plötzlich Fehler am Partner oder langweilt sich beim Liebesspiel. Ein oder auch beide Partner ziehen sich emotional zurück. Oft verweigert sich der eine Partner sexuell, während der andere unbarmherzig auf Sex besteht, ebenfalls ein Symptom des Machtkampfes.

Manche Partner streiten sich und schlafen dann zur Versöhnung voller Genuß miteinander. Andere wieder können gar nicht miteinander schlafen, ehe sie nicht ihren Streit hatten, ein Zeichen für ihre krankhafte gegenseitige Abhängigkeit und ihre Angst vor Nähe. Bei Streitigkeiten schieben sie einander emotional weg, bis sie aus dem sicheren Abstand heraus Sex miteinander haben können. Das ist dann wie Sex mit einem Fremden – rein körperlich, ohne Vertrautheit oder innere Bindung. Wenn es eine Weile so weitergeht, kommt als nächstes das Stadium der Resignation.

Resignation oder Realitätsanpassung

In diesem Stadium gelangt man zu dem Schluß: «Mehr kann ich wohl nicht erhoffen.» Man ist der Überzeugung, daß sich das Verhältnis nicht mehr verbessern wird. Man gibt auf und findet sich mit dem Kampf der Geschlechter ab. Die Auseinandersetzungen drehen sich endlos im Kreise. Manchmal fällt man ins romantische Frühstadium zurück, sobald ein Funke aufglimmt, etwa im Urlaub oder bei einem anderen schönen Erlebnis, das neue Hoffnung aufkeimen läßt, aber schließlich merkt man doch, daß sich sexuell nicht mehr viel tut. Es besteht jedoch noch eine andere Möglichkeit:

Wer willens und in der Lage ist, seine Konflikte und Machtkämpfe zu bewältigen, kann sich der Realität anpassen. In diesem Stadium erkundet man einerseits die eigene Sexualität und andererseits das sexuelle Verhältnis zum Partner. *Man beginnt an seiner Sexualbeziehung zu arbeiten.*

Als erstes nimmt man sich selbst so, wie man nun einmal ist, und den Partner ebenfalls so, wie er oder sie ist; man fühlt sich endlich auch in der Partnerschaft für sich selbst verantwortlich. Damit bereitet man den Boden für das folgende Stadium der

Bindung und Verpflichtung. Die nachstehende Übung erleichtert den Übergang in dieses Stadium.

Übung: Meine Sexualgeschichte

Jeder von uns bringt ganz eigene Erfahrungen in die sexuelle Begegnung ein. Sie sind einzigartig und leiten sich aus der persönlichen Geschichte her. Unsere Lebensgeschichte wird durch den jeweiligen Blickwinkel geprägt, den wir als Mann oder Frau in dieser Gesellschaft haben, und dadurch, wie wir unsere sexuelle Identität definieren. Man bringt einiges über seine Sexualität in Erfahrung, wenn man seine Sexualgeschichte aufschreibt. Dazu braucht man meist fünf bis sechs Stunden über vier bis fünf Tage verteilt.

Nehmen Sie sich die Zeit, über bestimmte Erlebnisse und Ihre Reaktion darauf nachzudenken. Berücksichtigen Sie auch solche Punkte wie die Einstellung Ihrer Familie zur Sexualität, was Sie über Sex gelernt haben, welche Erinnerungen Sie an Ihre ersten sexuellen Regungen haben, wann Sie zum ersten Mal masturbiert und wann Sie erstmals in medizinischen Ratgebern geblättert haben. Notieren Sie, was Ihnen Mutter und Vater zur Sexualität gesagt haben, falls sie sich überhaupt geäußert haben. Welchen Eindruck hatten Sie von der Sexualbeziehung Ihrer Eltern? Können Sie sich an Ihren ersten Sexualkontakt erinnern? War das ein Genuß, etwas Schreckliches oder eine Enttäuschung? Fügen Sie die Sexualgeschichte Ihrer gegenwärtigen Beziehung mit ein. Schreiben Sie auf, was Sie von sich selbst als geschlechtlichem Wesen denken, einschließlich Ihrer Hoffnungen und Träume in bezug auf Sexualerlebnisse. Zu Anfang mag Ihnen das alles schwerfallen oder sogar peinlich sein. Wenn Sie das Bedürfnis haben, reden Sie zwischendurch ruhig mit einem vertrauenswürdigen Freund oder Therapeuten über Ihre Erfahrungen. Geben Sie Ihrem Partner Einblick in Ihre Geschichte, sobald Sie fertig sind. Lassen Sie sich Ihre Ausführungen laut vorlesen, und lesen Sie ihm auch seine Geschichte vor.

Geben Sie Ihrem Partner Ihre eigene Geschichte in drei Versionen wieder: als Tragödie, als Erfolgsstory und als übermütige Komödie.

Bindung und Verpflichtung

Partner, die sich durch Konflikte und Machtkämpfe hindurcharbeiten und einander so nehmen, wie sie sind, erreichen das Stadium der Bindung und Verpflichtung. In diesem Stadium sagt man: «Hör mal, ich glaube, ich kann mich mit dir zusammen sexuell noch besser verwirklichen und noch mehr Erfüllung finden. Jedenfalls bin ich gewillt, es mit dir zu versuchen. Hast du auch Lust dazu?« Zwei Menschen, die sich in dieser Weise miteinander verständigen, sind reif für das nächste Stadium.

Die reife Liebesbeziehung

Das sechste Stadium, die reife Liebesbeziehung, setzt voraus, daß man sich einander rückhaltlos anvertraut. Man erforscht seine Vorlieben und Abneigungen, seine Ängste und neuralgischen Punkte. In bestem Einvernehmen spricht man offen über die Schwierigkeiten und Freuden des Sexuallebens. Dabei wird die emotionale Bindung fester; die Partner offenbaren wie im Stadium der Verliebtheit ihre tiefinnersten Gedanken und Gefühle, nur diesmal mit vollem Bewußtsein. In der reifen Liebesbeziehung fühlt man sich emotional, physisch und geistig von seinem Partner verstanden; durch diese Eintracht werden die Träume wahr.

Auf dem Weg vom Stadium der Verliebtheit zur reifen Liebesbeziehung bekommt das Sexualverhältnis eine andere Gefühlsgrundlage. Verliebte sagen: «Ich *brauche* dich, ich *muß* mit dir zusammensein, um mich sexuell verwirklichen zu können.» Der ganze Körper gerät in Wallung. Beide Partner sind verrückt nacheinander. In der reifen Liebesbeziehung werden andere sexuelle Erfahrungen gemacht; der körperliche Genuß ist verlangsamt und mit einer Gefühlstiefe verbunden, die der gemeinsamen Vergangenheit entspringt. Da heißt es: «Ich *will* mit dir zusammensein.» Beim Liebesspiel kommt das Gefühl auf, als vereinten sich zwei Welten: «Ich bin angerührt worden, ich werde verstanden, ich kann mich fallen lassen.» Unserer Meinung nach befriedigen solche Empfindungen ein menschliches

Grundbedürfnis, das in jedem von uns schlummert, und die Sexualbeziehung ist eine Möglichkeit, diese Empfindungen zu erleben.

Beim nun Folgenden gehen wir von der Annahme aus, daß beide Partner zumindest ins Stadium der Realitätsanpassung eingetreten und bereit sind, gemeinsame sexuelle Erfahrungen zu machen. Wir setzen ferner voraus, daß bei Meinungsverschiedenheiten die Techniken zur Anwendung kommen, die in den Kapiteln über Kommunikation, Konflikte und Ärger beschrieben wurden.

Phantasie und körperlicher Genuß

Das Sexualerlebnis speist sich aus zwei grundlegenden Quellen: dem Geist und dem Körper. In der Vorstellung werden die sexuellen Erwartungen und Träume wach, wie es sein sollte oder könnte. Die sexuelle Spannung wird geistig erzeugt; den sexuellen Genuß verschaffen Körperbewußtsein und Körperkontakt.

Der Geist

Sexuelle Reize und Phantasien entstehen im Geist. Was da abläuft, hat seine Wirkung auf den Körper, wie jeder bezeugen wird, den schon einmal Wonneschauer überrieselt haben, als er auf der anderen Seite des Raumes plötzlich seinen Traummann oder seine Traumfrau entdeckte. Im Geist wird die sexuelle Spannung produziert – dieses schauerlich-schöne ekstatische Gefühl, das durch die Lenden pulsiert, die Knie zittern läßt, ein komisches Gefühl in der Magengrube hervorruft, einem die Sprache verschlägt und alle Sorgen und Nöte vergessen läßt. Wie zuvor erwähnt, treten diese Reaktionen im Stadium der Verliebtheit auf. Eine psychologische Kettenreaktion kommt in Gang, die etwa so vor sich geht: Man sieht jemanden, den man anziehend findet; dieser spürbare Reiz löst unbewußt Fragen aus wie: «Kann ich sein Interesse wecken? Wer ist dieser rätselhafte Mensch? Was für eine Herausforderung – wie kann ich den bloß an mich fesseln?» Der Geist gibt Botschaften an den Körper weiter, um ihn auf die Partnerjagd vorzubereiten. Der Körper reagiert darauf – die Augen weiten sich, das Herz klopft schneller; vom Gehirn gehen Impulse an den Körper aus, die nötigen biochemischen Reaktionen auszulösen, und schon ist man entweder hinter dem oder der Betreffenden her oder zieht sich aus der Affäre. Diese und die spürbaren körperlichen Reaktionen – ein flaues Gefühl im Magen vor Aufregung, Flimmern vor den Augen, keinen klaren Gedanken mehr fassen können, ein Pochen in den Lenden, Wortgestammel – erinnern an das Abwärtsgondeln auf einem Riesenrad. Das komische Gefühl im Magen ist das gleiche; man schwankt zwischen Angst und Entzücken, weil man einen Moment lang nicht sicher ist, was passiert.

Nach dieser Beschreibung dürfte verständlich sein, warum die sexuelle Anziehung in einer langfristigen Beziehung schwächer wird. Das Geheimnis ist gelüftet, die Jagd vorbei, die Fahrt mit dem Riesenrad beendet.

Übung zum Nachdenken

Denken Sie einmal an das letzte Mal, als Sie durch jemanden sexuell angesprochen wurden. Wie hat Ihr Körper darauf reagiert? Wo in Ihrem Körper haben Sie es am stärksten gespürt? Welche Gedanken sind Ihnen durch den Kopf geschossen, als Sie in Erregung gerieten? Oder konnten Sie überhaupt nicht mehr klar denken? Gehen Sie auf Leute zu, von denen Sie sich sexuell angezogen fühlen, oder machen Sie einen Bogen um sie? Wenn Sie in einer Primärbeziehung gebunden sind, was würden Sie vermutlich tun, wenn Sie sich von jemand anders sexuell angesprochen fühlten?

Der Körper

Die zweite Quelle sexueller Lusterfahrung ist der Körper. Durch den Körper wird man sich des Sexualgenusses bewußt. Diese Lust entspringt der Bereitschaft und Fähigkeit zu anhaltendem Körperkontakt. Die sexuelle Lust ist etwas ganz anderes als die sexuelle Erregung. Voraussetzung für den sexuellen Genuß in einer langfristigen Partnerschaft sind absolutes Vertrauen sowie das sichere Gefühl der Verbundenheit und Gelassenheit. Die sexuelle Erregung hingegen hängt mit Kontrolle, Reiz des Neuen und fieberhafter Phantasie zusammen. Sexuelle Lust erlebt, wer sich dem Irrationalen öffnet; sexuelle Erregung ist der Versuch, das Gefühl der Hilflosigkeit dadurch zu überwinden, daß man Kontrolle über den anderen gewinnt.

Körperkontakt ist eine wichtige Quelle der Lust. Speziell die Haut ist ein riesiges Sinnesorgan für Lust und Schmerz. Sich in der Wärme einer liebevollen Umarmung aalen zu können, ist eine höchst angenehme Empfindung, die durch Körperkontakt ausgelöst wird, während andererseits die unerwünschte Berührung durch einen anderen unter Umständen ein Schaudern hervorruft.

Wir alle sehnen uns nach Körperkontakten und den damit verbundenen angenehmen Gefühlen. Wenn dieses Bedürfnis unbefriedigt bleibt, sind schwere emotionale Störungen zu befürchten. Untersuchungen haben ergeben, daß die Sterblichkeitsrate von Kleinkindern, die nicht aufgenommen und gestreichelt werden, viel höher ist als diejenige von Kindern mit vergleichbarem Gesundheitszustand, die auf den Arm genommen und liebkost werden. Fortschrittlichere Krankenhäuser tragen dieser Tatsache auf ihren Kinderstationen Rechnung und rufen die Eltern dazu auf, ihre kranken Kinder durch Körperkontakt zu beruhigen.

In unserer Gesellschaft wird der Körperkontakt im allgemeinen mißbilligt oder negativ dargestellt. In Mundwasser-Werbespots ist von ekelhaften Bazillen und scheußlichem Mundgeruch die Rede. Die Seifenwerbung zeigt Leute, die Körpergeruch wegschrubben. Die neuesten Intimsprays für Frauen killen auch noch den letzten Rest von natürlichem Odeur, damit der Genitalbereich «sauber und einladend» ist. Viele Paare sind schon mit einem Bein aus dem Bett, noch ehe sie sich ganz fertiggeliebt haben, um sich den Schweiß und die als unangenehm empfundenen Körpersäfte abzuwaschen. Wer zwei Männer sieht, die sich herzlich umarmen, denkt sofort an Homosexualität. Selbst wenn Berührungen zwischen Männern und Frauen in der Öffentlichkeit erlaubt sind, haftet ihnen noch etwas Anrüchiges an.

Beim Berühren müssen wir also beachten, wieviel zuviel ist und wie lange zu lang ist, um keine Fehlinterpretationen heraufzubeschwören. Verschärft werden diese Berührungsängste noch durch den zunehmenden sexuellen Mißbrauch von Kindern, durch sexuelle Belästigungen am Arbeitsplatz und durch die Furcht vor Krankheiten, die durch den Geschlechtsverkehr übertragen werden.

In einer dauerhaften Partnerschaft ist mangelnder Körperkontakt, ob sexuell oder nicht-sexuell, ein *Anzeichen* für Probleme, aber nicht das eigentliche Problem. Wenn zwei Menschen eine gute Kommunikation pflegen und sich über ihre Vorlieben, Stimmungen und Gefühle auf dem laufenden halten, finden sie es gut, einander zu berühren und von ihrem Partner berührt zu werden. Aber wir alle, die wir in dieser Gesellschaft aufgewachsen sind, schämen uns ein bißchen unseres Körpers. In einer Sexualbeziehung kann man gemeinsam der Scham zu Leibe rücken und wird sich allmählich wohler in seiner Haut fühlen. Je mehr man sich seines Körpers bewußt wird und ihn zu akzeptieren vermag, um so größer wird der Genuß beim Liebesspiel.

Übung: Körpererkundung

Diese Übung führt man am besten vor einem großen Spiegel durch, auf dem man ganz zu sehen ist. Wir empfehlen Ihnen, sich einen solchen Spiegel ins Schlafzimmer zu hängen. Lernen Sie damit Ihren Körper kennen!

Stellen Sie sich vor den Spiegel, und ziehen Sie sich langsam aus.

Wenn es Ihnen nichts ausmacht, lassen Sie sich von Ihrem Partner entkleiden, aber vereinbaren Sie vorher, sich nicht gegenseitig zu verführen. Sie dürfen zur Notiz nehmen, daß Sie Lust bekommen, aber nicht zur Tat schreiten. Durch dieses Abkommen können Sie ungehindert Ihren Körper erforschen, ohne gleich dem Drang nachzugeben, miteinander zu schlafen. Außerdem werden Sie meist gerade dann ins Bett wollen, wenn Ihnen die Sache peinlich wird oder Sie Angst bekommen. Atmen Sie tief durch und setzen Sie nach Möglichkeit Ihre Erkundungen fort. Sie können natürlich jederzeit aufhören, ganz wie Sie wünschen; *Sie* entscheiden, was für Sie machbar ist und was nicht.

Legen Sie eine leise, beruhigende Musik auf, wenn Sie mögen. Achten Sie darauf, daß das Zimmer warm ist und Sie nicht gestört werden. Schließen Sie die Tür. Legen Sie den Telefonhörer neben die Gabel. Nehmen Sie bei dieser Übung weder Alkohol noch andere Drogen zu sich.

Gehen Sie, sobald Sie entkleidet sind, auf Körperentdeckungsreise, zunächst jeder für sich. Begutachten Sie Ihre Füße, halten Sie nach Stellen Ausschau, die Pflege brauchen, und nach Alterserscheinungen. Befühlen Sie Ihre Füße. Prüfen Sie Ihre Beine, die Beinmuskeln, werden Sie sich über Form und Beschaffenheit Ihrer Knie klar. Gehen Sie langsam zu den Schenkeln und Hüften über. Untersuchen Sie Ihr Schamhaar. Ist es kraus, spärlich, dunkel oder hell? Betrachten Sie sich Ihre Geschlechtsteile genau – diesen Körperbereich, von dem man als Kind gesagt bekommt, man solle nicht zuviel dahinfassen oder sich damit abgeben. Wenn Sie das «komisch» finden, atmen Sie tief durch und kichern Sie getrost. Es ist ganz in Ordnung, peinlich berührt zu sein oder seinen Spaß zu haben.

Sehen Sie sich Ihren Rücken an. Nehmen Sie etwaige Härchen, Pickel, Falten und Verspannungen zur Kenntnis. Fassen Sie die Muskeln, Ihre Schulterblätter und die Wirbelsäule ins Auge. Haben Sie «Kummerspeck» an der Taille? Schauen Sie sich Ihren Unterleib an. Sind Sie um den Bauch herum mollig oder dünn? Haben Sie Narben? Wölbt sich der Nabel nach innen oder nach außen?

Gucken Sie Ihre Brust an. Achten Sie auf Unterschiede zwischen links und rechts, auf Muskeln, Behaarung und Farbe. Wie fühlen Sie sich in Ihrer Haut? Atmen Sie auch immer schön tief und regelmäßig? Erkunden Sie weiter, jetzt Schultern, Arme, Hände, Hals und Kopf.

Wenn Sie sich trauen, erforschen Sie nun langsam den Körper des Partners. Vergessen Sie nicht, daß Sie vereinbart haben, sich nicht zu verführen. Lassen Sie Lustempfindungen zu, aber geben Sie ihnen nicht nach. Vielleicht wollen Sie sich für diesen Teil der Übung aufs Bett legen. Unterhalten Sie sich miteinander. Machen Sie sich jede kleinste Regung der Scham bewußt, die in Ihnen aufsteigt, wenn Ihr Partner Sie anschaut und umgekehrt. Fragen Sie einander, wo Sie eine Berührung am angenehmsten finden. Fragen oder erzählen Sie sich gegenseitig, wie die betreffenden Stellen berührt werden sollen. Wenn Ihr Partner etwas unterlassen soll, was Sie nicht mögen, dann sagen Sie's ihm oder ihr auch. Schließlich wollen Sie nicht die Grenzen des Erträglichen austesten. Sie selbst bestimmen, wie weit Sie gehen wollen. Es ist sehr wichtig, daß Sie sich daran halten und ein Gespür für Ihre Eigenverantwortlichkeit entwickeln. Jeder hat seine Grenzen und muß selbst entscheiden, inwieweit er sie weiterstecken will. Lieben bedeutet unter anderem, die Grenzen des Partners zu respektieren.

Reden Sie miteinander, um herauszufinden, wie frei Sie im Umgang miteinander sind. Unter Umständen finden Sie das die ersten Male schrecklich, aber damit haben Sie ein Mittel in der Hand, Ihre Sinne für neue gemeinsame sexuelle Genüsse zu schärfen. Manchmal öffnet man sich dem Partner erst nach Jahren. Lassen Sie sich Zeit. Legen Sie das Tempo vor, das Ihnen genehm ist. Denken Sie aber auch daran, daß es Ihr Selbstbewußtsein stärkt, wenn Sie einmal etwas riskieren. Schreiben Sie Ihre Erfahrungen nach Möglichkeit auf.

Sexuelle Phantasien

Unserer Auffassung nach wird in dieser Gesellschaft viel zuviel Aufhebens um die Sexualität gemacht. Schlager, Filme, Serien, Liebesromane und die so beliebten Zeitschriften für «Ihn» oder «Sie», aus allem gewinnt man den Eindruck, als sei etwas faul, wenn man keinen Super-Super-Sex genießt. Nach unserer Ansicht kann diese Einstellung bei Leuten, die seit langem eine Beziehung aufrechterhalten, nur das Gefühl wecken, Versager zu sein, und zu Selbsttäuschung, Unzufriedenheit und Resignation führen. Wer einmal das Konflikt- und Machtkampfstadium mit Erfolg hinter sich gebracht hat, wird das aufregende Glücksgefühl der ersten Stunden oder Monate nach dem Kennenlernen nie wieder genauso erleben. Das käme dem Versuch gleich, die Vergangenheit noch einmal zu leben, was nicht geht. Es ist besser, die Erinnerungen hochzuhalten und sich der Gegenwart zu widmen.

Dennoch besteht die Möglichkeit, ein interessantes, vergnügliches, liebevolles, kreatives und sogar sexuell reizvolles Leben miteinander zu führen, das seine Würze durch die gemeinsame Vergangenheit erhält. Das schafft man unter anderem dadurch, daß man seine Phantasie spielen läßt und sich gemeinsam darin ergeht. Sexuelle Phantasien sind Teil des menschlichen Erlebens und ein Weg, mehr über sich selbst in Erfahrung zu bringen. In der Phantasie können die Grenzen der Wirklichkeit über das Alltägliche hinaus erweitert werden, kommt man mit der eigenen Innenwelt in Berührung. Sexuelle Phantasien miteinander zu teilen kann ein schöpferisches Mittel sein, die Kommunikation zu verbessern und im Umgang miteinander vertraulicher zu werden. Allerdings sind hierbei fünf Regeln zu beherzigen:

1. Beide Partner müssen sich darüber verständigen, daß sie zumindest das Bindungsstadium ihrer Beziehung erreicht und die nötige Geschicklichkeit sowie den guten Willen haben, mit den Mißverständnissen und Schwierigkeiten fertig zu werden, die der Einstieg in die Phantasiewelt des anderen möglicherweise mit sich bringt. Sie vereinbaren ferner, sofort eine Beratungsstelle aufzusuchen, wenn etwas schiefgehen sollte.

2. Beide Partner einigen sich darauf, sich alle sexuellen Vorstellungsbilder, ob sie beim Zusammensein oder beim Alleinsein auftauchen, ausnahmslos zu schildern.

3. Beide erklären sich damit einverstanden, das Recht des anderen zu respektieren, an den Phantasien des Partners Gefallen zu finden, sie nicht zu mögen oder auch sich gar nicht damit befassen zu wollen. Sie sind sich außerdem darüber im klaren, daß die Vorstellungen von Männern und Frauen sehr

unterschiedlich und häufig für das andere Geschlecht uninteressant sind.

4. Jeder der beiden Partner weiß, daß sexuelle Phantasien nicht unbedingt ausgelebt werden müssen.

5. Jedes Gefühl der Eifersucht, Zurückweisung, Kränkung oder Wut, das die Phantasien eines Partners hervorrufen, wird als legitim betrachtet und dient als Grundlage für eine Selbstüberprüfung, statt den Partner dafür büßen zu lassen.

Normale, gesunde, kreative Frauen und Männer können sich bei ihren Sexualphantasien prächtig amüsieren. Sie lassen sie auf sich wirken, akzeptieren sie, genießen sie und lernen daraus. Es ist in etwa wie bei einem Theater- oder Kinobesuch, wo sich auf Bühne oder Leinwand letztlich die Phantasie des Autors auslebt. Die eine oder andere Vorstellung wird man vielleicht in die Wirklichkeit umsetzen wollen, manche hingegen nie. Da sie meist sexuell stimulieren, sind oft spannende sexuelle Begegnungen mit dem Partner die Folge.

Unsere unbewegliche, prüde Gesellschaft verurteilt sexuelle Phantasien als pervers, krankhaft, schlecht, falsch oder unmoralisch. Unterschwellig herrscht die Angst, von den Phantasien überwältigt zu werden. Der Durchschnittsmensch braucht jedoch nichts zu fürchten; in einer guten Partnerschaft, die seit langem besteht, verliert man ohnehin allmählich das Interesse an den wiederkehrenden Phantasien, genauso, wie einen sein Lieblingsfilm nach fünf- oder sechsmaligem Ansehen langweilt.

Übung: Sexuelle Phantasien

Denken Sie einmal eine Weile für sich allein über Ihre laufenden Sexualphantasien nach und versuchen Sie, sich eine davon genauer auszumalen. Wie sehen die beteiligten Personen aus? Sind es Leute, die Sie kennen? Wo spielt sich das Phantasiegeschehen ab? Wie alt sind Sie und die Mitwirkenden? Schließen Sie die

Augen, und tauchen Sie tiefer in diese Vorstellungswelt ein, um Einzelheiten zu erkennen. Lassen Sie Ihren Partner daran teilnehmen. Achten Sie auf die Gedanken und Gefühle, die Sie haben, wenn Sie mit ihm oder ihr reden. Unterhalten Sie sich darüber, welche Phantasien Sie gerne in der Realität ausleben würden. Einigen Sie sich auf eine, und halten Sie sich bei der Verwirklichung an die obengenannten fünf Regeln.

In Kontakt bleiben

In einer schon lange bestehenden Beziehung sind die sexuellen Begegnungen nicht immer voller Spannung und Aufregung. Da kommt es des öfteren vor, daß man miteinander schläft und merkt, wie prosaisch und langweilig es doch ist. Das ist ganz in Ordnung. Langweiliger Sex tut der Liebe keinen Abbruch. Ein nicht gerade aufregender Beischlaf kann durchaus auf beiden Seiten für Heiterkeit sorgen und die Partner einander näherbringen, sofern sie nur die Langeweile leichten Herzens hinnehmen. Auch Langeweile kann einmal recht erholsam sein und die Möglichkeit bieten, einfach den engen körperlichen Kontakt zu genießen. Manchmal geht es in der Welt da draußen hoch her, und dann tut einem die Wärme und Zuwendung eines lieben Menschen, an den man sich kuscheln kann, von Herzen wohl.

Die folgenden Übungen sollen dabei helfen, einen engen Kontakt ohne sexuelle Aktivitäten aufrechtzuerhalten.

- Nehmen Sie sich tagtäglich mindestens 22 Minuten Zeit füreinander. Lassen Sie sich durch nichts stören.

- Lassen Sie sich einmal die Woche 10 Minuten lang von Ihrem Partner den Rücken kitzeln oder ganz sanft streicheln. Erwidern Sie diese nette Aufmerksamkeit.

- Nehmen Sie jeden Tag körperlich Kontakt miteinander auf, ohne sexuell aktiv zu werden: morgens beim Aufstehen, beim Verabschieden und beim abendlichen Wiedersehen.

- Beobachten Sie einmal, wann Ihnen eine Umarmung unangenehm wird und wie Sie in Ihrem Unbehagen den Kontakt lösen.

- Gehen Sie drei Wochen lang einmal wöchentlich zur Massage.

- Verbringen Sie etwa jede zweite Woche einen Abend in enger körperlicher Berührung miteinander, ohne miteinander zu schlafen: berühren, streicheln, umarmen Sie sich, baden Sie sich gegenseitig, waschen und trocknen Sie das Haar des Partners, massieren Sie sein oder ihr Gesicht. Sollten Sie dabei Lust bekommen, dann belassen Sie es dabei, ohne zur Tat zu schreiten. Das gilt besonders für Männer. Wenn Sie als Mann in dieser Zeit eine Erektion bekommen, ist das gut und schön, aber bleiben Sie ruhig.

- Wer normalerweise mit Nachthemd und Schlafanzug ins Bett geht, sollte eine Woche lang ohne Nachtbekleidung auskommen. Laufen Sie ruhig in Gegenwart Ihres Partners nackt im Schlafzimmer herum.

- Denken Sie einmal an alles, was Sie nie von Ihrem Partner erbitten würden. Bitten Sie darum, nur stellen Sie es Ihrem Partner frei, Ihnen das Betreffende zu gewähren oder abzuschlagen. Willigt er oder sie ein, geben Sie genaue Anweisungen. Schauen Sie, wie Sie schmollen oder eine strafende Haltung einnehmen, wenn Ihr Partner nicht will.

Wenn der eine ankommt, fährt der andere erst ab

Als ob es nicht schon genug gäbe, was einen befriedigenden Sexualverkehr zwischen Mann und Frau behindert, wirkt sich noch zweierlei entscheidend auf die sexuelle Beziehung eines Paares aus.

1. Frauen und Männer verstehen und akzeptieren sich sexuell nicht. Frauen reagieren in der Partnerschaft sehr häufig mit Klagen und sexueller Verweigerung. Für Männer hingegen ist charakteristisch, Sex von den Frauen erzwingen zu wollen, Schuldgefühle bei ihnen zu wecken und sie dadurch zu manipulieren, oder sich zurückzuziehen.

2. Sexualtherapien und die Definition dessen, was guter Sex ist, sind männerorientiert und spiegeln die Tendenz in unserer Kultur wider, das Männliche zu bevorzugen. Was für weibliche Begriffe guter Sex ist, wird nicht ganz klar. Daraus entstehen sowohl für die Männer als auch für die Frauen Schwierigkeiten. Die Männer sind frustriert, weil sie meinen, «die Frau nicht befriedigen zu können», während viele Frauen das unbestimmte Gefühl haben, von ihrem Partner nicht verstanden zu werden, und ihrerseits ebenfalls verstimmt sind.

Das Unverständnis zwischen den Geschlechtern wird noch größer durch die individuell verschiedene Auffassung von Lust. Das heißt, daß man sich in Sachen Sex und Erfüllung nicht an statistischen Durchschnitten orientieren kann. Statt dessen wende man sich zwecks sexueller Genüsse lieber einer bestimmten Person zu. Zur Freude wird eine solche Begegnung allerdings nur, wenn beide Partner sich über ihre jeweiligen Vorlieben und Abneigungen, ihre Eigenarten und Geheimnisse klar werden. Bei dem Versuch, sexuell gemeinsam Neuland zu betreten, hilft nichts so sehr wie die verbale Kommunikation. Reden allein ist jedoch nicht alles. *Sie* kann vielleicht vorher noch gar nicht sagen, was sie mag und was nicht. Selbst wenn sie sich das Wahnsinnsgefühl ins Gedächtnis zurückruft, das sie hatte, als er ihr bei der zehnten Verabredung die Schenkel streichelte, wird sie jetzt womöglich nicht mehr so stark davon berührt sein. Oder sie denkt daran, wie ein früherer Liebhaber einmal sanft ihre Schläfen liebkoste, während er gleichzeitig ihre Lippen sachte küßte – und beschließt, daß das nicht der richtige Zeitpunkt ist, ihrem jetzigen Partner davon zu erzählen. Sie wird darauf achten, was ihr im Augenblick gerade gefällt (das nächste

Mal ist es unter Umständen etwas ganz anderes), und ihm sagen, was er machen soll, oder seine Hand nehmen und dahin legen, wo es ihr angenehm ist. Immer deutlicher gibt sie ihm zu verstehen, was sie in Fahrt bringt, indem sie ihn ermutigt oder ihm detaillierte Vorschläge macht (z. B. «Bitte ein bißchen sanfter, o ja, genau so!»). Wenn sie sich das traut und endlich ihre Wünsche lustvoll und unumwunden vorbringt, wird es auch innerhalb einer schon lange bestehenden Partnerschaft noch «zünden».

Er für seinen Teil muß seine Einstellung zu Frauen und Sex überprüfen. Nach unseren Erfahrungen gehen die meisten Männer davon aus, daß sie den Anfang machen müssen; daß Sex ins Bett gehört; daß sie wissen, was Frauen gefällt und sexuell mehr auf der Höhe sind als Frauen; daß die ganze Sache mit dem Samenerguß in die Vagina abgetan ist; daß Frauen eigentlich gar kein Interesse am Sex haben – sie sind lediglich den Männern gefällig – und daß neue Sexualpraktiken zum Anfeuern durchaus von Nutzen sind. Der männliche Chauvinismus ist in der Psyche des Mannes ungebrochen und quicklebendig. Dabei hören wir dauernd von Frauen, daß sie überhaupt nichts gegen Sex einzuwenden haben; sie verabscheuen nur den Geschlechtsverkehr mit Männern, die künstlich zwischen Liebe und Sexualität trennen. Die Frauen erzählen uns, daß sie lediglich als ebenbürtige Menschen von Fleisch und Blut und würdig behandelt werden müßten, um sich bereitwillig ihren männlichen Partnern sexuell und emotional zu öffnen.

Männer finden es sehr angenehm, körperlich in Erregung versetzt zu werden, sofern sie bereit dafür sind. Die meisten Männer mögen es – im Gegensatz zur Mehrzahl der Frauen – lieber, kräftig und fest angepackt zu werden. Sie empfinden eine sanfte Berührung eher lästig als erregend. Was unter sanft oder fest, langsam oder schnell zu verstehen ist, läßt sich nicht festlegen. Partner müssen einander klarmachen, was sie als sinnliches Vergnügen begreifen. Männer neigen oft dazu, sich mit dem Geschlechtsakt zu beeilen, «um es hinter sich zu bringen», was auf die meisten Frauen wie kaltes Wasser wirkt. Wenn die Männer lernen könnten, ihr Tempo zu verlangsamen, würden sie allmählich auf den Geschmack des sinnlichen Genusses kommen, der erst bei vollständiger Erregung des Körpers zum Erlebnis wird. Man muß sich einfach Zeit lassen – lange zu brauchen für die geschlechtliche Liebe steigert im allgemeinen das Vergnügen, vertieft die Entspannung und befriedigt rundum.

Unsere männlichen Klienten berichten meist von ihrer Angst, von ihrer Partnerin in Erregung versetzt zu werden und dann vorzeitig zu ejakulieren. Anscheinend glauben die Männer, mit dem Samenerguß zurückhalten zu müssen, wie ein kleines Kind, das auf halbem Weg zwischen Schule und Zuhause muß und Angst hat, in die Hose zu machen. Eine unerträgliche Qual! Aus Gesprächen mit Frauen ging hervor, daß sie Freude daran hatten, ihre Partner zu erregen und, wenn sie ihre Beziehung als liebe- und vertrauensvoll empfanden, keineswegs bekümmert oder frustriert waren über sein frühzeitiges «Kommen». Viele fanden das Erlebnis des Samenergusses aufregend. Für manche Frauen ist die Samenflüssigkeit – in Aussehen, Textur, Geruch, Geschmack und Wärme – ein erotisches Stimulans. Wir meinen, daß bei zwei Menschen, die sich lieben und das auch zeigen, die meisten sogenannten «abstoßenden» Aspekte der Sexualität in Wahrheit eine Quelle des Genusses, der Freude und oft sogar erheiternd sind.

Noch ein letztes Wort zum Höhepunkt. Häufig nähert man sich dem Orgasmus, sei es gleichzeitig oder nacheinander. Partner, die schon lange zusammen sind, neigen dazu, den Höhepunkt als Abschluß zu betrachten. Dabei ist mitunter die Entspannung und das wohlige Beieinanderliegen nach einem intensiven Orgasmus das Schönste an der körperlichen Liebe. Dann nämlich läßt sich die Liebe in ihrer ganzen Tiefe erfahren. Nach dem Orgasmus ist der Körper noch immer erregt, ein guter Zeitpunkt für so angenehme Betätigungen wie Aneinanderkuscheln, Liebkosen und zärtliches Küssen. Nur in dieser Zeit kann man erleben, wie das Beieinandersein die Geschlechtsunterschiede aufhebt und man einfach gemeinsam in all seiner Verletzlichkeit und voller Befriedigung Mensch sein kann.

Die folgenden Übungen sollen Ihnen und Ihrem Partner helfen, sich mehr sexuellen Genuß zu verschaffen und einmal Möglichkeiten wahrzunehmen, die Sie vielleicht noch nie in Ihrem Geschlechtsleben erwogen haben.

- Vertauschen Sie in der nächsten Woche einmal Ihre Rollen im Bett. Wenn Sie normalerweise passiv sind, sollten Sie jetzt aktiv werden und Neuerungen einführen. Sind Sie für gewöhnlich der aktive Teil, versuchen Sie, bei Ihren sexuellen Begegnungen einmal passiv zu sein.

- Einigen Sie sich auf zwei Abende pro Woche, die Sie mit Liebesspielen verbringen wollen. Tun Sie am ersten Abend alles, was Ihrem Partner gefällt; vergessen Sie nicht, sich Tips und Instruktionen geben zu lassen. Am zweiten Abend sind Sie dann der (oder die), dem alles zuliebe getan wird. Atmen Sie stets kontrolliert, und lassen Sie sich streicheln und liebkosen.

- Tun Sie einen Tag lang so, als hätten Sie eine «Geschlechtsumwandlung» hinter sich. Stellen Sie sich morgens beim Aufwachen vor, körperlich und geistig anderen Geschlechts zu sein. Ziehen Sie sich wie gewohnt an, und gehen Sie Ihren alltäglichen Beschäftigungen nach, aber handeln Sie dabei so, wie Sie es vom anderen Geschlecht erwarten würden. Sollten Sie Nachhilfeunterricht brauchen, fragen Sie Ihren Partner beziehungsweise Ihre Partnerin. Wenn Sie ein Mann sind und Frauen nach Ihrem Verständnis nachgiebig oder hochmütig, verführerisch, gefühlsbetont oder unterwürfig sind, dann *verhalten Sie sich dementsprechend, sowohl im Umgang mit Männern als auch in Gegenwart von Frauen.* Sind Sie eine Frau, die Männer für aggressiv, lärmend, grob oder herrschsüchtig hält, *seien Sie genauso.* Spielen Sie diese Rolle den ganzen Tag bis in die Nacht hinein, auch im Bett.

- Einer von Ihnen spinnt vor dem Partner eine der folgenden Geschichten weiter:

  Ich bin auf einer Party. Jemand dort wirkt sehr anziehend auf mich. Er ist mit einer Begleiterin da wie ich mit dir. Ich schaffe es, ihn bei einem Gespräch wie zufällig zu berühren, um zu sehen, wie er reagiert. Ich weiß, daß er sich für mich interessiert, und ich selbst brenne lichterloh. Ich …

  Eine Frau steht vor mir im Foyer des Hotels. Sie scheint

reich zu sein und duftet nach einem teuren Parfüm. Sie hat etwas Königliches an sich. Ein Hauch von Luxus umgibt sie, und sie hat offensichtlich Geschmack und viel Zeit. Ihre Augen treffen die meinen und verheißen mir, daß ich sie haben kann. Ich ...

- Vereinbaren Sie mit Ihrem Partner, beim nächsten Liebesspiel jeden Gedanken auszusprechen, der Ihnen in den Sinn kommt. Achten Sie darauf, daß nicht nur Komplimente laut werden, sondern auch Kritik und boshafte Bemerkungen.

IX
Partnerberatung: Wann und wie

Wann ist der Zeitpunkt für professionelle Hilfe gekommen? Die meisten Leute haben in Notlagen ein klares Gespür dafür, wann sie von professioneller Seite Beistand brauchen. Vielleicht haben auch Sie ein Problem, das Sie nicht selbst lösen können. Da sich Ihr Problem nicht bessern will, wächst Ihre innere Spannung und Unruhe. Unter Umständen werden Sie depressiv, weil Sie nicht imstande sind, es zu beheben. Allmählich wird dadurch Ihre normale Lebensbewältigung empfindlich gestört. Nichts geht mehr seinen gewohnten Gang. Sie stecken in einer Krise.

Daß eine Partnerschaft in eine Krise gerät, kann durch einschneidende Ereignisse hervorgerufen werden wie Geburt und Tod, eine Schwangerschaft, eine Liebesaffare, eine Beförderung, einen Umzug, unverhofften Reichtum oder Arbeitslosigkeit eines Partners. Wir sprechen dann von einer Beziehungskrise, wenn ein oder beide Partner durch bestimmte Lebensumstände gezwungen sind, ihr Selbstbild, ihre Beziehung und ihre Umwelt vollkommen anders zu sehen oder in Frage zu stellen.

Es gibt vier Arten von Krisen. Die erste ist die *externe* Krise. Sie wird durch ein äußeres Ereignis ausgelöst, das sich der Kontrolle des Betroffenen entzieht. Er mag zwar das Eintreten dieser Notsituation begünstigt haben, aber erst durch das Geschehen selbst wird das Unerwartete heraufbeschworen. Beispiele dafür sind eine Beförderung, eine Liebesaffäre, ein finanzieller Verlust oder Arbeitslosigkeit. Die externe Krise zwingt dazu, sich das

Leben anders einzurichten. Sie läßt sich nicht kontrollieren, aber immerhin hat man es selbst in der Hand, wie man in diesem Fall reagiert.

Die zweite ist die *interne* Krise. Sie hat ihren Ursprung im Innern eines Menschen und führt oft dazu, daß man daran zu zerbrechen meint. Oder man sucht nach etwas, womit die emotionale Leere gefüllt werden kann. Da ist man beispielsweise mit sich selbst uneins oder fühlt sich in seiner Partnerschaft einsam. Man hat das Bedürfnis, sich davonzumachen, um alleine mit sich ins Reine zu kommen. Man fühlt sich zum Handeln genötigt. So kann es nicht weitergehen. Vielleicht sagt man dem Partner, daß einem die Ehemisere nicht gefällt und man eine drastische Veränderung wünscht.

Die dritte Art von Krise *entsteht durch den natürlichen Lebensverlauf.* Das Leben bringt sie mit sich, indem man unumgänglich von einem Lebensstadium zum anderen schreitet: von der Jugend in die besten Jahre (Midlife-Krise), von einem Stadium der Partnerschaft ins nächste. Eine im natürlichen Lebenslauf liegende Krise kann beispielsweise dann aufkommen, wenn ein oder beide Partner in den Ruhestand treten. Sie stellt sich unter Umständen ein, wenn Kinder geboren werden oder das Elternhaus verlassen. Solche Veränderungen können eine Krise auslösen, weil die alten Bahnen, in denen alles lief, auf einmal nicht mehr tauglich sind.

Die vierte Art von Krise sind *Katastrophen.* Darunter ist ein plötzliches, niederschmetterndes Ereignis zu verstehen, über das man keine Macht hat. Man kann es nur hinnehmen, aus der schrecklichen Situation lernen und dadurch wachsen. Das Ereignis hat etwas Endgültiges. Es kann sich zum Beispiel um den Tod eines Kindes handeln, um eine schwere Krankheit, die man selbst oder der Partner hat, um eine Naturkatastrophe, ein Feuer oder einen Unfall, von dem die Familie unmittelbar betroffen ist. Auch eine Fehlgeburt, ein Mord oder die Selbsttötung eines Nahestehenden sind Auslöser für diese Krise. Eine solche Katastrophe nimmt einem die Möglichkeit, wieder in gewohnte Bahnen zurückzukehren. Das Leben hat sich infolge eines Ereignisses, das sich jeglicher Einflußnahme entzog, von Grund auf verändert.

In einer Krise werden einem die eigenen Grenzen bewußt, gegen die man angesichts einer bestimmten Schwierigkeit anrennt, und dann erkennt man, daß man Hilfe von außen braucht. Viele Leute wollen jedoch nicht wahrhaben, daß sie Hilfe brauchen, was meist katastrophale Folgen für die jeweilige Partnerschaft hat und womöglich eine weitere Krise heraufbeschwört. Wer sich darüber klar wird, daß er ein Problem nicht alleine lösen kann, ist ein reifer, gesunder Mensch. Er ist offensichtlich willens, den Tatsachen ins Gesicht zu sehen.

Manchmal sind ein oder beide Partner nicht gerade zutiefst besorgt über irgend etwas, sondern nur unzufrieden mit der Art und Weise ihres Zusammenlebens. In diesem Fall fühlt man sich vielleicht einsam oder ist angeödet und enttäuscht, daß die Beziehung nichts mehr zu bieten hat. Unter Umständen weiß man nicht einmal, warum. Draußen Hilfe zu suchen, kann die Gelegenheit sein, den Grund für die nagenden Zweifel herauszufinden und die Dinge wieder ins Lot zu bringen, ehe sich eine echte Krise anbahnt.

Eine Partnerschaft voller Konflikte, in der nur noch gestritten wird, ohne daß etwas dabei herauskäme, wird so bleiben, es sei denn, jemand interveniert und lehrt die Partner, wie dieser Teufelskreis durchbrochen werden kann. Man braucht Hilfestellung, um mit Ärger und Konfliktsituationen fertig zu werden und dadurch seine Beziehungsprobleme lösen zu können. Die eingefahrenen Verhaltensweisen mögen nicht einmal als besonders druckend empfunden werden, weil sie einem vertraut sind, aber es gibt doch andere Möglichkeiten, die jeder wahrnehmen sollte, der sich mehr vom Leben erwartete.

Wenn ein Paar beschlossen hat, sich zu trennen, und diese Entscheidung auf möglichst sinnvolle Weise in die Tat umsetzen will, kann ein Berater oder Therapeut wesentlich dazu beitragen. Er hat dann die Funktion eines Vermittlers. Allerdings geht es in diesem Fall nicht darum, dem Paar behilflich zu sein, sich trotz aller Differenzen auszusöhnen, sondern um Festlegung der Einzelheiten einer Trennung oder Scheidung.

Wünscht ein Paar, das erst seit kurzem eine Beziehung unterhält, zu heiraten oder sich sonstwie ernsthaft zu binden, ist eine Partnerberatung durchaus dazu angetan, das Verhältnis der beiden Partner zu festigen und auf eine gesunde, dauerhafte Basis zu stellen. In diesem Fall hat das Paar noch keine schlechten Erfahrungen gemacht, die der Entwicklung einer befriedigenden Partnerschaft im Wege stehen könnten. Da die meisten von uns nie gelernt haben, vertraulich miteinander umzugehen, ist es nur von Vorteil, sich vor Augen zu führen, was es mit einer Beziehung eigentlich auf sich hat, und sich die Fertigkeiten anzueignen, die zu einer guten Partnerschaft führen.

Soll ich mich vor einem Fremden bloßstellen?

Die meisten Menschen, insbesondere Männer, sträuben sich gegen eine Partnerberatung. Frauen wie Männer haben im allgemeinen Angst, kritisiert zu werden, die Schuld an den Problemen des Partners zugewiesen zu bekommen und für dumm oder im Irrtum befindlich erklärt zu werden. Diese Ängste haben ihren Ursprung in unserer Kindheit, als von Eltern oder Lehrern Schuldgefühle, Scham und Gewissensbisse bei uns geweckt wurden, wenn wir etwas getan hatten, was ihnen mißfiel. Wir schleppen die Erinnerung an diese Erfahrungen immer noch mit uns herum und schützen uns vor weiteren qualvollen, peinlichen Erlebnissen, indem wir alles vermeiden, was uns in eine ähnliche Lage bringen könnte. Das ist verhängnisvoll, denn es hält uns oft davon ab, uns die Hilfe zu holen, die wir brauchen.

Nach unseren Erfahrungen in der Partnerberatung haben gerade die Leute mit den größten Bedenken viel von einer Beratung, sobald sie gemerkt haben, daß der Therapeut sie nicht schlecht macht oder ihnen Schuldgefühle vermittelt. Das heißt natürlich nicht, daß man alles mag, was da gesagt wird. Wir alle müssen in Sachen Beziehung dazulernen, und die meisten von uns haben Angewohnheiten, die dem partnerschaftlichen Glück im Wege sind. So manches muß geändert werden, damit sich das Leben mit dem Partner angenehmer gestaltet.

Die Mehrzahl von uns trägt sich mit einer ganzen Reihe von unrichtigen Vorstellungen, die es uns schwermachen, im

Bedarfsfall einen Berater um Hilfe zu bitten. Erstens geht man im allgemeinen davon aus, daß jede Ehe oder Partnerschaft harmonisch ist, sofern man nur den gesunden Menschenverstand walten läßt, und daß jeder weiß, wie das anzustellen ist. Zweitens hält sich hartnäckig die Vorstellung, Ehe und Intimbeziehungen seien Privatsache und jedem selbst überlassen, etwas, worüber man niemals offen mit anderen reden sollte. Drittens müssen angeblich nur Dummköpfe und Nichtskönner lernen, wie in einer Ehe oder Partnerschaft zu leben ist. Viertens herrscht die Überzeugung vor, wenn man sich wirklich liebe, klappe alles ganz von selbst, und wer unlösbare Probleme habe, sei offenbar nicht füreinander geschaffen. Schließlich und endlich heißt es noch, es sei einfach etwas faul, wenn jemand ein Problem habe. Mit anderen Worten: Ehe und Partnerschaft müssen völlig unbeschwert und problemlos verlaufen.

Wir selbst halten Konflikte und Schwierigkeiten für unvermeidlich in einer Beziehung, die lebendig ist und sich weiterentwickelt. Dabei handelt es sich nicht um wirkliche Probleme. Echte Probleme wirft die Unwilligkeit auf hinzuzulernen, sich einzugestehen, daß man nicht alleine klarkommt, konstruktiv etwas mit den Konflikten und Differenzen anzufangen.

Die Wahl eines Beraters

Wer einen Berater sucht, der für ihn in Frage kommt, muß sich ein paar Gedanken zum Thema machen. Die erste Überlegung ist ganz praktischer Natur: Was darf die Beratung kosten? Das Honorar für einen privaten Therapeuten beträgt zwischen 50 und 100 SFr/DM pro Stunde, je nach Qualifikation, Erfahrung und Fachrichtung. Stellen Sie fest, wieviel davon Ihre Krankenversicherung abdeckt. Normalerweise übernimmt die Versicherung nur die Kosten für kassenärztlich zugelassene Psychiater. Sie haben also eine viel größere Auswahl, wenn Sie die Kosten selbst tragen. Es gibt aber auch Ehe- und Partnerberatungsstellen von kirchlichen Verbänden und öffentlichen Trägern, die (unter den Stichworten «Eheberatung», «Familienberatung» oder «Lebensberatung») ihre Dienste kostenlos anbieten und geschultes, sachverständiges Personal mit entsprechender Erfahrung haben.

Um herauszufinden, wohin Sie sich wenden können, müssen Sie ein paar Erkundigungen einziehen. Wenn Sie an Ihrer Arbeitsstelle einen Betriebspsychologen haben, fragen Sie dort an, welche Möglichkeiten in Ihrer näheren Umgebung vorhanden sind. Oder rufen Sie beim Berufsverband Beratender Psychologen und Psychotherapeuten an, wo man Ihnen Auskunft geben wird. Überdies finden Sie im Branchen-Fernsprechbuch jeder größeren Stadt unter dem Stichwort Psychologie oder Psychotherapie eine Menge Adressen mit detaillierten Angaben («Ehetherapie», «Paartherapie» oder «Partnertherapie»). Vielleicht haben Sie auch Freunde, die sich in der Beratungs- und Therapieszene auskennen und Ihnen raten können.

Wenn Sie sich einen Überblick verschafft haben, können Sie sich die für Sie richtige Anlaufstelle auswählen. Unter Umständen müssen Sie erst verschiedene Beratungsstellen oder Therapeuten aufsuchen, ehe Sie eine Entscheidung treffen. Aber Sie müssen auch wissen, worauf Sie aus sind. Hier zweierlei, das Sie sich überlegen sollten:

1. Welche Referenzen sollte der Therapeut Ihrer Ansicht nach haben, damit Sie Vertrauen in seine (oder ihre) Arbeit setzen? Wieviel und welche Art von Berufserfahrung sollte er haben?

2. Was für ein Mensch ist er (oder sie)? Wer anderen kompetent helfen will, ihre Beziehung zu verbessern, sollte selbst gut mit Beziehungen umgehen können. Wie gut er oder sie dazu in der Lage ist, können Sie am besten an dem Verhältnis ablesen, das er oder sie beim Einführungsgespräch zu Ihnen aufbaut.

Antwort auf diese Fragen erhalten Sie also, wenn Sie einfach mal mit einer Beratungsstelle zur Information einen Termin vereinbaren bzw. mit dem betreffenden Psychologen oder Therapeuten Fühlung aufnehmen.

Zur Kontaktaufnahme mit einem neuen Paar halten wir in

unserer Praxis ein halbstündiges Einführungsgespräch, um uns bei dieser Gelegenheit kennenzulernen. Dabei hat das Paar zudem die Möglichkeit, über das zu reden, was es sich von einer Beratung verspricht. Wir geben Einblick in unsere Arbeit mit Paaren und erklären, was dabei zu erwarten ist. Wir sagen, wie lange wir mit den Neuankömmlingen zu arbeiten gedenken und was das kostet. Das Paar wird ermutigt, Fragen zu stellen, die ihm auf dem Herzen liegen, und ohne Scheu etwaige Vorbehalte zu äußern. Wenn es sich in dieser Zeit bereits zur Arbeit mit uns entschließt, machen wir gemeinsam einen Terminplan. Ist es gegen Ende des Einführungsgesprächs noch unschlüssig, vereinbaren wir, daß es telefonisch zu- oder absagt.

Bei der Wahl eines Beraters ist vor allem wichtig, daß Sie Vertrauen zu ihm oder ihr haben, sowohl rein menschlich als auch fachlich. Sie müssen der Überzeugung sein, sich selbst treu bleiben und lernen zu können, wie sich Ihre Partnerbeziehung vertiefen läßt. Beide müssen mit der Wahl zufrieden sein. Womöglich müssen Sie mehrere Berater kontaktieren, bevor Sie den finden, der für Sie in Frage kommt. Lassen Sie sich nicht entmutigen – betrachten Sie diese Mühe als Bestätigung dafür, daß Sie für Ihre Partnerschaft das Beste wollen. Die meisten Leute wissen instinktiv, mit wem sie gut zusammenarbeiten können. Normalerweise kommt ein geistiger Kontakt mit dem Berater zustande, der selbst dann empfunden wird, wenn der Klient im Sprechzimmer nervös ist. Ein wenig ängstlich oder nervös zu sein, ist gar nicht so schlecht, denn es zeigt, daß der oder die Betreffende etwas riskiert und in die Beratung investiert.

Wie eine Beratung vor sich geht

Die meisten Leute suchen erst, wenn die Situation schon ausweglos erscheint, eine Beratungsstelle auf. Sie haben oft alles ausprobiert, was in ihrer Macht stand, um die Probleme zu lösen, aber ohne Erfolg. Die Rolle des Beraters besteht nun darin, diesen Problemen auf den Grund zu gehen und den Partnern Lernmöglichkeiten zu eröffnen, damit sie selbst damit fertig werden. Für gewöhnlich werden sie dazu angehalten, sich rückhaltlos und ehrlich auszusprechen und sowohl positive als auch negative Gedanken und Gefühle zu äußern; sie lernen, Ärger konstruktiv anzugehen; sie erwerben sich die nötige Geschicklichkeit, um Konflikte und Probleme zu lösen.

Ein Paar, das mitten im Konflikt mit einer Beratung beginnt, setzt häufig die Erwartung in den Therapeuten, eine schnelle Patentlösung parat zu haben. Ein kompetenter Berater wird keine Sofortlösung anbieten, sondern dem Paar helfen, sich die notwendigen Fertigkeiten anzueignen, um den jeweiligen Problemen zu Leibe zu rücken. Wir zielen bei unserer Arbeit mit Paaren darauf ab, ihnen Hilfestellung zu geben, sich über ihre Gefühle, Überzeugungen und Werte klar zu werden, statt ihnen anzuraten, beieinander zu bleiben oder sich zu trennen. Niemand kann einem anderen sagen, ob sich seine Beziehung retten läßt oder nicht; das kann er nur selbst beurteilen.

Wir arbeiten mit den Paaren nach einem Programm, das wir mit dem Ziel entwickelt haben, ihnen das nötige Wissen über die Partnerschaft zu vermitteln, ihnen ihre Einstellung zur Beziehung bewußt zu machen, ihnen die Augen für ihr Verhalten innerhalb der Beziehung zu öffnen und ihnen die Fertigkeiten beizubringen, die man zum Zusammenleben braucht. Das Programm setzt sich aus zwölf Beratungsstunden zusammen, die über einen Zeitraum von sechs bis neun Wochen verteilt sind, und gemischte Doppelstunden und Einzelberatungen von einer Stunde Dauer einschließt. Dadurch hat jeder Partner die Chance, unabhängig von den Beziehungsproblemen auch seine ganz individuellen Sorgen und Nöte zur Sprache zu bringen, die sich unter Umständen ebenfalls auf das Partnerverhältnis auswirken. Die Leute sind mit diesem Rahmen zufrieden, weil ein fester Anfangs- und Endpunkt gegeben ist. Nach Ablauf der zwölf Stunden hat ein Paar zwar nicht alle seine Probleme gelöst, aber immerhin einiges zu deren Bewältigung gelernt. Jetzt kann es sich entscheiden, ob es die Beratung fortsetzen möchte oder nicht. Natürlich steht es ihm frei, jederzeit zurückzukehren, wenn es in eine Konfliktsituation gerät, aus der es allein nicht wieder herauskommt.

Einzelberatung oder Partner-Workshops?

Die individuelle Beratung und Partner-Workshops helfen auf unterschiedliche Weise und bieten auch verschiedene Möglichkeiten. Bei der Einzelberatung wird jedem Partner Aufmerksamkeit geschenkt; der Therapeut gibt Feedback und schreitet gegebenenfalls ein. Besonders Paare in ziemlich auswegloser Lage oder einer ernsten Krise profitieren hiervon. In Partner-Workshops hingegen haben sie die Gelegenheit, aus der gewohnten Routine auszubrechen, in eine völlig andere Situation einzutreten und sich ohne Störung von außen ganz und gar auf ihre Beziehung zu konzentrieren. Partner-Workshops eröffnen die Möglichkeit, den Partner einmal unter vollkommen anderen Umständen und völlig anders zu erleben. Die Partner haben Zeit, über ihr Leben und ihre Beziehung nachzudenken, wozu sie sonst meist nicht kommen. Außerdem können sie andere Paare kennenlernen, die gleichfalls ihre Beziehung verbessern wollen und mit Schwierigkeiten zu kämpfen haben.

Als Nachteil ist bei Partner-Workshops gelegentlich die Struktur oder vielmehr die mangelnde Struktur anzusehen. Manche Workshops sind beispielsweise so aufgezogen, daß alle Paare ständig zusammen sind, über ihre Schwierigkeiten reden und von den übrigen Teilnehmern Feedback oder Ratschläge erhalten: Unserer Meinung nach ist diese Form uneffektiv, es sei denn, die Leute sind darin geübt, sich ein klares Bild von einer Beziehung zu machen; die meisten Paare, die an solchen Workshops teilnehmen, sind dazu jedoch nicht in der Lage. Ein Paar profitiert nur von Feedback, das zutreffend, gezielt und nicht mit einem Werturteil verbunden ist. Andere Partnertherapien wieder gehen von bestimmten Annahmen aus, so zum Beispiel manche Gruppen für Ehepaare, die von konfessionellen Trägern abgehalten werden und für den Fortbestand der Ehe eine Lanze brechen sollen. Einmal abgesehen von diesen Einschränkungen bieten Partner-Workshops jedoch die Gelegenheit, mehr über sich selbst als Partner in Erfahrung zu bringen und besser miteinander umgehen zu lernen, so daß sie durchaus hilfreich sind, was Konfliktbewältigung und Beziehungspflege betrifft.

Wir organisieren unsere Partner-Workshops so, daß sich jedes Paar ungestört mit seiner Beziehung befassen kann. Man spricht nur mit seinem eigenen Partner. Eingebaut sind allerdings vertrauliche Gespräche mit den Leitern, bei denen jedes Paar die Möglichkeit hat, seine speziellen Belange vorzubringen. Im Workshop selbst wird in kurzen Gesprächen darüber informiert, was eine Beziehung eigentlich ausmacht. Diese rein informativen Gespräche im Verein mit den Lernübungen öffnen den Paaren die Augen für die Interaktionen innerhalb ihrer Partnerschaft und bringen ihnen gleichzeitig das Knowhow bei, sich darin zu vervollkommnen. Wir legen besonderen Wert auf solche Fertigkeiten wie das Sichöffnen, das Zuhören, das Ausdrückenkönnen von Wut und anderen Gefühlen und die Fähigkeit, Probleme zu lösen. Die Paare begreifen allmählich, wie wichtig bei ihrer Kommunikation und beim Zusammensein mit dem Partner die Intentionen und das gegenseitige Vertrauen sind. Während des Workshops untersuchen sie, in welchen Wertvorstellungen sie sich ähnlich sind oder unterscheiden, und sie legen fest, wie ihre Beziehung beschaffen sein soll. Wir versuchen in unseren Workshops, zerstrittenen Partnern und Paaren, die ihre Beziehung weiterentwickeln wollen, dadurch Anregungen zu geben, daß wir ihnen eine ganze Reihe von Erfahrungen vermitteln und sie damit sozusagen «aufeinander loslassen». An jedem Workshop, der von uns und zwei weiteren professionellen Eheberatern oder Therapeuten geleitet wird, nehmen höchstens acht Paare teil. Diese geringe Teilnehmerzahl ermöglicht es jedem Paar, mit den Gruppenleitern zu sprechen und bei Bedarf Feedback oder Unterstützung anderer Art zu bekommen. Diese Dinge halten wir für sehr wichtig, wenn die Teilnehmer wirklich lernen sollen, ihre Beziehungen aufzufrischen.

Eine Scheidung muß nicht sein

Trotz der hohen Scheidungsziffer heiraten die Menschen unentwegt weiter. Noch immer fällt bei Frauen und Männern, die sich binden wollen, die Wahl am häufigsten auf eine Ehe, aber nur wenige Paare nehmen sich die Zeit, sich gut auf ihre Ehe vorzubereiten. In den letzten Jahren sind auch bei uns etliche Programme angelaufen, Paare für die Ehe zu rüsten. Damit soll Eheproblemen vorgebeugt und eine spätere Scheidung vermieden werden.

Was können Ehevorbereitungskurse leisten? Eine Langzeituntersuchung der Universität von Toronto ergab, daß Paare, die sich auf die Ehe vorbereitet hatten, bewußtere Anstrengungen machten, ihre Probleme konstruktiv zu lösen. Ihre Beziehungen waren dynamisch und dauernden Veränderungen unterworfen. Partner ohne Ehevorbereitung waren eher negativ, statisch eingestellt – sie beschlossen entweder, sich mit ihren Problemen abzufinden oder sich zu trennen. Nach Berichten von Paaren, die zur Ehevorbereitung gegangen waren, nahmen ihre Konflikte im Lauf der Jahre ab. Im Gegensatz dazu blieben diejenigen, die keinen solchen Kurs absolviert hatten, meist unbeweglich in der schon ziemlich zu Beginn ihrer Ehe entstandenen Konfliktsituation stecken. Diese Paare tendierten aufgrund der feindseligen Atmosphäre in ihrer Beziehung auch mehr zu Sexualproblemen.

Die Schwierigkeiten, die ein Paar bereits in seiner Verlobungszeit hat, trägt es auch in seine Ehe hinein. Außerdem entstehen neue Probleme durch die Anpassung an den Partner und das Eheleben. Wenn die Partner nicht lernen, mit ihren laufenden Problemen fertig zu werden, nehmen diese Schwierigkeiten noch zu und wachsen den beiden über den Kopf, so daß sie nicht mehr in der Lage sind, ihnen zu begegnen. Die Ehevorbereitung verhütet das. Konflikt- und Problemlösungen finden zu lernen, ist für Leute im Frühstadium einer Beziehung viel leichter, weil sie noch sehr positiv aufeinander eingestellt sind. Schwierig wird es erst, wenn die Kontroverse da ist und die Probleme einem über den Kopf wachsen.

In der vorehelichen Beratung wird ein zeitlicher Rahmen für die Entfaltung einer Beziehung gesteckt. Man geht dort von der Erkenntnis aus, daß Zeit und Mühe erforderlich sind, und wirkt darauf hin, daß ein Paar seine Beziehung pflegt und allmählich zusammenwächst. Aus diesem Grund bestehen gute Kurse aus Sitzungen vor der Eheschließung und Folgesitzungen nach der

Heirat, meist innerhalb eines Jahres. Bei dieser Kombination kann sich ein Paar im wirklichen Leben erproben und bei Bedarf später wieder Hilfestellung bekommen.

Es wäre noch eine Menge zu sagen über die Vorzüge einer vorehelichen Beratung im Hinblick auf gutes eheliches Einvernehmen. Auskunft darüber und über die normale Ehe- und Partnerberatung erhalten Sie bei den konfessionellen Trägern (evg. Kirche, Caritas – Stichwort «Erziehungs- und Eheberatung»), bei öffentlichen und kommunalen Trägern (Gesundheitsamt, Stichwort «Erziehungs- und Eheberatung», «Familienberatung» u. ä.) sowie bei den Dachverbänden der Psychologen und Psychotherapeuten. Private, kostenpflichtige Angebote sind im Branchen-Fernsprechbuch unter den Stichwörtern Psychologie und Psychotherapie zu finden.

Ein hilfreicher Partner bei Liebes- und Partnerschaftsproblemen

John A. Sanford
UNSERE UNSICHTBAREN PARTNER
Von den verborgenen Quellen des Verliebtseins und der Liebe

208 Seiten, mit einem Anhang über ‹Aktive Imagination› sowie einem Glossar der Jungschen Begriffe und Index, broschiert

ISBN 3-7157-0085-8

Liebes- und Partnerschaftsprobleme sowie Ehekrisen führen zu einem immer größeren Interesse an der Psychologie der Geschlechter. Es gab aber bis heute kein handliches und übersichtliches Buch, das C. G. Jungs wichtigste Ideen und Gedanken zu diesem Thema zusammenfaßte. Ausgehend von dessen faszinierender Anima/Animus-Theorie, welche zeigt, daß in jedem von uns Männliches und Weibliches vereint ist, gibt der Autor seine erstaunlichen und oft verblüffenden Erkenntnisse über die Geheimnisse des Verliebens und der Verliebtheit preis.

Anima und Animus sind jene unsichtbaren Partner, deren übermächtige und oft beflügelnde Kräfte in uns es zu entdecken gilt. Sie sind es, welche die Frage beantworten können, warum wir welche Partner gewählt haben. Sie sind die oft schmerzlich fehlenden Hälften in uns, von denen wir in überschwenglicher Verliebtheit beglückt und beseelt werden. Sie sind die anziehend magnetischen Pole, die beide Geschlechter einander näher bringen. Sie sind es aber auch im Stadium der Verliebtheit, die von uns unbewußt auf den geliebten Menschen projiziert werden.

Wird jedoch diese Verliebtheit einer gesunden Dosis Alltagsrealität ausgesetzt, in der sie sich bewähren müßte, bricht die ganze Phantasiewelt der Projektion zusammen.

Wie wir aber in dieser schwierigen Phase zu einer wahren und dauerhaften Liebesbeziehung finden können, in der wir den geliebten Menschen als *den* erkennen und annehmen, der er *ist*, zeigt der Autor mit vielen praktischen Hinweisen. Erst wenn wir echte innere Zuneigung und helfende Fürsorge in uns entwickelt haben und somit beziehungsfähig geworden sind, zeigen sich Anima und Animus von ihrer hilfreichen Seite und werden zu unseren wahren Partnern und Verbündeten.

John A. Sanford führt anhand zahlreicher Beispiele aus der Mythologie und der Geschichte, vor allem aber aus der täglichen Praxis, zu einem neuen Verständnis von Sexualität und Liebe.

Welcher Archetyp bestimmt Ihre Persönlichkeit?

Tad und Noreen Guzie
ARCHETYPISCH MANN UND FRAU
Wie verborgene Urbilder unser Schicksal gestalten und Beziehungen prägen
192 Seiten, Paperback
ISBN 3-7157-0101-3

Dieses Buch dringt zu den eigentlichen Wurzeln unseres Wesens und zu unseren innersten Motivationen vor. Anhand der Typen- und Archetypenlehre C. G. Jungs hilft es auf leichtverständliche Art und Weise, den berühmten «roten Faden» zu entdecken, dem unser bisheriger Lebenslauf wie magisch folgt. Er führt uns zu jenen inneren «Großen Geschichten» oder Archetypen – je vier männliche und weibliche –, von denen uns eine als innerster Persönlichkeitskern bei unserer Geburt auf den Lebensweg mitgegeben worden ist.

Ob als *Mutter, Gefährtin, Amazone, Mittlerin,* oder als *Vater, Sucher, Krieger* oder *Weiser:* wir folgen in unserem Leben einem dieser tief in uns eingeprägten Urbilder, in dem und mit dem wir Wachstum, Identität und Erfüllung suchen. Wir orientieren uns unbewußt an einem uns schicksalshaft oder karmisch zugewiesenen Archetypus. Von ihm beziehen wir unsere Prioritäten, Wertvorstellungen und Sichtweisen. Er ist es auch, der uns unsere Anlagen und Fähigkeiten, sowie unsere arche«typischen» Stärken und Schwächen verleiht.

Das Buch schildert eindrücklich die acht archetypischen Lebensweisen. Aus diesen kann jeder seine eigene erkennen, aber auch die seiner Verwandten, Freunde und Partner entdecken. Es wird auch gezeigt, warum sich gegensätzliche Archetypen des anderen Geschlechts faszinierend finden, während man sie beim eigenen Geschlecht ablehnt. Es macht ferner unsere Beziehungen zu anderen Männern und Frauen, zu Eltern, Kindern und Freunden deutlich, und gibt Auskunft über unsere archetypischen Handlungsweisen in der Partnerschaft und Liebe, aber auch als Eltern und im Beruf.

Wenn wir unseren Archetyp kennen, wissen wir um unsere wahre Identität und akzeptieren vermehrt unsere eigenen inneren Begabungen, statt uns von nichtarchetypischen Aufgaben einengen und verwirren zu lassen. Wir verstehen uns und andere besser. Wir werden entdecken, daß besonders in der Zeit unseres Lebensmittags uns ein Sehnen zu etwas Tieferem zieht und spüren, daß sich in uns etwas noch vervollständigen möchte.

Das Autorenpaar gibt uns zahlreiche praktische und überaus wertvolle Hinweise, wie jeder von uns seine persönliche Geschichte erweitern und transzendieren kann.

Hilfe für jene, die – stellvertretend – an allen Sünden dieser Welt leiden

Sylvia Brinton Perera
DER SÜNDENBOCK-KOMPLEX
Die Erlösung von Schuld und Schatten.
Zur Psychologie eines dunklen Archetypus
176 Seiten, mit Glossar der Jung'schen
Begriffe und Register, broschiert
ISBN 3-7157-0102-1

Als „Sündenböcke" werden Einzelpersonen oder Gruppen bezeichnet, die man der Verursachung von Unglück und Unheil bezichtigt. Die Gemeinschaft oder Familie findet in ihnen jene willkommenen Opfer, die sie mit dem Bösen identifizieren, dafür allein verantwortlich machen und schließlich aus der Gesellschaft ausstoßen können, um sich selbst im Gefühl der Macht, der Rechtschaffenheit und Unschuld zu bestärken. Aus psychologischer Sicht ist dieses Zum-Sündenbock-Machen eine Form, den eigenen Schatten zu verleugnen, zu verdrängen und abzuspalten, um ihn als „teuflisch" jemand anderem aufzubürden.

In der westlichen Welt fällt die Rolle des Sündenbocks häufig Minderheiten zu, lastet aber besonders auch auf Frauen und Mädchen. Beschuldigt, abgewiesen oder im günstigsten Fall geringschätzig behandelt, identifizieren sich Sündenbock-Opfer mit dem ihnen aufgebürdeten Schattenmaterial der anderen. Dies äußert sich in der Ablehnung der eigenen Person. Mit Angst, Scham und Schuld beladen, leiden sie stellvertretend an allen Leiden und Sünden der Welt.

Die Analytikerin Sylvia Brinton Perera bietet einen erschütternden und unvergeßlichen Einblick in die Ich-Struktur dieser Opfer und beschreibt anhand einer Fülle von Therapieprozessen die psychologische Dynamik und Heilung des Komplexes. Sie zeigt auch auf, daß diese Dynamik in engem Zusammenhang mit dem ursprünglichen Sündenbock-Ritual steht, dessen Zweck es war, die Gemeinschaft zu heilen und mit dem göttlichen Prinzip zu versöhnen. Da in unserer Kultur das Bewußtsein um das Eingebettetsein in das Göttliche weitgehend verlorengegangen ist, haben wir keine Möglichkeit mehr, unsere Schuld zu bekennen und zu sühnen. Allein gelassen mit unseren dunklen Seiten, verdrängen wir sie ins Unbewußte und bürden sie durch Projektion den „Sündenböcken" auf.

Dieser Mechanismus bedroht unsere heutige Welt. Eine Gesundung ist nur möglich, wenn jeder die Verantwortung für seine dunklen Seiten soweit wie möglich selbst übernimmt und erkennt, daß jener Teil, der zu schwer zu tragen ist, Teil des Göttlichen ist. Damit wird möglich, unsere Umgebung von unserem Schatten zu befreien.

Dieses Buch beschreibt den Weg dieser Befreiung. Ein Buch, das jeden betrifft!

Befreiung aus Ängsten und Sucht-problemen: Der Weg zu einer neuen Hingabe an das Leben

Marion Woodman
HEILUNG UND ERFÜLLUNG DURCH DIE GROSSE MUTTER
256 Seiten, mit 18 Abb., broschiert
ISBN 3-7157-0099-8

Dieses energiegeladene Buch der Analytikerin Marion Woodman, die am Jung-Institut in Zürich ausgebildet wurde und in Toronto tätig ist, nimmt die Leserin und den Leser auf eine heilende und zugleich spirituelle Reise mit, während der es gilt, die zwei Aspekte des Weiblichen zu versöhnen: den dunklen Aspekt der Furchtbaren Mutter, die die Lebensenergien der Frau auffrißt, und den heilenden Aspekt der Großen Muttergöttin, die sich in der Weisheit des Körpers, in der Verzückung durch Liebe, in weiblicher Spiritualität und in der Hingabe an das Leben offenbart.

Wenn Frauen die Verbindung zu diesem zweiten Aspekt ihrer Weiblichkeit fehlt und sie sich einseitig an männlichen Werten wie Spezialisierung und Perfektion orientieren, leiden sie – trotz Erfolgen in der von männlichen Idealen geprägten Berufswelt – oftmals an innerer Leere und Sinnlosigkeit. Sie werden anfällig für Suchtkrankheiten verschiedenster Art: Fett- und Magersucht, Bulemie, Alkoholismus, die zwanghafte Sucht, als unter Kontrolle zu halten, sowie Arbeits- und Perfektionssucht.

Marion Woodman lehrt die moderne Frau, die Verbindung zu ihrem archetypisch Weiblichen und zur Großen Mutter wieder herzustellen. Sie vermittelt das ursprüngliche Wissen um die natürlichen Gesetze des Lebens und die Liebe zu allem Lebendigen. Sie zeigt, wie alte seelische Verwundungen geheilt werden, wie das ursprüngliche Vertrauen in die eigenen Instinkte neu erworben werden kann, und wie der ganze Reichtum an bisher unterdrückter Kreativität sich neu entfaltet und eine lust- und liebevolle Geschlechtlichkeit hervorbringt. Alle Formen des künstlerischen Selbstausdrucks – Ritual und Tanz, Schreiben und Malen – begleiten diesen Weg.

Die Autorin gewährt einen tiefen Einblick in viele Lebensläufe suchtkranker Frauen und zitiert ihre Tagebuch- und Traumaufzeichnungen. Weitere typische weibliche Lebensmodelle werden in literarischen und mythischen Frauengestalten, in Texten, Gedichten und Bildern nachgezeichnet. Die Leserin findet sich oft in diesen ergreifenden Dokumenten gespiegelt und im innersten Kern «getroffen».

Für Frauen ist die Große Mutter ermutigend, Männern offenbart sie sich als große Erlösungskraft aus dem lebensvernichtenden technologischen Zeitalter.